スイス

ララチッタとはイタリア語の「街＝La Citta」と、
軽快に旅を楽しむイメージを重ねた言葉です。
湖の古城を目指すクルーズ、
登山鉄道に乗り、名峰の麓を歩くハイキング
山と湖と古都が織りなす、憧れのスイス旅へ出発です！

ララチッタ スイス
CONTENTS

スイスで叶えたい とっておきシーン8…P10

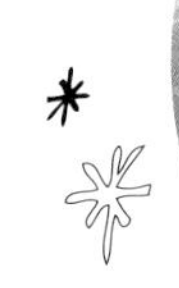

Swiss Alps
スイスアルプス

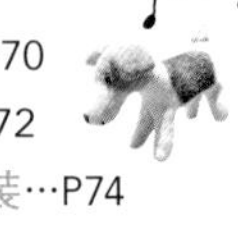

Swiss Railways
スイス鉄道

Genève

ジュネーヴ

Zürich

チューリヒ

Stay

ステイ

トラベルインフォメーション

付録MAP

マークの見かた

Ⓔ 英語スタッフがいる
E 英語メニューがある
R レストランがある
P プールがある
F フィットネス施設がある
㊋ 交通
Ⓣ トラム
Ⓑ バス
㊟ 住所
H ホテル
☎ 電話番号
㊕ 開館時間、営業時間
㊡ 定休日
㊮ 料金
URL Webサイトアドレス

その他の注意事項

●この本に掲載した記事やデータは、2024年3月の取材、調査に基づいたものです。発行後に、料金、営業時間、定休日、メニュー等の営業内容が変更になることや、臨時休業等で利用できない場合があります。また、各種データを含めた掲載内容の正確性には万全を期しておりますが、おでかけの際には電話等で事前に確認・予約されることをお勧めいたします。また、各種料金には別途サービス税や付加価値税(VAT)などが加算される場合があります。なお、本書に掲載された内容による損害等は、弊社では補償いたしかねますので、予めご了承くださいますようお願いいたします。
●地名・物件名は、なるべく現地語に近い発音で表示していますが、日本ではヴの音をワと表記することが定着しているため、ドイツ語でWAヴァの音をワと表示しています。
●本書の住所は現地にならって記載しています。現地の階数表示は日本と異なり、日本での1階はGF/0F、2階が1F、3階が2F…となりますのでご注意ください。
●開館・営業時間は、サマーシーズンを表示しています。ウインターシーズンは時短営業になったり、定休日が増えたり変動する可能性がありますのでご注意ください。
●休みは基本的に定休日のみを表示し、クリスマスや年末年始、旧正月、夏季(秋季・冬季)休業、国の記念日など祝祭日については省略しています。
●料金は基本的に大人1名料金を掲載しています。

事前にチェックしよう！

スイス早わかり

欧州中央部に位置。スイスアルプスに抱かれた大自然と、ドイツやフランス、イタリアなどに囲まれ形成された多様な歴史と文化が、それぞれの街のみどころとなっている。

基本情報

正式国名： スイス連邦 Swiss Confederation **首都：** ベルン **人口：** 約873万人(約25%が在住外国人 2021年) **面積：** 約4万1285㎢ **言語：** ドイツ語、フランス語、イタリア語、ロマンシュ語 **通貨とレート：** CHF.1＝約171円(2024年5月現在) **時差：** －8時間(日本より8時間遅れ。3月最終日曜～10月最終日曜まではサマータイムで、日本との時差は－7時間になる) **ベストシーズン：** 6～9月がベスト。夏はハイキング、冬はウインタースポーツと年に2回のベストシーズンがある。特にハイキングの時期は日本人観光客に人気。高山植物が咲き始める6月から混み合う。平均気温と降水量、祝祭日については→P135 **最高地点：** モンテローザ・デュフール峰(4634m)

[山麓の街や村]

アイガーの麓に広がる小さな村

1 グリンデルワルト ➡P26

Grindelwald

ユングフラウ観光の拠点として賑わう。周辺にはハイキングコースも充実しており、春の花々から冬の雪景色まで、四季折々にアルプスの自然を楽しむことができる。ホテルやレストランも豊富。

ヴェッターホルンなどアルプスの山が間近に迫る

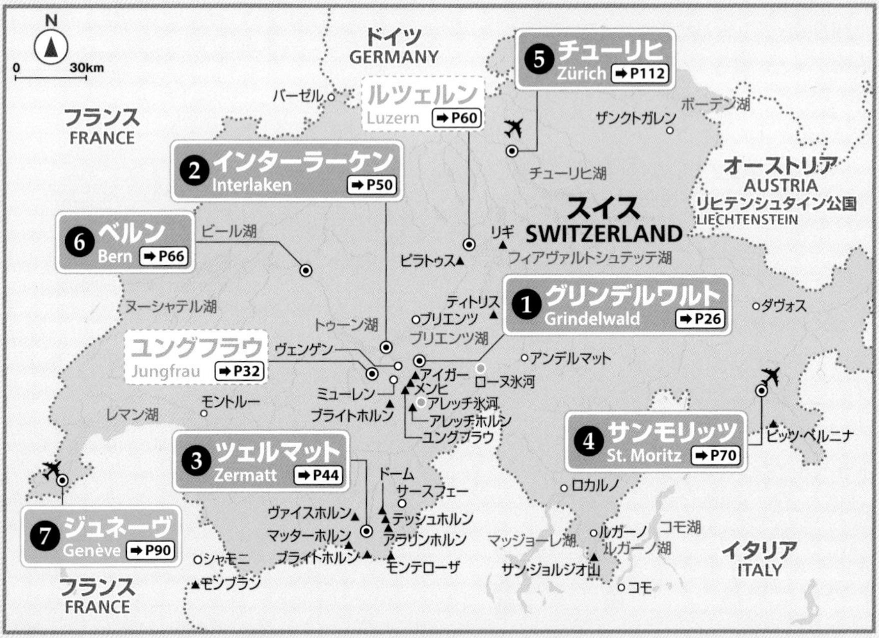

N
0 30km
ドイツ GERMANY
フランス FRANCE
バーゼル
ルツェルン Luzern ➡P60
5 チューリヒ Zürich ➡P112
ザンクトガレン
ボーデン湖
チューリヒ湖
オーストリア AUSTRIA
リヒテンシュタイン公国 LIECHTENSTEIN
2 インターラーケン Interlaken ➡P50
6 ベルン Bern ➡P66
ビール湖
スイス SWITZERLAND
リギ
ピラトゥス
フィアヴァルトシュテッテ湖
ヌーシャテル湖
ティトリス
ブリエンツ
ブリエンツ湖
1 グリンデルワルト Grindelwald ➡P26
ダヴォス
トゥーン湖
ユングフラウ Jungfrau ➡P32
ヴェンゲン
アイガー
メンヒ
アンデルマット
ローヌ氷河
ミューレン
アレッチ氷河
アレッチホルン
ユングフラウ
ブライトホルン
モントルー
レマン湖
3 ツェルマット Zermatt ➡P44
4 サンモリッツ St. Moritz ➡P70
ピッツ・ベルニナ
ドーム
サースフェー
ロカルノ
ヴァイスホルン
テッシュホルン
マッターホルン
アラリンホルン
ブライトホルン
モンテローザ
7 ジュネーヴ Genève ➡P90
シャモニ
モンブラン
マッジョーレ湖
ルガーノ
ルガーノ湖
コモ湖
サン・ジョルジオ山
コモ
イタリア ITALY
フランス FRANCE

ベルナーオーバーラントの玄関口

2 インターラーケン (➡P50)
Interlaken

展望台のハーダークルムから見下ろす街並み

ブリエンツ湖(→P56)とトゥーン湖の間に広がる小さな街。モントルーとルツェルンを結ぶ特急、ゴールデンパス・ライン(→P86)も停車し、ユングフラウなどの山岳観光に多くの人が訪れる。

名峰が連なるスイス観光のハイライトエリア

ユングフラウ (➡P32)
Jungfrau

アイガー(→P32)、メンヒ(→P32)、ユングフラウ(→P32)の名峰が連なるベルン州南部の山岳エリア。ユングフラウ3名山とアルプス最長のアレッチ氷河を含む広大な地域は、世界自然遺産に登録されている。

山岳観光に欠かせないユングフラウ鉄道

マッターホルン観光で賑わう

3 ツェルマット (➡P44)
Zermatt

展望台へ向かう登山鉄道やロープウェイが充実

欧州を代表するアルペンリゾート。ゴルナーグラート(→P20)をはじめ、名峰・マッターホルン(→P40)をさまざまな角度から楽しめる展望台が充実。欧州で2番目に高い山・モンテローザ(→P40)も必見。

ベルニナ・アルプスの麓にある街

4 サンモリッツ (➡P70)
St. Moritz

湖や渓谷と山々が織りなす壮大な眺めがすばらしい。5つ星ホテルが立ち並ぶスイス有数の高級リゾート地でもある。人気の氷河特急(→P82)やベルニナ特急(→P84)の発着駅としても知られる。

冬はスキーリゾートとしても賑わう湖畔の街

[スイスの主要都市]

旅の玄関口となるスイス最大都市

5 チューリヒ (➡P112)
Zürich

日本から直行便で行ける唯一の都市。古くから交通の要衝として栄え、商業、金融、芸術などさまざまな分野でスイスの発展を担ってきた。新旧の魅力が融合した国際都市をトラムや徒歩で巡ろう。

リンデンホフの丘(→P48)から街を見下ろす

旧市街が世界遺産に登録された首都

6 ベルン (➡P66)
Bern

スイスの首都。政治の中心でありながら、100カ所以上点在する噴水や、からくり人形が動き出す時計塔(→P66)など美しい街並みが残る。美術館や博物館も多い。

世界遺産に登録されたベルン旧市街の街並み

ベルンから足を延ばして風光明媚な水の都へ

ルツェルン Luzern (➡P60)

中央スイスに位置する気品あふれる文化の街。中世の面影が残る旧市街では、美しいフレスコ画を至る所に見ることができる。湖に架かるカペル橋(→P60)も必見だ。

ルツェルンのシンボル、カペル橋は絵になる

湖畔の中心には歴史ある大噴水が噴き上がる

国際機関が集まる湖畔の街

7 ジュネーヴ (➡P90)
Genève

国連ヨーロッパ本部や国際赤十字など、世界の重要機関が集まる。スイスのフランス語圏の中心でもある。歴史薫るスポットや、スイスを代表する高級時計のブランドショップなども。

スイスを楽しみ尽くす！

6泊8日王道モデルプラン

欧州アルプスを代表する山々を、各エリアの展望台やハイキングでとことん満喫。
世界遺産の風景も、人気の観光鉄道などで効率よく楽しむよくばりプランをご紹介！

DAY1

直行便で到着！

初日は日本から14時間25分チューリヒ空港へ

18:10
チューリヒ空港着

↓ 鉄道で約10分

19:30ごろ
ホテルにチェックイン

↓

20:00
夕食を食べたら早めに就寝

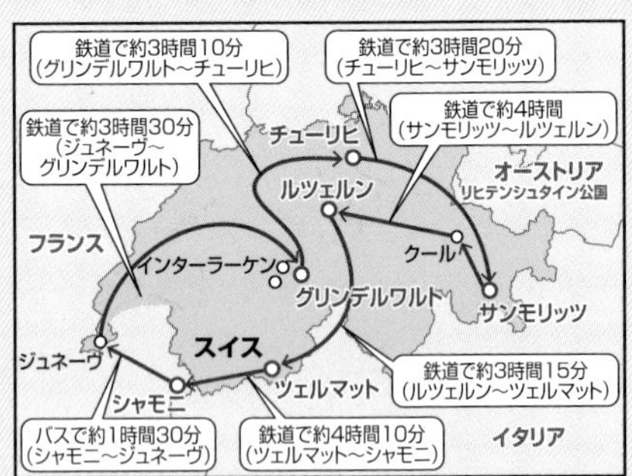

DAY2

サンモリッツへ

ピッツ・ベルニナと氷河に感動！

8:38
チューリヒ中央駅

↓ 鉄道でクール乗り換え約3時間20分

12:00
サンモリッツ駅に到着

↓ 駅で荷物を預ける
鉄道で35分

ベルニナ・ディアヴォレッツァ駅

↓ 徒歩+ロープウェー で約15分

14:00
ディアヴォレッツァ展望台でベルニナアルプスと氷河を眺める

↓ ロープウェー+鉄道で約50分

サンモリッツ駅

↓

17:00
ホテルにチェックイン後サンモリッツ(→P70)旧市街散策

↓

18:00
スイス料理やイタリア料理の夕食を味わう

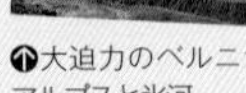

↑大迫力のベルニナアルプスと氷河

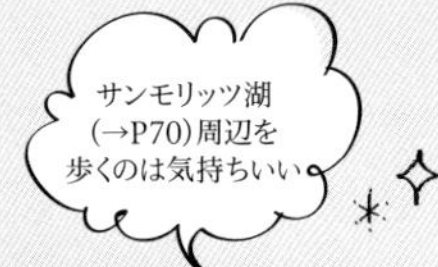

↑サンモリッツは冬もスキー客で賑わう

DAY3

美風景の連続!

氷河特急に乗りルツェルンへ

7:00
サンモリッツ駅から氷河特急(→P82)**に乗ってクール経由でルツェルンへ**

↓ 氷河特急約2時間＋鉄道で約2時間

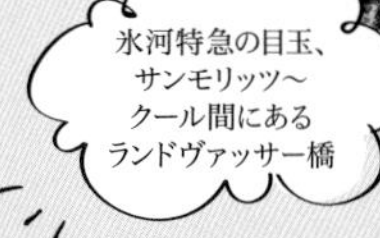

11:30
ルツェルン(→P60)**に到着。ホテルに荷物を預ける**

↓

⬆カペル橋が目の前のディエチ・ジェラート&カフェ(→P62)でジェラートをゲット

12:30
カペル橋(→P60)**やムーゼック城壁**(→P61)**などルツェルン古都さんぽを楽しむ**

↓

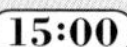

15:00
ジェラートを食べて休憩したりチョコレート(→P63)**を買ったり**

↓

18:00
ルツェルン湖が見えるビストロで夕食

⬇ボートハウスのようなセービストロ・ルッツ(→P62)でディナー

ADVICE!
スイストラベルパス(→P80)などお得な交通パスを持っていても、氷河特急のような特別鉄道は座席予約が別途必要!

DAY4

今日も早起きして

マッターホルンの雄姿を見に行く

7:00
ルツェルン中央駅

↓ 鉄道で約3時間15分

10:15
ツェルマット駅(→P44)

↓ 登山鉄道で約40分

11:10
ゴルナーグラート展望台(→P20)**からマッターホルン**(→P40)**やモンテローザ**(→P40)**を眺める**

↓ 登山鉄道約6分、ローテンボーデン駅下車

逆さマッターホルンが人気のハイキングスポット、リッフェルゼー(→P42)

14:00
約1時間のハイキング(→P42)**でマッターホルンの絶景を堪能**

↓ リッフェルベルク駅乗車、登山鉄道約30分

17:00
ツェルマット駅下車ツェルマットの街で散策&ディナー

⬆山小屋スタイルの建物が並ぶツェルマット

ADVICE!
7〜8月の盛夏でも山の天気は変わりやすいので、上着を持参するなどの防寒対策はしっかりと!

マッターホルンを望むゴルナーグラート展望台

DAY5

移動を楽しむ日

モンブランとレマン湖を巡る

⬆優美な頂が特徴的なモンブラン

6:30
ツェルマット駅

↓ 鉄道で約4時間10分

10:45
シャモニ・モンブラン駅に到着。駅で荷物を預けエギーユ・デュ・ミディ展望台(→P106)**へ向かう**

↓ 徒歩＋ロープウェーで約35分

11:30
エギーユ・デュ・ミディ展望台からモンブラン(→P104)**を眺める**

↓ ロープウェー＋徒歩で約35分

13:00
シャモニ(→P108)**からバスでジュネーヴ**(→P92)**へ**

↓ バスで約1時間30分

14:30
ジュネーヴからグリンデルワルトへ車窓からレマン湖の風景を楽しむ

↓ 鉄道で約3時間30分

18:00
グリンデルワルト(→P26)**に到着。夕食を食べて早めに就寝**

ADVICE!
モンブランの麓の街、シャモニはフランス。パスポートとEUの通貨ユーロが必要なのでお忘れなく！

⬆風光明媚なリゾート地、シャモニ

レマン湖周辺には世界遺産のワイン畑、ラヴォー地区(→P110)がある

DAY6

憧れの名峰群

ユングフラウ3山を楽しむ

9:00
グリンデルワルト・ターミナル駅からアイガー・エクスプレス(→P34)**とユングフラウ鉄道**(→P35)**に乗ってユングフラウヨッホ駅へ**

↓ ロープウェー＋登山鉄道で約1時間

13:00
アイガーグレッチャー駅(→P35)**からクライネ・シャイデック駅まで絶景ハイキング**(→P39)

↓ 徒歩で約50分＋登山電車で約40分

15:00
グリンデルワルト・ターミナル駅(→P31)**でお茶したり、買物をしたり**

↓ 鉄道かバスで約10分

17:00
グリンデルワルトの街を散策し最後の夕食(→P28)**を楽しむ**

ADVICE!
スイストラベルパスやスイスハーフフェアカードなどお得な交通パス(→P80)を持っていると、登山鉄道やロープウェーなどの山岳交通も割引に！

⬅グリンデルワルト・ターミナル駅にはリンツなどのみやげ店も！

⬇ユングフラウヨッホ駅に併設するスフィンクス展望台(→P36)

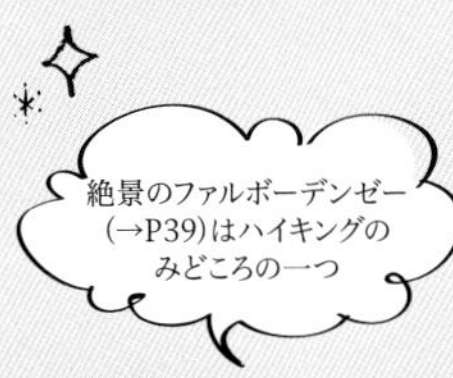

絶景のファルボーデンゼー(→P39)はハイキングのみどころの一つ

DAY7・8
直行便で!
チューリヒ空港から日本へ帰国する

(7:45)
グリンデルワルト駅からチューリヒ空港駅へ

↓ 鉄道で約3時間10分

(13:05)
チューリヒ空港発

↓ 飛行機で約12時間45分

(翌日8:50)
成田国際空港着

ADVICE!
チューリヒ空港駅や空港内にショップやカフェ、レストランが多く、待ち時間も楽しめる。

↑空港にもスーパーのミグロやコープがある。おみやげ探しに◎

＋1日で首都ベルンへ (→P66)

↑約800年もの間、時を刻む街のシンボル、時計塔

12世紀に建てられた要塞都市の面影を色濃く残す

世界遺産の旧市街を満喫！ 中世の街並みを歩こう

赤い煉瓦屋根の旧市街と、周囲をぐるりと囲むアーレ川の景観は一見の価値あり。石造りのアーケードや個性豊かな噴水など、中世のたたずまいが感じられる街並みを散策しよう。

鉄道移動が多いスイスを旅するヒント

お得な交通パス (→P80)

鉄道やバス、船、山岳交通などさまざまな乗り物を駆使して、絶景旅を楽しむのがスイス旅行の醍醐味。料金がお得になり、きっぷを買う時間も無駄にしない交通パスを検討してみよう。

ラゲージサービス (Luggage station to station)

主要駅の取り扱いカウンターから、荷物スーツケース類1個につきCHF.12で目的駅まで送ることができる(預けてから2日後の受け取り、配達先の駅の営業時間内まで対応)。ホテルなどの指定住所への配送は、スーツケース類1個CHF.12+配達料CHF.30(預けてから2日後の受け取り、20時まで対応)。9時までに預けると、当日18時には荷物を受け取れるエクスプレスラゲージに対応している駅もある。そのほか、ホテル間で荷物を配達してくれるサービスもある。詳細はSBB(スイス国鉄)の窓口、またはWebサイトへ。

URL www.sbb.ch/en/tickets-offers/reservation-luggage/luggage-registration/station-to-station.html

ロッカー

駅でこのマークを探そう

ホテルのチェックインまで時間がある、サクッと展望台に登って次の街に移動したい。そんなときは、駅にあるロッカーに大きな荷物を預けよう。SからXLまでサイズも豊富。サイズや駅により料金や保管時間は異なる。詳しくはSBBのWebサイトを確認。

URL www.sbb.ch/en/travel-information/stations/services-station/lockers/lockers.html

↑レッド×グレーのロッカーは最新式でカードやモバイルペイメントが可能

↑レシートにある二次元コードをスキャンして受け取る。なくさないよう注意

SPECIAL SCENE8

スイスで叶えたい♥

とっておきシーン8

スイスで絶対に体験したい8つのシーン！　アルプスのダイナミックな山の風景や歴史ある山岳リゾートの賑わい、中世の面影を色濃く残す美しい街などどこを切り取っても絵になるシーンの連続です。

SCENE 1

憧れのユングフラウ鉄道！

登山鉄道にゆられてヨーロッパ最高地点の駅へ

登山鉄道のなかでも絶大なる人気を誇るのが、ユングフラウ鉄道。最高地点のユングフラウヨッホ駅を目指し進むワクワク感、車窓から広がるユングフラウ3山のダイナミックさ。これぞスイス！な時間を楽しんで。

DATA➡P35

クライネ・シャイデックからユングフラウヨッホへ向かう

JUNGFRAUBAHN

SCENE 2

撮らずにいられないスイスのシンボル

一生に一度は見てみたい！美しすぎるスイスの名峰

スイスといえば、このマッターホルンの姿を思い浮かべる人も多いはず。麓の街から眺めたり、ハイキングで行ける湖、リッフェルゼーから逆さマッターホルンを眺めたり。どこから見ても絵になる姿に心奪われる。

DATA➡P40

展望台スネガ・パラダイスから見たマッターホルン

リッフェルゼーから見られる逆さマッターホルン

レマン湖クルーズで出合う

湖畔のかわいい街やお城にうっとり♥

フランスとの国境でもあるレマン湖。約150年の歴史ある湖船でクルーズすれば、南にフレンチアルプスの山々、北に世界遺産のブドウ畑を望むことができ、終着地のモントルーではロマンティックな城がお出迎え。

DATA➡P98

クルーズの終着地であるシヨン城

首都ベルンをおさんぽ

時計塔、アーケード、泉巡り世界遺産の首都を歩く

1983年に世界文化遺産に登録された美しい旧市街が自慢。政治の中心でありながら、中世の面影を見つけられるベルンで、タイムトラベルのような旅を楽しもう！

DATA➡P66

街のシンボルである時計塔はからくり人形が動く

アーレ川のほとりに築かれた街、首都ベルン

SCENE 5

窓外の美風景と
美食に酔う

世界一遅い特急列車で過ごす贅沢な8時間

スイスアルプスを横断する人気の観光列車、氷河特急。自席で食事やワインを味わいながら(要予約)、7つの谷、291の橋、91のトンネルを通過する列車の旅へ。飽きることのない景色が車窓を彩る。

DATA➡P82

氷河特急のハイライト、
ランドヴァッサー橋

アニメを見返してから
訪れたいハイジの村

SCENE 6

心温まる物語が蘇る

人気アニメの舞台の地ハイジの気分で歩く

みんな大好き『アルプスの少女ハイジ』ゆかりのマイエンフェルトへ。あの世界に没入しながら、ハイキングを楽しもう!

DATA➡P120

SCENE 7

テラス席が特等席！

山岳美もごちそう 絶景レストランへ

スイスらしい絶景を100%楽しみたいなら、食事スポットも絶景重視で選んでみて。テラス席から見るスイスアルプスの大パノラマは、さらに料理をおいしくしてくれる。予約して出かけよう。

DATA➡P24

レストラン・ベルヴェデーレ（→P25）のテラス席

SCENE 8

**心に残る物語への
扉を開く**

美しい湖畔の景色が広がる 人気ドラマの聖地へ

スイスには、大ヒット韓国ドラマ『愛の不時着』のロケ地が点在する。ブリエンツ湖も聖地巡礼のひとつ。ロケ地で大興奮したり、エメラルドグリーンの美しい湖面や周囲の山々を船から眺めたり、感動が待っている。

DATA➡P56

Lala Citta Switzerland

Area1

スイスアルプス

Swiss Alps

一度はその雄姿を眺めたいマッターホルン。
ユングフラウハイキングやグリンデルワルト散歩。
中世の面影を残す山麓の街々も訪れてみたい。

Swiss Alps

ここにしかない景色に感動！

スイスアルプス エリアNAVI

4000m級の山々が連なるスイスアルプスは、スイス観光の入口であり、ハイライトでもある。美しき山岳地域の街や村をご紹介。

1 ベルン

付録MAP P22

Bern ➡P66

旧市街にある11の泉を巡ろう

美しい旧市街は丸ごと世界遺産

スイスの首都、ベルン。湾曲するアーレ川に囲まれた旧市街を散策しよう。

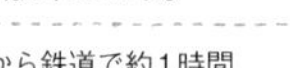

DATA 交チューリヒから鉄道で約1時間

必見スポット

- 時計塔→P66
- 大聖堂→P67
- ラウベン→P67
- アインシュタインの家→P67

2 インターラーケン

付録MAP P10

Interlaken ➡P50

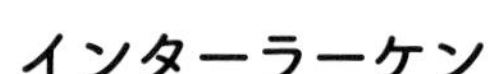

ユングフラウ地方観光の玄関口

ユングフラウを望むホーヘマッテ

2つの湖に囲まれた街。賑やかなメインストーリーと穏やかな旧市街のコントラストが魅力。

DATA 交チューリヒから鉄道で約2時間

必見スポット

- ホーヘ通り→P50
- ハルダークルム→P51
- ホーヘマッテ→P50
- ハイムヴェーフルー→P51

3 ヴェンゲン〜ミューレン

付録MAP P20

Wengen~Mürren ➡P58

圧巻のパノラマが広がる2つの村

崖の上に広がる小さな2つの村。夏は避暑に、冬はウインタースポーツに観光客が訪れる。

ヴェンゲンからの眺め

DATA 交ヴェンゲンはチューリヒから鉄道とロープウェイで約3時間〜3時間30分、ミューレンはチューリヒから鉄道とロープウェイで約3時間30分〜4時間

必見スポット

- シュタウプバッハの滝→P58
- トリュンメルバッハの滝→P59

4 ツェルマット

付録MAP P14

Zermatt ➡P44

マッターホルン観光の中心地

村のあちこちからマッターホルンが見られる山岳リゾート。一年を通じて観光客で賑わう。

マッターホルンとツェルマット

DATA 交チューリヒから鉄道で約3時間25分〜3時間40分

必見スポット

- マッターホルン→P40

9 ルツェルン

付録MAP P21

Luzern ➡P60

遠くにアルプスを望むスイスの古都

スイス中央部に位置する街。ルツェルン湖やロイス川、旧市街、城壁など街歩きが楽しめる。

カペル橋とアルプスの山々

DATA ㊫チューリヒから鉄道で約40～50分

必見スポット

- カペル橋→P60
- ライオン記念碑→P60

5 ユングフラウ

付録MAP P6

Jungfrau ➡P32

スイスアルプス3大名峰のひとつ

アイガー、メンヒと連なる名峰ユングフラウ。この一帯は世界遺産にも登録されている。

DATA ㊫チューリヒから鉄道とロープウェイで約3時間40分～4時間10分

必見スポット

- アイガー→P32
- メンヒ→P32
- ユングフラウ→P32

ユングフラウ鉄道で山頂へ

8 ブリエンツ

付録MAP P2B2

Brienz ➡P56

シャレーが並ぶ湖畔の街

ブリエンツ湖周辺の観光拠点となる街。湖船クルーズや湖畔のハイキングなど湖を中心としたさまざまなアクティビティが楽しめる。

エメラルドグリーンに輝くブリエンツ湖

DATA ㊫チューリヒから鉄道で約2時間30分

必見スポット

- ブリエンツ湖クルーズ→P56
- ブリエンツ・ロートホルン鉄道→P57
- シーニゲ・プラッテ鉄道→P57

7 グリンデルワルト

付録MAP P8

Grindelwald ➡P26

2つの氷河が迫る人気の山岳観光地

目の前にアイガー北壁とヴェッターホルンが迫りくる。アルプスの名峰に氷河とスイスアルプス観光の拠点として栄えた村。

DATA ㊫チューリヒから鉄道で約2時間40分～3時間10分

必見スポット

- フィルスト・ゴンドラ→P26
- フィルスト・クリフ・ウォーク→P26
- バッハアルプゼー→P27

冬もスキーやスノーハイキングで賑わう

6 サンモリッツ

付録MAP P23

St.Moritz ➡P70

気候に恵まれた山岳リゾート

美しい森と湖、ベルニナアルプスの名峰に囲まれた街。晴天率の高さでも知られ、古くから保養地として栄える。高級ホテルやレストランも多数。

DATA ㊫チューリヒから鉄道で約3時間～3時間25分

必見スポット

- サンモリッツ湖→P70
- サンモリッツ・ドルフ→P70

冬季オリンピックの開催地としても有名

Swiss Alps

いつだってシャッターチャンス!

天空の大パノラマが広がる スイス3大名峰展望台を攻略

登山鉄道やロープウェーに乗って、絶景が約束されたアルプスの展望台へ。疲れ知らずでいきなり4000m級の名峰に近づけるのも山岳大国スイスならでは。

マッターホルン 4478m

3100 クルムホテル・ゴルナーグラート 3100m

マッターホルンが目の前に迫り、背後にはモンテローザも!

①マッターホルンを眺める展望台

ゴルナーグラート Gornergrat

ツェルマット　付録MAP P12B2

ヴァリスアルプスに囲まれた迫力満点の景観

ゴルナーグラート鉄道の車窓からピラミッドのように尖ったマッターホルンを眺めつつ、いざ標高3131mの展望台へ。4000m級の29座とゴルナー氷河やフィンデルン氷河の大迫力は感涙必至。

DATA ［標高］3131m ［見られる山］マッターホルン(4478m)、モンテローザ(4634m)、リスカム(4527m)ほか ［ベストタイミング］8~10時ごろ

アクセス

●ツェルマット駅
↓徒歩すぐ
●ゴルナーグラート鉄道駅
↓ゴルナーグラート鉄道 約33分
●ゴルナーグラート駅
↓徒歩5分
●ゴルナーグラート

㊕通年(各施設は10月下旬~12月中旬を除く毎日) ㊗往復CHF.132(9~5月はCHF.92~)、スイストラベルパス(→P80)で50%割引

展望台の楽しみ方

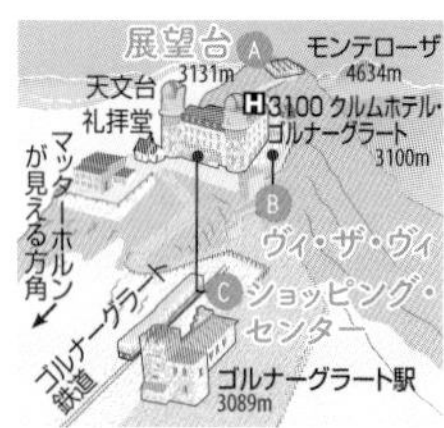

A ツェルマットで人気No.1の展望台へ

Aussichtsplattform

ゴルナーグラート駅からまずは山頂の展望台へ。心ゆくまでパノラマビューを堪能しよう。展望台の周辺はホテル(→P125)や飲食店を併設したレジャー施設になっている。

朝焼けのマッターホルンは宿泊者の特権 ©by Gornergrat Bahn

プチ情報 ゴルナーグラート周辺ではハイキングもおすすめ。ゴルナーグラート鉄道のローテンボーデン駅で途中下車して、逆さマッターホルンを眺めながらリッフェルベルクへ向かうルートがある。→P42

展望台のすぐ下に
氷河が横たわる

アルプス第2の高峰
モンテローザが出迎える

①

©MyMatterhorn.com

B ヴィ・ザ・ヴィの テラス席でひと休み

vis à vis

3100クルムホテル・ゴルナーグラートのレストランでランチ。郷土料理などアラカルトが揃い、カフェ利用もできる。

©MyMatterhorn.com

1.テラス席でのんびりと雲の切れ間を待つのもいい　2.グリル料理やパスタCHF.29.5～など多彩なメニュー

C ショッピング・センターで 記念品GET

Shopping Centre

ホテルの1階、ヨーロッパで最も高い場所にあるショッピングセンター。チョコなどオリジナルグッズも見逃せない。

スイスの特産品が目白押し

鉄道も Check！

ゴルナーグラート鉄道

Gornergrat Bahn

高低差1485mを駆け上がる登山鉄道

アプト式の登山鉄道で、開通はなんと1898年！ツェルマットと標高3089mのゴルナーグラート駅間を所要約33分で結ぶ。往路は進行方向右側の席からマッターホルンを望むことができる。

DATA
[問合せ]
ゴルナーグラート鉄道
☎0848-642-442
URL www.gornergrat.ch

途中にフィンデルバッハの鉄橋を越える　©by Gornergrat Bahn

視界を遮るものなく、眼前に迫りくる大迫力の高峰を望む
©Jungfraubahnen 2019

スフィンクス展望台 3571m

万年雪のプラトー・テラス

②ユングフラウを眺める展望台 →P36

付録MAP P7C1

スフィンクス展望台
Sphinx Observatory

ヨーロッパ最高地点の鉄道駅に直結する展望台

ユングフラウとメンヒを結ぶ稜線上の鞍部にあたる山・ユングフラウヨッホ。その展望台へは登山鉄道でアクセス可能。勇壮な山容と、アルプス最大・最長のアレッチ氷河など世界遺産の大自然を見渡せる。

DATA ［標高］3571m ［見られる山］ユングフラウ(4158m)、メンヒ(4107m) ほか ［ベストタイミング］9〜16時ごろ

ハイライトはこちら

ユングフラウヨッホにはアトラクション満載の複合施設「トップ・オブ・ヨーロッパ」もあり、見学は半日必要。駆け足でも展望台と屋外のプラトー・テラスは外せない。

1.ガラス張りの屋内テラスも眺めはいい　2.ユングフラウがよく見える屋外テラス

アクセス

〈グリンデルワルトを経由する場合〉

●インターラーケン・オスト駅
↓ベルナーオーバーラント鉄道(BOB)約29分
●グリンデルワルト・ターミナル駅
↓アイガー・エクスプレス約15分
●アイガーグレッチャー(氷河)駅
↓ユングフラウ鉄道(JB)約26分
●ユングフラウヨッホ

〈ラウターブルンネンを経由する場合〉

●インターラーケン・オスト駅
↓ベルナーオーバーラント鉄道(BOB)約20分
●ラウターブルンネン駅
↓ウェンゲンアルプ鉄道(WAB)約38分
●クライネ・シャイデック駅
↓ユングフラウ鉄道(JB)約41分
●ユングフラウヨッホ

㊐通年 ㊕インターラーケン・オスト駅発 CHF.223.80〜、スイストラベルパス(→P80)で一部区間25%割引

展望台から見える景色は世界遺産「スイス・アルプス・ユングフラウ・アレッチ」のほんの一部。アルプス有数の氷河地帯であり、自然の景観美、地球の歴史、固有の生態系の3つの登録基準を満たしている。

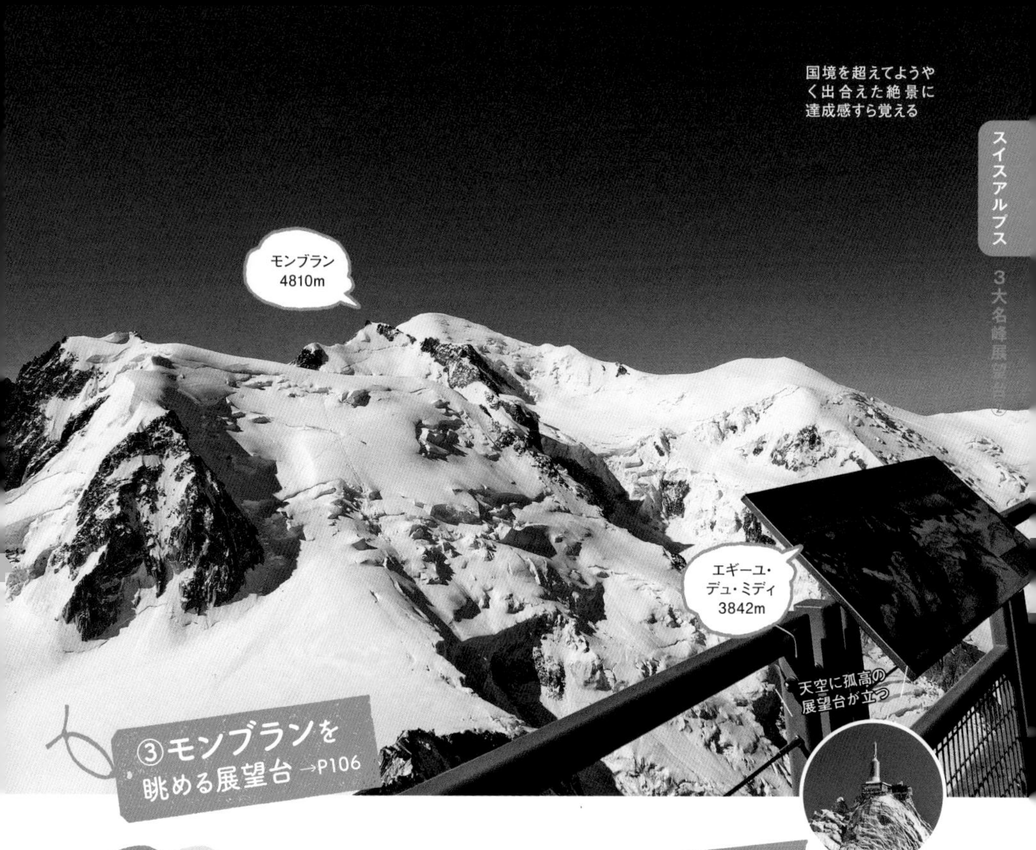

国境を超えてようやく出合えた絶景に達成感すら覚える
モンブラン 4810m
エギーユ・デュ・ミディ 3842m
天空に孤高の展望台が立つ

③モンブランを眺める展望台 →P106

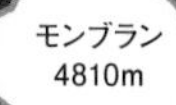

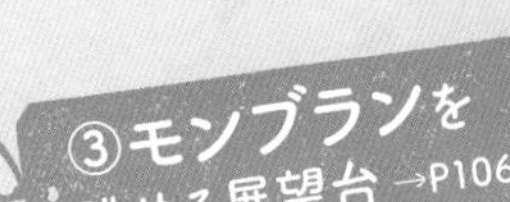

シャモニ 付録MAP P17C4

エギーユ・デュ・ミディ
Aiguille du Midi

富士山よりも標高が高い「ミディ針峰」へ

複数のテラスがあるが、まずはエレベーターで頂上テラスへ。ヨーロッパアルプス最高峰を誇るモンブランのなだらかな稜線が驚くほど近くに感じられ、晴天ならマッターホルンやモンテローザを望むことも。

DATA ［標高］3842m ［見られる山］モンブラン(4810m)、マッターホルン(4478m)、モンテローザ(4634m) ほか ［ベストタイミング］8〜11時ごろ

ハイライトはこちら

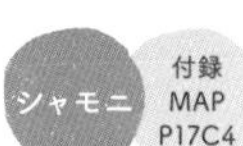

テラスをハシゴして、角度により異なる針峰の山容を撮影。我こそはという猛者は、全面ガラス張りの展望室にも挑戦を。

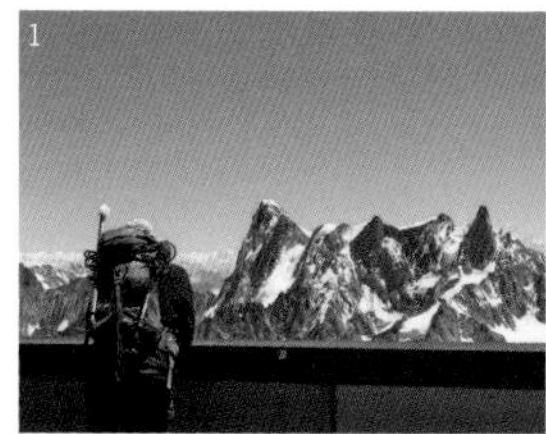

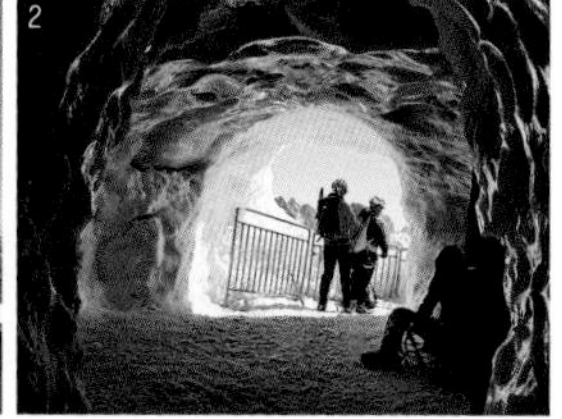

1.グランド・ジョラスなどの針峰もよく見える 2.氷のトンネルを歩いてみよう

アクセス

●ジュネーヴ・長距離バスターミナル
↓長距離バス約1時間40分
●シャモニ・モンブラン駅
↓徒歩10分
●ロープウェイ駅
↓ロープウェイ20分
(プラン・ド・レギーユで乗継ぎあり。展望台の高度に体を慣らすため、先を急がず駅で休憩をとってから進もう)
●エギーユ・デュ・ミディ頂上テラス

㊋11月上旬〜12月中旬を除く毎日 ㊕ジュネーヴからの長距離バス往復€22〜(出発時間やバス会社により異なる。フランスに入国するためパスポート必携)、シャモニからのロープウェイ往復€75〜、エレベーター無料

エギーユ・デュ・ミディ
シャモニ

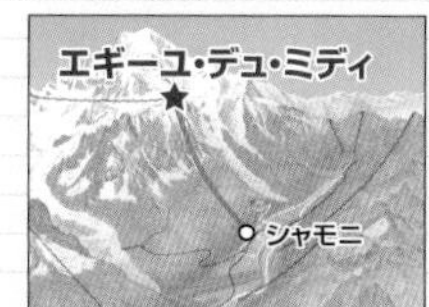

Grindelwald

フォトジェニックが止まらない!

アルプスの絶景に彩られた特等席のある展望レストラン

アイガー山麓のグリンデルワルトには眺望自慢のレストランが勢揃い。
夏季は日没が遅いので、夕食もぜひ開放的なテラス席でパノラマビューとごちそうを味わって。

1.店内では落ち着いた雰囲気にくつろげる　2.タルタルソースと100%スイスビーフを使用したボドミ・バーガーCHF.32.5

1.32の客室を備え、アットホームなもてなしが評判のホテル
2.名物のフォンデュ・アルピナCHF.45は2人前から注文可

©hotel-alpina

スイス料理　付録MAP P9C2

レストラン・エレメンツ
Restaurant Elements

アイガー&ヴェッターホルンを欲ばりに!

丘の上に立つホテル・ボドミのメインレストラン。スイス料理を中心に、多彩な要素を組み合わせた創作料理を楽しめる。窓際の席からはアイガーを、テラス席からはアイガーとヴェッターホルンを望みリゾート感満点。スタッフもフレンドリーと評判だ。

DATA　㊋グリンデルワルト駅から村内バスで約9分、Bodmi下車、徒歩1分　㊟Terrassenweg 104　☎033-853-1220　㊍18～22時　㊡月・火曜、11月～5月中旬

スイス料理　付録MAP P9C3

レストラン・エーデルワイス・シュチューベ
Restaurant Edelweiss-Stube

「これぞアルプス」な名風景と郷土料理

家族経営のホテル・アルピナ内にあり、グリンデルワルト駅から徒歩3分と観光にもハイキングにも便利なロケーション。各種肉料理をはじめ、チーズ・フォンデュやフォンデュ・シノワーズなど気取らないスイスの郷土の味に定評がある。

DATA　㊋グリンデルトワルト駅から徒歩3分　㊟Ⓗアルピナ(→P126)　☎033-854-3344　㊍18時～20時45分LO　㊡火曜、4月～5月上旬、10月下旬～12月中旬

プチ情報　スイス料理といえば、やはりチーズを使った料理が定番。とくに山岳地方ではチーズフォンデュをはじめとする「フォンデュ」とよばれる鍋料理、チーズソースをまぶした「アルペンマカロニ」を提供する店も多い。

この席がおすすめ

店名の由来でもある東のヴェッターホルンから西のメンリッヒェンまで、全席が眺望抜群。

1. 木造デザイナーの主人が手がけたインテリアも魅力的
2. 散歩がてらに訪れたいおしゃれなカフェ・レストラン

カフェ　付録MAP P9C2

カフェ3692
Cafe 3692

こだわりのコーヒーでひと休み

眺望のよさで知られるテラッセン通り沿い。煮込み料理など週替わりのメニューを提供するほか、丁寧にいれた各種コーヒーや地元産のビールCHF.4～も。目の前の風景とともに味わえば格別のおいしさ。

DATA　㊋グリンデルワルト駅から村内バスで約8分、Kreuzweg下車、徒歩3分　㊟Terrassenweg 61　☎033-853-1654　㊡9～23時(日曜は～18時)　㊡月～木曜

この席がおすすめ

朝食営業も行うレストランは宿泊者以外も利用可能。マウンテンビューのテラス席は先着順。

1.3代続く家族経営のホテル。アイガーを望む客室も　2.有機野菜を添えた鶏肉のソテーCHF.44は白ワインとも好相性

スイス料理　付録MAP P8B3

レストラン・ベルヴェデーレ
Restaurant Belvedere

朝も晩もドラマチックな景色にうっとり

見晴らしのよい場所を意味する同名のホテルに併設。料理はフォンデュや地元食材が主役の郷土の味がメイン。スイスワインやワイルドフラワーを使ったカクテルなど、料理や景色を引き立てるおしゃれな飲み物も充実する。

DATA　㊋グリンデルワルト駅から徒歩5分　㊟Dorfstrasse 53　☎033-888-9999　㊡7～10時、19～21時　㊡10月中旬～3月

Grindelwald

ここがユングフラウへの起点

2つの氷河が迫る風光明媚な村 グリンデルワルトを歩く

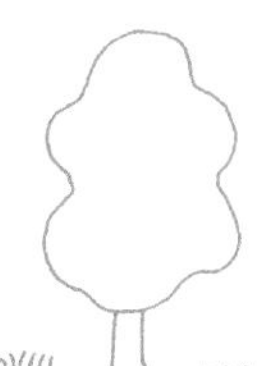

アイガーとヴェッターホルンが目の前に迫る小さな山岳リゾート。
周辺には2つの氷河もあり、夏は登山やハイキング、冬はスキーを楽しむ人で賑わう。

こんな街です

付録MAP P8

DATA
州(カントン)/ベルン州 Berm
標高/1034m
言語/ドイツ語
人口/3756人(2022年8月時点)

[アクセス]インターラーケン・オスト駅から鉄道で約35〜40分。行き先別に車両が切り離されるので、車体横にあるサインを要確認。

1.美しい自然景観が魅力の村　2.名峰アイガーが間近に迫る!

1 フィルスト・ゴンドラ First-Bahn

付録MAP P9C3

グリンデルワルトとフィルスト山頂を結ぶ

グリンデルワルトから2駅を経由してフィルスト山頂へ。ゴンドラの窓からは、アイガーやヴェッターホルンなどアルプスの山々を間近に眺めることができ、迫力に感動必至!

DATA ㊋グリンデルワルト駅から徒歩14分 ㊟Dorfstrasse 187 ☎033-828-7711 ㊕夏季は上り8時〜17時30分・下り8〜18時、冬季は上り9時〜15時45分・下り9時〜16時15分 ㊡10月28日〜11月29日 ㊙往復CHF.58〜72(片道は半額) URL www.jungfrau.ch/en-gb/live/operating-info/

1.フィルストバーンの麓駅がこちら　2.麓駅から山頂駅まで所要25分

山頂駅から徒歩すぐ

2 フィルスト・クリフ・ウォーク First Cliff Walk

付録MAP P9D1

1.グリンデルワルトの村が眼下に箱庭のように小さく見える　2.幾重にも重なる岩肌に舞うハシブトガラスに出合えるかも

スリル満点の空中散歩に挑戦

標高2184mのフィルスト山の断崖に設置された全長約250mの遊歩道を歩くアクティビティ。眼下に広がるグリンデルワルトの村とアルプスの山々を眺めながら、空中散歩を楽しもう。

DATA ㊋フィルスト山頂駅から徒歩すぐ ㊟First 2 ☎なし ㊕㊡フィルスト・ゴンドラと同じ ㊙無料

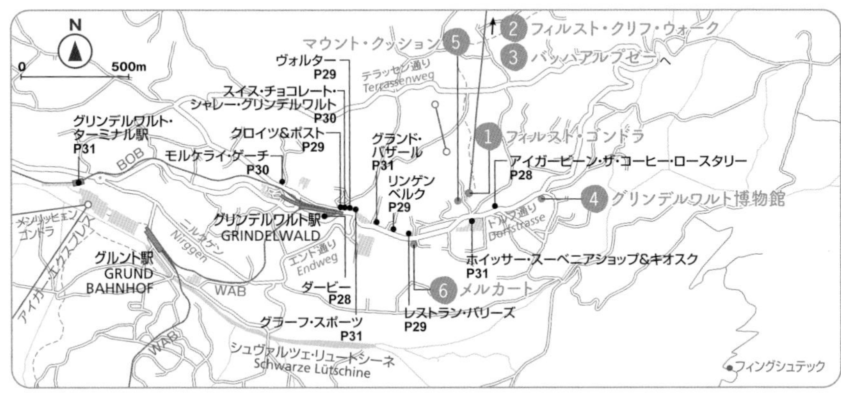

バッハアルプゼー
Bachalpsee

“アルプスの宝石”と称される美しい湖

フィルスト山頂駅から徒歩1時間ほど、標高2271m地点にある山上湖。フィルストから湖までの道のりは、人気のハイキングコースで、気軽にチャレンジできる距離。

風がなく晴れていれば、アルプスの山々が水面に映し出される

ハイキングデータ

フィルスト→バッハアルプゼー
〔レベル〕初級者向き
〔所要時間〕往復約2時間
〔距離〕約6km
〔ベストシーズン〕6〜8月

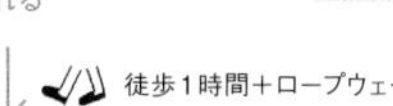

グリンデルワルト博物館
Grindelwald Museum

アルプスとともに生きた人々の歴史を物語る

古い写真や生活用品を展示し、村の歴史を紹介する博物館。登山のスタイルなどアルプスとともに暮らした人々の様子がうかがえる。

チーズ作り道具の展示

DATA ㊋グリンデルワルト駅から徒歩16分 ㊟Dorfstrasse 204 ☎033-853-4302 ㊕15〜18時 ㊡土〜月曜(4〜5月は水曜、金〜月曜)、10月25日〜12月31日 ㊫CHF.7

徒歩6分

マウント・クッション
Mount Cushion

地元で作られるクッション専門店

グリンデルワルトとその周辺で縫製されたクッションを扱う。牛と同じ耳タグ付き、80〜100年以上昔の手織りの布製、100年以上前の風景や生活写真をプリントしたものなど多種多様。

各種クッションはCHF.69〜

DATA ㊋グリンデルワルト駅から徒歩10分 ㊟Dorfstrasse 165a ☎033-853-1400 ㊕15時〜18時30分 ㊡ローシーズンは不定休

メルカート
Mercato

ピザやパスタなど絶品イタリア料理

村の中心に位置するホテル・シュピンネ内にあるイタリアン・レストラン。日本人も食べやすいパスタやピッツァがおすすめ。夏はテラス席で、名峰アイガーを眺めながら食事ができる。

地元産のチーズを使ったピッツァ・グリンデルワルト CHF.29

DATA ㊋グリンデルワルト駅から徒歩8分 ㊟Dorfstrasse 136 ☎033-854-8888 ㊕18〜22時30分(21時30分LO) ㊡11〜3月

Dorfstrasse

雰囲気と気分で選びたい

人気のグルメスポットが並ぶ ドルフ通りを食べ歩く

グリンデルワルトの目抜き通り、ドルフ通りにはおいしい店がたくさん！
地元にも観光客にも人気のカフェやレストランをご紹介。

スイス料理　付録MAP P9C3

ダービー
Derby

リーズナブルにスイスの家庭料理を堪能

朝早くから営業をしているので旅行者にも便利なホテル内のレストラン。おすすめは、地元産の肉や食材を使用したグリル・サーロインステーキとフライドポテト添えCHF.42や、地元の常連客も大好きなチーズフォンデュCHF.24～など。

DATA　㊋グリンデルワルト駅から徒歩すぐ　㊟Dorfstrasse 75　☎033-854-5461　㊕7～21時（食事は7～10時、11時30分～14時、18～21時）　㊡10月末～12月中旬

1. 地元スイス人もイチ押しのダービーチーズフォンデュCHF.24　2. グリンデルワルト駅前に立つ　3. ホテル内にあるクラシカルな内装の店

カフェ　付録MAP P9D3

アイガービーン・ザ・コーヒー・ロースタリー
EigerBean The Coffee Roastery

2023年オープンのロースタリーカフェ

生まれも育ちもグリンデルワルトのバリスタが丁寧にコーヒーをいれてくれる。地元の仲間が作る焼き菓子やシロップを扱うなど地元愛にあふれ、窓から見る山の景色も絶景。

DATA　㊋グリンデルワルト駅から徒歩12分　㊟Dorfstrasse 195　☎なし　㊕9～17時　㊡月曜

山々が間近に迫る窓辺の席へ

1. 厳選したアラビカ豆100%のドリップコーヒーCHF.6　2. ラテCHF.5。セカンドハンドの器も◎

プチ情報　アイガービーン・ザ・コーヒー・ロースタリーでは、コーヒー豆の購入も可能。フィルター用のフィルストフィルターCHF.14、エスプレッソ用のアイガープレッソCHF.8、デカフェのユングフラウコーヒーCHF.10から選べる。

レストラン・バリーズ
Restaurant Barry's

スイス料理 付録MAP P9C3

ボリュームあるメニューが人気

ホテル・アイガー・マウンテン＆ソウル・リゾートにあるレストラン。ボリュームある肉料理がおすすめで、バリーズ風ラムカレーCHF.42や、スイス風細切れ仔牛肉レシュティ添えCHF.43が人気。店内では楽器の生演奏を実施することもある。

DATA ㊋グリンデルワルト駅から徒歩8分 ㊖Dorfstrasse 133 ☎033-854-3131 ㊕7時～23時30分 ㊡なし(季節により変動あり)

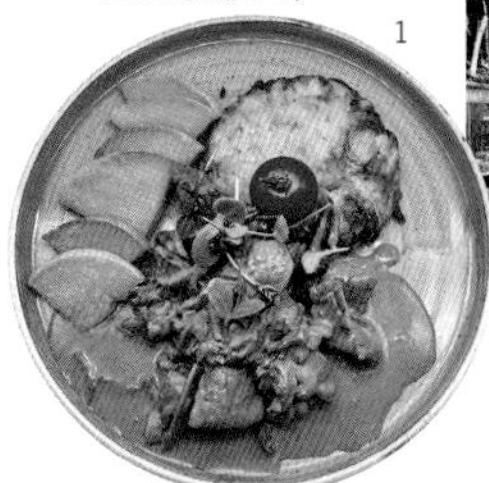

1.レシュティの牛肉添えCHF.42。サーモンや仔羊なども選べる 2.山小屋風の店内。サラダビュッフェCHF.12も人気

ヴォルター
Walter

スイス料理 付録MAP P9C3

ドルフ通りに面したテラス席が自慢

ホテル・セントラル・ヴォルター内にあるレストラン。駅に近くて好立地。料理はサラダ、スープ、パスタ、ステーキ、ハンバーガーなど日本人の口に合うものばかり。ホテルメイドのデザートも要チェック！

DATA ㊋グリンデルワルト駅から徒歩1分 ㊖Dorfstrasse 93 ☎033-854-3333 ㊕8時45分～22時 ㊡10月中旬～12月中旬

1.前菜・主菜・デザートからなる本日のコースCHF.24。主菜はチキンのピカタ 2.テラス席のほか、アットホームな山小屋風のテーブル席もある

リンゲンベルク
Ringgenberg

ベーカリーカフェ 付録MAP P9C3

ホームメイドにこだわるベーカリー

ベーカリーでパンやケーキを買い、隣のカフェへ。ドリンクはカフェで注文。地元のバターや牛乳を使い、自社工房で作られる。受賞歴のあるサワードウをはじめ、地元客に愛されるパンがたくさん！

DATA ㊋リンデルワルト駅から徒歩5分 ㊖Dorfstrasse 123 ☎033-853-1059 ㊕7時～18時30分 ㊡なし

1.バニラクリームたっぷりのCreme Schnitten CHF.4 2.ほうれん草のキッシュSpinatkuchen CHF.5.80 3.テイクアウト可能

クロイツ＆ポスト
Kreuz & Post

スイス料理 付録MAP P9C3

地元の人にも好評の歴史あるレストラン

同名ホテルのレストラン。スイスの郷土料理をはじめ、インターナショナルなメニューも種類豊富に用意している。特にエメンタール産コルドン・ブルーCHF.39などが人気。店内はサロン風で落ち着く。

DATA ㊋グリンデルワルト駅から徒歩1分 ㊖Dorfstrasse 85 ☎033-854-7070 ㊕8時30分～23時 ㊡月曜(シーズン中は無休)

1.軟らかくてジューシーなフィレミニヨンCHF.59 2.アルプスの山々を望むパノラミックなテラス席がおすすめ

Grindelwald

おいしいものからアウトドアアイテムまで

グリンデルワルトでスイスみやげをハント

アイガーの麓の美しい村を歩きながら、スイスらしいおみやげ探し。
チーズやスポーツ用品は、滞在中にも活用できるので要チェック！

アルコール不使用のトリュフ&プラリネCHF.9.80

山の稜線が描かれた箱入りチョコCHF.63

レトロ柄のブリキ缶入りミルクチョコCHF.17.90

チョコレート　付録MAP P9C3

スイス・チョコレート・シャレー・グリンデルワルト

Swiss Chocolate Chalet Grindelwald

駅近のスイスチョコレート店

インターラーケン店に続き、5年前にオープンした。自家製トリュフやプラリネ1個CHF.1.50～は常時30種以上を用意。こだわりのパッケージデザインも好評でおみやげに人気。

DATA ㊋グリンデルワルト駅から徒歩1分 ㊟Dorfstrasse 85 ☎033-821-0191 ㊌10時～18時30分（日曜は12～17時）㊡なし

1. 大きなシャンデリアが輝くきれいな店内　2. 駅を出てドルフ通りを歩けば、すぐに見つかる

チーズ　付録MAP P8B3

モルケライ・ゲーチ

Molkerei Gertsch

オリジナルチーズが多種多様に揃う

スイスチーズの専門店。おすすめはこだわりの自家製チーズやグリンデルワルトで作られたチーズ。種類が豊富なので、試食をさせてもらいながら、好みのチーズを選ぼう。硬いチーズは日本へ持ち帰りやすいが、軟らかいチーズは滞在中に味わおう。

DATA ㊋グリンデルワルト駅から徒歩3分 ㊟Spillstattstrasse 4 ☎033-853-1292 ㊌9～12時、16時～18時30分（土曜は8～12時、14～17時）※季節により異なる ㊡日・月曜

1. 店内はチーズの香りに包まれる。地元客も多い
2. チーズと合わせたいスイスワインも揃っている

毎年新作を作り熟成を重ねるアルプチーズ2023 CHF.2.65(100g)

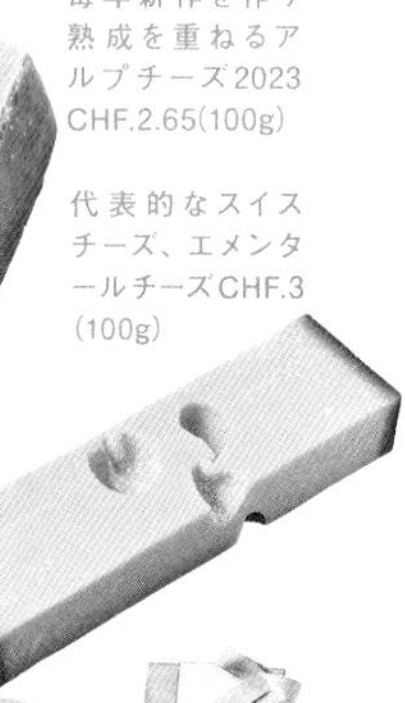

代表的なスイスチーズ、エメンタールチーズCHF.3(100g)

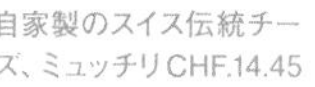

自家製のスイス伝統チーズ、ミュッチリCHF.14.45

地元産のキャラメルCHF.5.90(左)やパスタCHF.11.80(右)も

プチ情報　ストロングかマイルドか、どちらの味わいが好きかを伝えるのがコツ。熟成年数が経った硬いチーズは日本に持ち帰りやすい（10kgを超えると検疫対象）。店で真空パックにしてもらうか、ジッパー付き保存袋を持参しよう。

ショッピングモール 付録MAP P8A3

グリンデルワルト・ターミナル駅
Bahnhof Grindelwald Terminal

スイスみやげを探せる駅でのショッピング

ユングフラウ鉄道(→P35)の途中駅へ向かう大型のアイガー・エクスプレス(→P34)と、メンリッヒェンへのゴンドラからなるVバーンの起点となる駅。一流ブランドやスポーツ用品、みやげ物が並ぶショッピングセンターやビストロ、ロッカーも完備。

DATA ㊋グリンデルワルト駅から鉄道で3分、徒歩20分 ㊟Grundstrasse 54 ☎033-828-7112 ㊍8～18時 ㊡なし

©Jungfraubahnen 2019

©Jungfraubahnen 2019

©Jungfraubahnen 2019

1.スイスチョコレート、リンツの店舗もある 2.コスメも扱うドラッグストア、Dr.Portmannもチェック! 3.TERMINALの文字が目印

ギフト 付録MAP P9C3

グランド・バザール
Grand Bazar

定番みやげならココ

メインストリート、ドルフ通り沿いにあるギフトショップ。エーデルワイスの刺繍が施されたコースターCHF.7～や一人用ラクレット器具CHF.20～、おもちゃなどを扱う。

DATA ㊋グリンデルワルト駅から徒歩4分 ㊟Dorfstrasse 115 ☎033-853-1288 ㊍9～20時(10～3月は～18時30分) ㊡なし

1.アーミーナイフを購入すると、名前を彫ってくれるサービスもある 2.スイスらしい山小屋風の外観が素敵

スポーツ 付録MAP P9C3

グラーフ・スポーツ
Graf Sport

レンタルも可能なスポーツ店

1985年創業のスポーツショップ。スイスブランドのスポーツウエアを販売するほか、スキー用品とバイク(自転車)のレンタルも可能。アクティブに大自然を満喫してみよう。

DATA ㊋グリンデルワルト駅から徒歩2分 ㊟Dorfstrasse 95 ☎033-854-8844 ㊍8時～18時30分(土・日曜は～18時) ㊡なし

1.旅の記念にスイスブランドのアイテムはいかが? 2.レンタサイクルの利用など便利な拠点になっている

ギフト 付録MAP P9C3

ホイッサー・スーベニアショップ&キオスク
Heusser's Souvenir Shop und Kiosk

キオスクスタイルのスイスみやげ店

フィルスト・ゴンドラ(→P26)の麓駅からほど近い。マグネットやハガキなどスイスみやげコーナーを併設するキオスクなので、コーヒーなどドリンク片手にみやげ品を物色できて便利。

DATA ㊋グリンデルワルト駅から徒歩11分 ㊟Dorfstrasse 168 ☎033-853-1884 ㊍8～18時 ㊡月曜

1.日本の駅の売店のような店構え。レジ横の菓子類を買って小腹を満たすのも◎ 2.みやげ品コーナー。ひと通り何でも揃っている

エーデルワイス柄がかわいいカウベルCHF.17

木工メーカーTRAUFFERのマグネット各19.80

レトロな絵柄がエモいハガキ各2.50は種類豊富!

ユングフラウ 4158m

メンヒ 4107m

アイガー 3970m

スイスのここ

インターラーケン

グリンデルワルト

アイガー

メンヒ

ユングフラウ

憧れのユングフラウ3山が鎮座する

ユングフラウエリアガイド

アイガー、メンヒ、ユングフラウと名峰が並び、裾野には深い谷や湖が横たわる。そんな勇姿を間近で堪能できるのが、ベルン州南部の山岳リゾート・ユングフラウエリアだ。

付録MAP P6〜7

アルメントフーベル(→P59) からは3山を揃って見渡せる

アクセス

インターラーケン・オスト駅を起点に、グリンデルワルトまたはラウターブルンネンを経由する2つの行き方がある。前者はグリンデルワルト・ターミナル駅からアイガー・エクスプレスでアイガーグレッチャー(氷河)駅まで行き、ユングフラウ鉄道(JB)に乗り換えてユングフラウヨッホ駅へ(→P34)。後者はラウターブルンネン駅でヴァンゲルンアルプ鉄道(WAB)に乗り換えてクライネ・シャイデック駅まで行き、ユングフラウヨッホ駅を目指す。

スイスアルプスの中心であり、ベルナーオーバーラントともよばれるエリア。3名峰やアレッチ氷河を中心とした雄大な山岳景観が訪れる人々を感動に導く。多様性のある自然やアルピニズムの歴史的意義が評価され、2001年にアルプス初の世界遺産に。東西を拡張し、現在は総面積824km²が「スイス・アルプス・ユングフラウ・アレッチ」として登録される。拠点はグリンデルワルト、ヴェンゲンやミューレンなど。最大のみどころはユングフラウヨッホだ。

ユングフラウ3山とは？

尾根が連なるユングフラウ、メンヒ、アイガーの総称。ベルン州南部の地名から「ベルナーオーバーラント3山」ともよばれる。

1 ユングフラウ Jungfrau

標高4158mと3山の最高峰を誇る。「アルプスの乙女」の愛称は雪を被る山頂が修道服に見える、山麓の修道院の修道女からなど諸説あり。

スイスアルプスのほぼ中央にそびえる

2 メンヒ Mönch

メンヒとはドイツ語で「修道士」を意味し、標高は4107m。角度により大きく姿が異なって見えるため、1860年以前は複数の呼称があった。

「アルプスの乙女」を見守る山でもある

3 アイガー Eiger

3山のなかで最もシャープな姿。北壁はアルプスの3大難ルートとして知られ、壮絶な登頂記が映画『アイガー北壁』の題材に。標高3970m。

献上の山名ではスイスで2番目に古い

ユングフラウの初登頂は1811年、メンヒは1857年、アイガー西壁は1858年。一方、多くの死者を出し難関とされたアイガー北壁ルートの達成は西壁登頂から80年後の1938年のこと。それぞれの偉業が登山史に残る。

ユングフラウエリアでしたい3つのこと

1 ユングフラウヨッホの展望台へ

売店やレストランも充実する複合施設

ユングフラウヨッホ駅には複合施設「トップ・オブ・ヨーロッパ」があるが、まずは高速エレベーターで標高3571mのスフィンクス展望台へ。目の前に迫る山頂や眼下に広がる氷河と雪原の銀世界など、スケールの大きさに圧倒されてしまう。→P22、36

2 ハイジ気分でハイキング

アルプスの景色に飛び込もう

上から眺めるだけでは物足りないというアクティブ派には、ユングフラウエリアの大自然にふれ合えるハイキングがおすすめ。初心者向けのゆるやかなコースもあり、特別な登山装備は不要。さまざまな角度から名峰の魅力を堪能できるだろう。→P38

3 アルプスの乗り物を満喫

移動中もノンストップの絶景が続く

スイスアルプスの山岳交通は単なる移動手段にあらず。ユングフラウヨッホ駅へと至る登山鉄道の沿線には高山植物が咲き乱れ、車窓から見渡す風景も旅の目的に。また、アイガー・エクスプレスでは優雅な空中散歩を楽しむことも。→P34

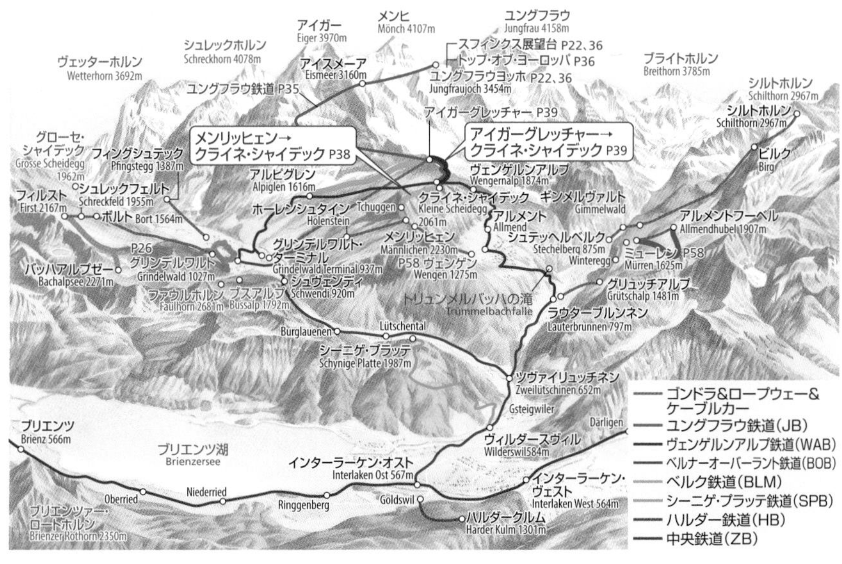

© Jungfraubahnen AG

約120年ぶりの新路線が仲間入り

アイガー・エクスプレスとユングフラウ鉄道を乗り継いでユングフラウヨッホ駅へ！

新路線のロープウェー、アイガー・エクスプレスとユングフラウ鉄道を利用することでユングフラウヨッホ駅へのアクセスが時短に！ アクセス方法をご紹介。

約120年ぶりの新路線、アイガー・エクスプレス

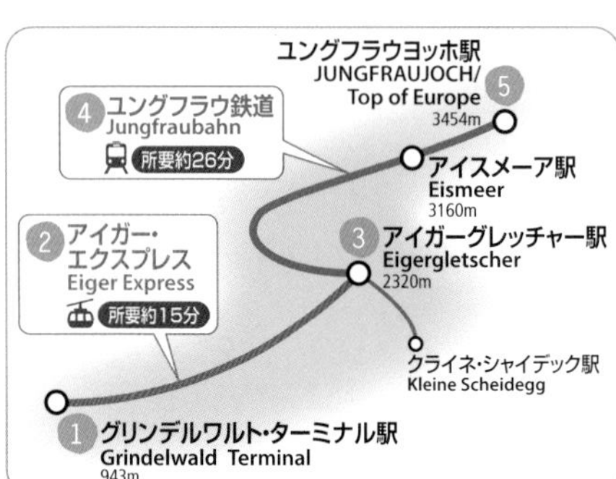

チケットの購入方法

グリンデルワルト・ターミナル駅にある有人窓口で行き先、片道or往復、枚数を伝えよう。アイガー・エクスプレスで行くアイガーグレッチャー駅行きと、別のゴンドラで行くメンリッヒェン行きがあるので行き先を明確に伝えたい。自動券売機でも購入可能。

\Start/

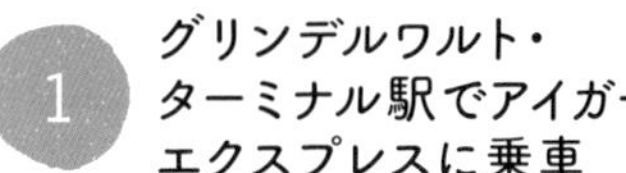

1 グリンデルワルト・ターミナル駅でアイガー・エクスプレスに乗車

1.ロープウェーから麓の家々が箱庭のように見える 2.グルメやショップも充実したグリンデルワルト・ターミナル駅を出発 3.大型ロープウェーなので広い窓からダイナミックな景色を楽しめる

上り最終時間より早めに、余裕をもってチケット購入を！ 乗り場に到着するのがギリギリになると乗車できない場合がある。乗車できなかった場合は、窓口で払い戻しをしてもらおう。

2 アイガー・エクスプレス
Eiger Express
付録MAP P6B2~3

約15分でアイガーグレッチャーへ

アルプスへの起点の街グリンデルワルトから、世界遺産のアイガーグレッチャー（氷河）駅までの全長6483mを、わずか15分で結ぶ最新の3Sロープウェーが開通。ユングフラウヨッホへの道のりが大幅に短縮。

DATA ㊋グリンデルワルト・ターミナル駅から徒歩すぐ ㊟グリンデルワルト・ターミナル駅（乗り場、チケット購入） ㊕7時15分～上り最終18時15分（冬季は8時～上り最終15時45分） ㊡11月13日～14日 ㊫往復CHF.75～（季節により異なる） スイストラベルパス利用の場合は25%引き、スイスハーフフェアカード利用の場合は半額 URL www.jungfrau.ch

ロープウェーから見る冬の雪景色も圧巻！

3 アイガーグレッチャー駅でユングフラウ鉄道に乗り換える

1.アイガーグレッチャーは、名峰アイガーの西斜面にある氷河。駅の開業時は駅前まであった氷河が、現在では約520mも後退している　2.2020年に新しくなった駅には、氷河ビューのレストランもある

4 ユングフラウ鉄道
Jungfraubahn
付録MAP P6B2

1912年開通の人気の登山鉄道

アイガーとメンヒの山中にトンネルを通す難工事を経て、着工から16年後にようやく完成。全線の4分の3がトンネルの中だが、絶景を望むことも。アイガー・エクスプレス（→P34）に乗らずに、麓のクライネ・シャイデック駅から乗ると所要41分でユングフラウヨッホ駅へ。→P36

DATA ユングフラウ鉄道グループ ㊟Höheweg 35, CH-3800 Interlaken ☎033-828-7233 URL www.jungfrau.ch

トンネル前までは進行方向右側の席が眺望抜群

\ Goal /

5 ユングフラウ鉄道でユングフラウヨッホ駅に到着

ヨーロッパで一番高い場所にある駅、ユングフラウヨッホ駅からスフィンクス展望台（→P36）へ

標高3454m、ヨーロッパ最高地点の駅へ

ユングフラウ鉄道の終点ユングフラウヨッホ駅&大絶景のスフィンクス展望台

半日たっぷりと遊ぼう！

魔の山・アイガーを貫く全長約7.1kmのトンネルを抜けてユングフラウヨッホ駅へ。隣接の複合施設「トップ・オブ・ヨーロッパ」には展望台などお楽しみが盛りだくさん。

付録MAP P7C1

1

©jungfrau.ch

駅からスフィンクス展望台への入口

ユングフラウヨッホ駅までのアクセスは→P34

DATA
インターラーケン・オストから往復CHF.223.80～、ヴェンゲン～ユングフラウヨッホ駅はスイストラベルパス(→P80)で25%割引(グリンデルワルト、ヴェンゲンまでは無料) [運行期間]通年。

1 スフィンクス展望台
Sphinx Observatory

名峰と氷河の壮観なコラボを一年中楽しめる

駅から高速エレベーターでわずか25秒。標高3571mの展望台から西にユングフラウ、東にメンヒ、南に全長23kmにも及ぶアレッチ氷河の一端を垣間見られる。屋内テラスもある。→P22

2

3

1.世界遺産の絶景を堪能できる　2.展望台だけなら所要1時間、アトラクション込みなら半日は必要　3.3つの氷河の合流により形成されたアルプス最大のアレッチ氷河

プチ情報　ユングフラウヨッホの年間平均気温は−7.9℃。年間を通じて雪に覆われているため夏でも防寒着は必須。紫外線対策としてサングラスも持参しよう。

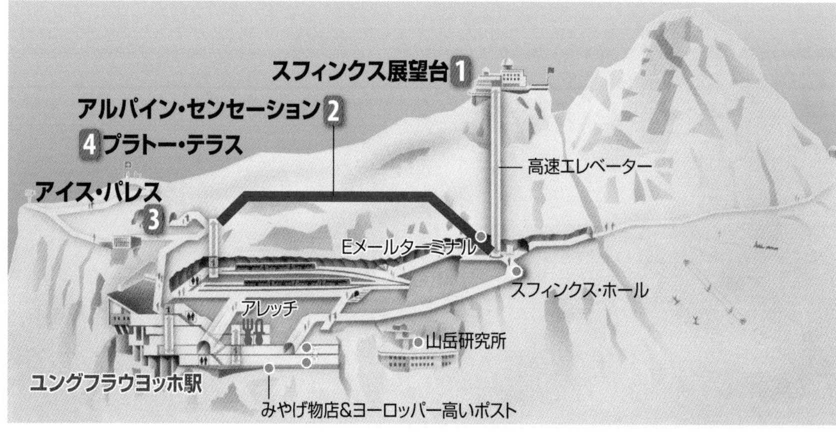

2 アルパイン・センセーション
Alpine Sensation

雪山で楽しむ音と光のアトラクション

ユングフラウ鉄道の全線開通100周年を記念して作られ、鉄道建設に携わった人々へのオマージュなど趣向を凝らした作品を展示。この地域の文化と歴史を知ることができる。

動く歩道上から壁画などを見学する

3 アイス・パレス
Ice Palace

氷の彫刻が並ぶ幻想的な宮殿

アレッチ氷河の下約30mの深さに掘られた氷の宮殿。壁や床も一面が氷に覆われており、各スペースには精巧に仕上げた氷の彫刻作品が並ぶ。滑りやすいので足元に要注意。

クマやペンギンなどかわいい動物の彫刻作品も

4 プラトー・テラス
Plateau

万年雪に覆われたテラスで記念撮影

一面に銀世界が広がり、スイス国旗やユングフラウを背景に撮影ができる絶好のスポット。ヨーロッパの分水嶺に位置しており、アレッチ氷河側の雪は地中海へ、反対側の雪は北海へと注ぐ。

夏でも雪を踏みしめる感覚が心地いい

CHECK!

ヨーロッパ最高地点にあるポストから到達記念の絵はがきを送ろう

駅に直結する施設内、売店の横に日本の郵便ポストがある。これは富士山五合目簡易郵便局との姉妹提携によるもの。切手やはがきは売店で購入できるので記念に投函してみては。

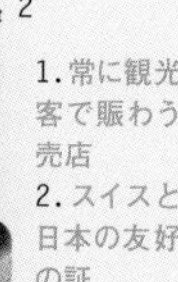

1. 常に観光客で賑わう売店
2. スイスと日本の友好の証

名峰の麓には小さな発見がいっぱい!

ユングフラウの絶景ハイキング

ユングフラウ一帯はスイス屈指のハイキング天国。大自然とふれ合い、想像以上の感動体験が待っている。

＼初心者向き／

アイガー北壁を見ながら歩く

メンリッヒェン→クライネ・シャイデック

［コース概要］
雪をまとったアイガー北壁を正面に望み、グリンデルワルトやヴェンゲンの村を見渡せる。ゆるやかな下り道が続くので、ハイキングに慣れていない人や子ども連れでも安心。往路ではメンリッヒェンまでゴンドラバーンに乗車。約20分の空の旅も楽しい。

［所要時間］約1時間30分
［歩く距離］約4.5km
［ベストシーズン］6〜8月ごろ
［アクセス］グリンデルワルト・ターミナル駅からからゴンドラバーンで20分。メンリッヒェン駅からスタート
付録MAP P6B2〜7C2

ゴンドラバーン
→グリンデルワルトへ
2230m ❶メンリッヒェン Männlichen
Heeje Hubel
0.6km 10分
Teiffi
ヴェッターホルン、グリンデルワルトが見える
❷2202m分岐
Klein Tschuggen
Tupphorn
1.5km 30分
コースの各所で放牧された牛が見られる
6〜7月ごろ アンティリスが咲く
スキーリフト
Sattelegg
Hohch
チュッケン 2524
ホーネック❸ Honegg 2170m
2156m地点
Schwarzi F
ヴェッター、グリンデ、アイガー
Chrachenegg
1.2km 25分
6〜7月ごろ エンツィアンが咲く
小川❹ 2114m
スキーリフト
0.8km 15分
落石に注意
グリンデル 見える
グリンデルワルト・ブリック❺ Grindelwald Blick 2116m
Lauberbeden
スキーリフト
0.4km 10分
N
0 500m
クライネ・シャイデック❻ Kleine Scheidegg 2061m
WAB
ヴェンゲンへ
↓ユングフラ

標高 ❶2230m ❷2202 ❸2170 ❹2114 ❺2116 ❻2061m
距離 0km 0.6 2.1 3.3 4.1 4.5km

＼Start／

❶メンリッヒェン
Männlichen

まずは山頂駅から展望台へ
レストランやキオスクのある展望台。大パノラマが広がり、コースとは逆方向の山頂展望台までは徒歩25分。

グリンデルワルトが見える

↓徒歩10分

❷2202m分岐
Cross Point on 2202m

色とりどりの花が咲く
ゆるやかな勾配で歩きやすい。左手に村を見ながら尾根沿いの道を進む。

↓徒歩30分

❸ホーネック
Honegg

コース最大のビューポット
尾根をまわり込むとメンヒやユングフラウも姿を現し、3山が目の前に。スキーリフト先の広場に簡易トイレあり。

右手にチュッケンがそびえる

↓徒歩25分

❹小川 Stream

かわいい花をパチリ

小川を渡る
左前方にユングフラウを見ながら歩き小川のカーブを曲がる。「これぞアルプス」な風景に目移りしてしまう。

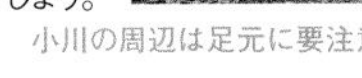
小川の周辺は足元に要注意

↓徒歩15分

❺グリンデルワルト・ブリック
Grindelwald Blick

ランチや休憩にぴったり
山小屋風のレストランがある。下り坂の先にクライネ・シャイデックが見えてくる。

自然のコントラストが眩しい

↓徒歩10分

＼Goal／

❻クライネ・シャイデック
Kleine Scheidegg

登山鉄道の乗り換え駅
ユングフラウ3山が見え、名峰と登山鉄道のアルプスらしい写真が撮れる。

ハイキングや登山客で賑わう

［戻りのアクセス］
帰路は、ヴェンゲルンアルプ鉄道(WAB)で約40分のグリンデルワルト駅へ。

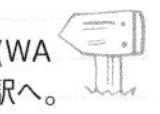

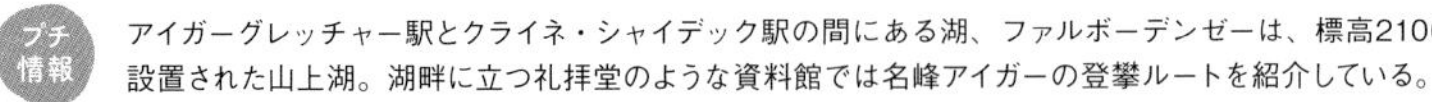

プチ情報 アイガーグレッチャー駅とクライネ・シャイデック駅の間にある湖、ファルボーデンゼーは、標高2100mの丘に設置された山上湖。湖畔に立つ礼拝堂のような資料館では名峰アイガーの登攀ルートを紹介している。

\ 初心者向き /

所要50分のショートハイキング

アイガーグレッチャー→クライネ・シャイデック

［コース概要］
歩き始めてしばらくは迫力のアイガー氷河を間近に望み、大自然のパワーを体いっぱいに感じられる。クライネ・シャイデックに近づくにつれ色彩を増し、煌めく貯水湖と登山鉄道の名風景がコースのハイライト。

［所要時間］約50分
［歩く距離］約2.5km
［ベストシーズン］7～8月ごろ
［アクセス］グリンデルワルト・ターミナル駅からからゴンドラバーンで20分。アイガーグレッチャー駅からスタート
付録MAP P7C2

\ Start /

❶アイガーグレッチャー
Eigergletscher

標高 2320m の鉄道駅を出発
駅舎内にレストランがあり、テラスから雄大なアイガー氷河を一望できる。外は砂利道なので足元に注意。

クライネ・シャイデック寄りから出発

↓ 徒歩15分

❷ローヒャーフリュー
Loucherflue

花咲く斜面の線路沿いを歩く
クライネ・シャイデックやラウバーホルンの山を望む。アイガー東山稜を初登頂した槇有恒(まきゆうこう)寄贈の山小屋前を通過。

山小屋は博物館になっている

↓ 徒歩15分

❸ファルボーデンゼー
Fallbodensee

稜線を映すミラーレイク
人工雪を作るための貯水湖だが、夏季はアイガーやメンヒの山容を映す景勝地として人気。湖畔には資料館がある。

1.周辺には休憩用のベンチもある　2.赤い車体が背景によく映えてフォトジェニック

↓ 徒歩5分

❹踏切 Crossing

山と登山鉄道の名コンビ
クライネ・シャイデック駅からユングフラウヨッホ駅へ向かう登山鉄道の踏切。アプト式路線の歯車も見える。

山頂へと走る登山鉄道

→ 徒歩15分

\ Goal /

❺クライネ・シャイデック
Kleine Scheidegg

アイガー真下に立つ山岳観光の拠点駅
旅行者で賑わう登山鉄道の乗換え駅。ユングフラウヨッホ行きもここから出発。

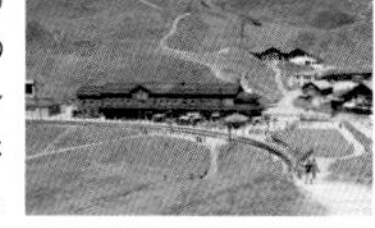
レストランやホテルも揃う

［戻りのアクセス］
帰路は、ヴェンゲルンアルプ鉄道(WAB)で約40分のグリンデルワルト駅へ。

孤高の名峰を中心とする大パノラマ

\ Matterhorn /

マッターホルンエリアガイド

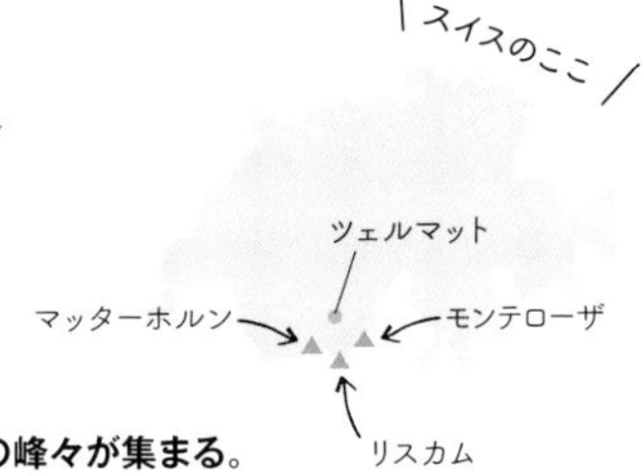

マッターホルン周辺にはスイス最高峰を始めとする4000m級の峰々が集まる。乗り物で簡単にアクセスできる展望台から多彩な景色を堪能しよう。

付録MAP P2B4

マッターホルン Matterhorn

山々が連なるアルプス山脈には珍しい、高さ4478mの独立峰。ピラミッドに例えられる均整の取れた姿が美しい。山自体がスイスとイタリアの国境で、南壁はイタリア。

鋭い頂が天を衝くスイスのシンボル

氷河が削り出した急斜面と尖った頂が印象的なマッターホルン。丸く渦を巻くようなモンテローザや氷河の上に連なるリスカムなど、特徴的な形の山々が豊かな山岳風景を織り成している。マッターホルンは頂に雲がかかりやすいので、午前中には展望台に着くように出発しよう。

モンテローザ Monte Rosa

標高4634mのスイス国内で最も高い山。やわらかな丸いシルエットの山が夕日で赤く染まる姿から、イタリア語で「バラの山」と名付けられた。

リスカム Liskamm

ゴルナー氷河の真上にそびえる標高4527mの山。長く連なる尾根に主だった2つの山頂をもち、北面には標高差1000mの氷河が続く。

スイスが誇る高峰が並び立つ

ケーブルカー　ゴンドラ&ロープウェイ　登山鉄道

プチ情報 マッターホルン・グレッシャー・パラダイスには、13時30分以降の乗車で往復運賃が割引になる午後割というチケットがある。季節により金額は異なるが、7〜8月は往復CHF.96。

マッターホルンでしたい3つのこと

1 4大展望台から絶景を眺める

マッターホルンを眺めるのにおすすめの展望台は4つ。施設の充実ぶりやアクセスのよさ、マッターホルンの角度の美しさなど、それぞれに魅力があるのでどれも訪れてみたくなる。いずれの展望台にもレストランがあり、絶景を眺めながら食事ができる。

スネガ・パラダイス
Sunnegga Paradise

ツェルマットから5分でアクセスでき、気軽に絶景を楽しめる人気の展望台。多くのハイキングコースが整備されている。

DATA ㊋ツェルマット駅→（徒歩10分）→地下ケーブルカー駅→（ケーブルカー5分）→スネガ・パラダイス駅 ㊎10月中旬〜5月中旬 ㊕片道CHF.18、往復CHF.26

1.レストランのテラスからはマッターホルンを正面に見ながら食事ができる

ロートホルン・パラダイス
Rothorn Paradise

©MatterhornGroup

マッターホルンの尖峰が最も美しく見えるが、観光客が少ない穴場のスポット。レストランのソファー席からの眺めもGood。

DATA ㊋ツェルマット駅→（徒歩10分）→地下ケーブルカー駅→（ケーブルカー5分）→スネガ・パラダイス駅→（ロープウェー7分）→ブラウヘルト駅→（ロープウェー5分）→ロートホルン駅 ㊎10月上旬〜6月下旬 ㊕片道CHF.48、往復CHF.74

1.マッターホルンやフィンデルン氷河が見える

ゴルナーグラート
Gornergrat

ツェルマットから登山鉄道に乗ってアクセスする人気の展望スポット。マッターホルンとともに、モンテローザやゴルナー氷河などを一望。DATA→P20

1.天文台のある3100クルムホテル・ゴルナーグラートがシンボル

マッターホルン・グレッシャー・パラダイス
Matterhorn Glacier Paradise

©zermatt- bergbahnen

ヨーロッパで最高所の標高3883mに位置する展望台で、360度視界が開けている。ゴルナーグラートとは反対側。

DATA ㊋ツェルマット駅→（徒歩20分）→ロープウェー駅→（ゴンドラバーン10分）→フーリ駅→（ゴンドラバーン10分）→シュヴァルツゼー・パラダイス駅→（ゴンドラバーン10分）→トロッケナー・シュテック駅→（ロープウェー10分）→マッターホルン・グレッシャー・パラダイス駅 ㊎なし ㊕片道CHF.78、往復CHF.120（5〜6月と9〜10月は片道CHF.71、往復CHF.109、11〜4月は片道CHF.62、往復CHF.95）

1.「マッターホルン・グレッシャー・ライド」で展望台へ

2 ハイキングで絶景を眺め歩く

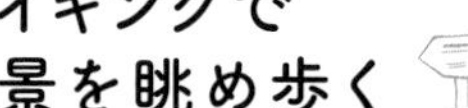

各展望台や、ゴルナーグラート鉄道の各駅からはたくさんのハイキングコースが整備されている（→P41-42）。コースの途中にある多くの山上湖では湖面にマッターホルンが映る逆さマッターホルンが見られる。

ロートホルン・パラダイスから山上湖までのコースは中級者向け

3 多彩な乗り物を楽しむ

ゴルナーグラートへの列車は1898年に開通した歴史ある登山列車。2023年7月にはマッターホルン・グレッシャー・パラダイスとイタリアのテスタ・グリジャを結ぶ新ロープウェーが開通し、話題になっている。

©by Gornergrat Bahn

©Zermatt Bergbahnen AG, 2019, Fotograf: Pedro Rodrigues

1.高低差1485mを33分かけて登る 2.グレッシャーライド2が完成

Matterhorn

山歩きとともにスイスの名峰を楽しむ

マッターホルンを眺めながら歩く おすすめハイキングコース

ツェルマット周辺にある歩きやすいハイキングコースのなかから、初心者向けを2つご紹介。時期が合えばさまざまな高山植物が見られることも！

初心者向き

2つの湖から「逆さマッターホルン」を眺めるコース

ローテンボーデン→リッフェルベルク

［コース概要］
ゴルナーグラート展望台のひとつ手前にあるローテンボーデンから始まる比較的短いコース。マッターホルン、ゴルナー氷河、逆さマッターホルンが楽しめる湖・リッフェルゼーなど、多彩な自然の表情を見ることができる。

［所要時間］約1時間
［歩く距離］約2.7km
［ベストシーズン］7月上旬～9月下旬
［アクセス］ツェルマットからゴルナーグラート鉄道(GGB)で37分のローテンボーデン駅からスタート
付録MAP P12B12

↑ツェルマットへ
N
0
リッフェルベルク Riffelberg ⑥ 2582m
0.3km 5分
Riffelberg Chapel リッフェルベルク礼拝堂⑤ 2585m
1.0km 20分
Riffelberg
GGB
土が露出。雪解け時や雨後は滑りやすい
礼拝堂と北西ヴァリス・アルプスの山々
春にオキナグサの群生
ブライトホルン、クライン・マッターホルン、テオドゥール氷河
マッター谷とビエッチホルン、ユングフラウなど
7月半ばからアルプス・タイム、ヒメキンギョソウなど
アルパイン・マーモットが生息
7月ごろキンイロサクラソウ、アルペンホルンケレーなど
ウンターリッフェルゼー Unter Riffelsee
リッフェルゼー Riffelsee
逆さに映るマッターホルン
Rotenboden ローテンボー
リッフェルベルクへの分岐④ 2683m
0.5km 15分
2740m ③
0.3km 15分
2757m ②
0.6km 5分
2815m ①
秋にワタスゲが見られる
逆さに映るマッターホルンとリッフェルホルン北壁
モンテローザ、リスカム
春にアルプスコケマンテ
2566 2667 2760 2668 2743 2781 2775

標高: ① 2815m ② 2757 ③ 2740 ④ 2683 ⑤ 2585 ⑥ 2582m
距離: 0km 0.6 0.9 1.4 2.4 2.7km

Start

❶ローテンボーデン
Rotenboden

マッターホルンを望む絶景駅

駅前の小さな広場の右端からリッフェルゼーが見え、開放感満点の景色が広がる。

ブライトホルンも見える

移動5分

❷リッフェルゼー
Riffelsee

逆さマッターホルンが映る湖

湖面に映る逆さマッターホルンで有名な湖。湖のほとりまで下るとより大きいマッターホルンが見られる。左手は険しいリッフェルホルンの岩壁。

ぬかるみになっている場所もあるので要注意

移動15分

❸ウンターリッフェルゼー
Unter Riffelsee

もうひとつの小さな湖

リッフェルゼーの先にある湖。こちらも逆さマッターホルンの撮影ポイント。湖を過ぎるとすぐに分岐があるが、まっすぐ進んで次の分岐へ。

湖の周りには大きな岩が転がる

初心者～中級者向きのハイキングとして、ケーブルカーでアクセスするスネガ・パラダイス（→P41）から昔ながらの家並みが残るフィンデルンを通ってツェルマットへと戻るコースもおすすめ。

↓ 移動15分

❹リッフェルベルクへの分岐
Cross Point

距離の短い右方向へ進む
どちらでもリッフェルベルクにつくが、ここでは内回りで距離の短い方へ。

野生のハーブ、アルプス・タイムが多く咲く

→ 移動20分

❺リッフェルベルク礼拝堂
Riffelberg Chapel

自然に溶け込む美しい礼拝堂
ヴァリスアルプス特有の薄い岩を屋根に使用。

マッターホルンと重なって見えるポイントも

→ 移動5分

\ Goal /

❻リッフェルベルク
Riffelberg

山岳ホテルが立つ登山鉄道駅
ホテル内のレストランのテラス席で、マッターホルンを眺めながら休憩を。

［戻りのアクセス］
リッフェルベルク駅からゴルナーグラート鉄道(GGB)で23分のツェルマット
付録MAP P12B2

\ 初心者向き /

花スポットがいっぱいの短時間で歩けるおすすめコース

リッフェルベルク→リッフェルアルプ

［コース概要］
色とりどりの花畑やマッターホルンを眺められ、短い時間で多彩な景色を楽しめる人気コース。コース中盤は、ジグザグと続く急な坂や岩場も多い。

［所要時間］約1時間30分
［歩く距離］約2.6km
［ベストシーズン］6〜9月

［アクセス］ツェルマットからゴルナーグラート鉄道で23分のリッフェルベルク駅からスタート
付録MAP P2B2〜3

N
0 200m
リッフェルアルプ Riffelalp ❻ 2222m
GGB
0.7km 20分
リッフェルアルプ・リゾート2222m。レストランの利用もでき、公園もある
Riffelalp
分岐❺ 2260m
0.3km 10分
2309
❹橋 2305m
Bodmen
Augstchumme
春から秋にかけてたくさんの花が咲く
マッターホルンが見える
0.7km 30分
2425m
橋❸
0.6km 20分
急な斜面で岩場の道もあるので、滑らないように注意
標識❷
2545m
レストラン、ホテルあり
0.3km 10分
❶2582m
リッフェルベルク Riffelberg
ゴルナーグラートへ
標高 ❻2222m ❺2260 ❹2305 ❸2425 ❷2545 ❶2582m
距離 2.6km 1.9 1.6 0.9 0.3 0km

\ Start /

❶リッフェルベルク
Riffelberg

駅のそばにある標識を右手へ
多彩なハイキングコースがあり、多くのハイカーで賑わう。近くにはホテル、レストランもある。

眺望抜群のレストランはテラス席が人気

↓ 移動10分

❷標識
Sing

下り坂の右の道へ
ジグザグの急な坂道。両側にはアルペンローゼなどの花が咲いている。

2つの道に分かれている

→ 移動20分

❸橋
Bridge

木製の小さな橋
橋を渡って、左手にマッターホルンを眺めながら歩くとゆるやかな坂に。

↓ 移動30分

❹橋
Bridge

橋を渡り左方向へ進む
岩にペンキで印がある。勾配がなだらかで道も広くなり、歩きやすくなる。

↗ 移動10分

❺分岐
Cross Point

広い道と交差したら左へ
5つ星ホテル「リッフェルアルプ・リゾート2222m」の手前が絶景ポイント。

駅とホテルがトロッコ列車で結ばれている

→ 移動20分

\ Goal /

❻リッフェルアルプ
Riffelalp

小さな鉄道駅
樹林帯の中にある。

登山鉄道の路線が目の前にある

［戻りのアクセス］
リッフェルアルプ駅からゴルナーグラート鉄道(GGB)で19分のツェルマット
付録MAP P12B3

Zermatt

名峰の麓にある山岳リゾート地

ここだけはおさえておきたい ツェルマットの注目スポット

19世紀後半からマッターホルン観光の起点として栄えてきた山あいのリゾート地。環境に配慮して電気自動車を導入し、大自然の澄んだ空気を維持している。

こんな村です

付録MAP P2B4

DATA
州(カントン)/ヴァリス州 Valais
標高/1620m
言語/ドイツ語
人口/5746人(2022年8月現在)

[アクセス]チューリヒからベルン経由、フィスプ経由の鉄道で3時間25分～3時間40分。ジュネーヴから4時間～4時間20分。サンモリッツから氷河特急で約8時間。村内はガソリン車の乗り入れを禁じている。散策は徒歩で十分だが、電気自動車のバスやタクシーも走っている。

レストランやショップが立ち並ぶメインストリートのバーンホフ通り

ビューポイント 付録MAP P14A3

モルゲンロートが見られるビューポイント
View Point of Morgenrote

早起きして見たい美しい朝焼け

「モルゲンロート」とは登山用語で"朝焼け"のこと。ツェルマットからは、夜明けの直前にマッターホルンの山頂が真っ赤に染まる様子が見られる。

このポイント以外にも街角やホテルからも見える

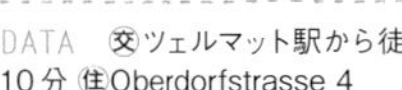

DATA 交ツェルマット駅から徒歩10分 住Oberdorfstrasse 4

広場 付録MAP P14A3

キルヒ広場
Kirchplatz

行き交う人々でいつも賑わう

カトリック教会前にある広場。夏には広場や教会でヨーデルやアルペンホルンのコンサートなどさまざまなイベントが開催される。

冷たい水が流れ出ているマーモットの泉

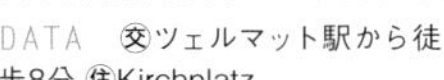

DATA 交ツェルマット駅から徒歩8分 住Kirchplatz

教会 付録MAP P14A3

カトリック教会
Kirch

緑の尖塔をもつ村のランドマーク

マッターホルンで命を落とした登山家たちが眠る墓地の傍らに立つ教会で、クライマーの追悼碑がある。教会から駅までの道がメインストリート。

木製の山小屋の街で堅牢な石造りが目を引く

DATA 交ツェルマット駅から徒歩8分 住 Kirchplatz

博物館 付録MAP P14A3

マッターホルン博物館
Matterhorn Museum

マッターホルンとツェルマットの歴史を学ぶ

マッターホルン形成の過程や初登頂の物語、ツェルマットの歴史などを学べる博物館。地下に古い街が再現されている。

マッターホルン3次元モデル

DATA 交ツェルマット駅から徒歩8分 住Kirchplatz 11 ☎027-967-4100 時15～18時 休館内整理やイベントで臨時休館あり 料CHF.10

プチ情報 ツェルマット駅は、サンモリッツ駅までを結ぶパノラマ列車「氷河特急(→P82)」の発着地。景色を楽しみやすいように、平均時速約35kmというゆっくりとした速度で走行する。

日本人橋
Japanese Bridge

川の上は視界が開けている

マッターホルンの朝焼けスポット

マッターホルンの朝焼けを見るために日本人観光客が集まることからこの名でよばれるようになった橋。

DATA ㊇ツェルマット駅から徒歩10分 ㊟Kirchbrücke

and more…

マッターホルンを目指したアルピニストが眠る墓地

手入れの行き届いた美しい墓地

付録MAP P14B3

マッターフィスパ川沿いにある墓地。周辺の山で遭難して亡くなった登山家たちが眠る墓がある。

DATA ㊇ツェルマット駅から徒歩10分 ㊟Kirchstrasse

シュターデル（穀物倉庫）
Stadel

ネズミ返しが付いたヴァリス地方特有の倉庫

黒いカラマツ材で造られた高床式の穀物倉庫。ネズミなどが倉庫に上がれないように、倉庫の床と小屋を支える柱の間に円板状の石が挟まっているのがこの地方の特徴。

DATA ㊇ツェルマット駅から徒歩8分 ㊟Hinterdorfstrasse

街のあちこちで見られる歴史的建造物

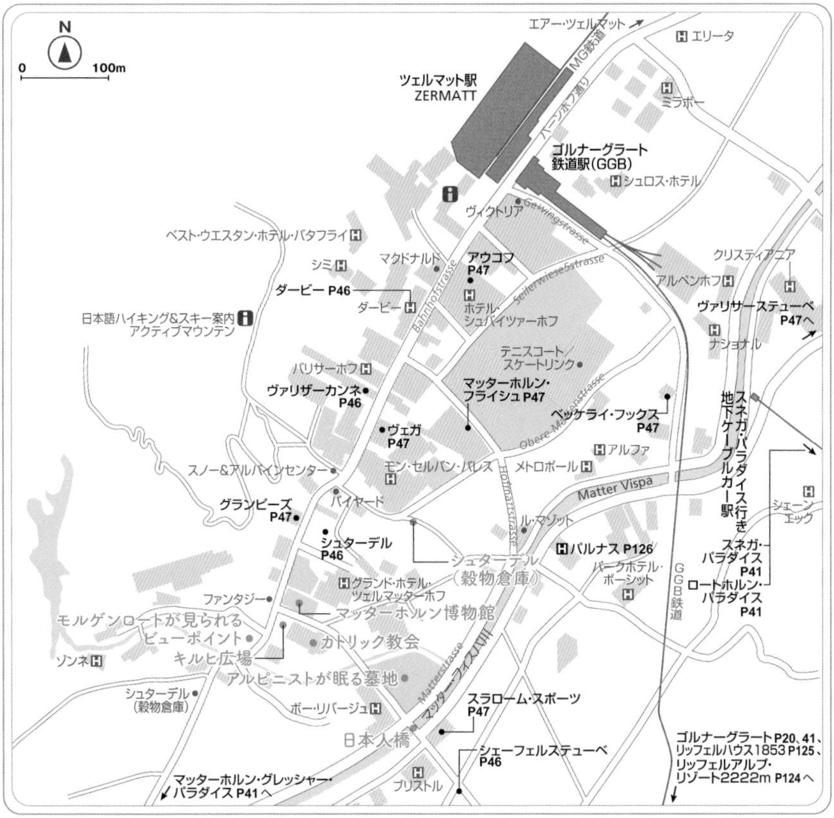

N
0 100m
ツェルマット駅 ZERMATT
エアー・ツェルマット
MG鉄道
バーンホフ通り
エリータ
ミラボー
ゴルナーグラート鉄道駅(GGB)
シュロス・ホテル
ヴィクトリア
Getwingstrasse
ベスト・ウエスタン・ホテル・バタフライ
シミ
マクドナルド
アウコフ P47
ダービー P46
ダービー
ホテル・シュバイツァーホフ
Seilerwiesenstrasse
Bahnhofstrasse
日本語ハイキング&スキー案内 アクティブマウンテン
クリスティアニア
アルペンホフ
ヴァリサーステューベ P47へ
ナショナル
テニスコート／スケートリンク
パリサーホフ
ヴァリザーカンネ P46
マッターホルン・フライシュ P47
ベッケライ・フックス P47
Obere Mattenstrasse
スネガ・パラダイス行き地下ケーブルカー駅
ヴェガ P47
アルファ
スノー&アルパインセンター
モン・セルバン・パレス
メトロポール
Matter Vispa
Hofmattstrasse
グランビーズ P47
バイヤード
ル・マゾット
シェーンエック
シュターデル P46
パルナス P126
スネガ・パラダイス P41
シュターデル（穀物倉庫）
パークホテル・ボーシット
ロートホルン・パラダイス P41
グランド・ホテル・ツェルマッターホフ
ファンタジー
マッターホルン博物館
GGB鉄道
モルゲンロートが見られるビューポイント
カトリック教会
ゾンネ
キルヒ広場
アルピニストが眠る墓地
シュターデル（穀物倉庫）
ボー・リバージュ
Matterstrasse
マッターフィスパ川
スラローム・スポーツ P47
日本人橋
シェーフェルステューベ P46
ブリストル
マッターホルン・グレッシャー・パラダイス P41へ
ゴルナーグラート P20、41、リッフェルハウス1853 P125、リッフェルアルプ・リゾート2222m P124へ

標高約1600mの美しい村での思い出に Zermatt

ツェルマット グルメ&ショッピング

山小屋風の造りが独特の景観を作り出すきれいなツェルマットの街並み。
スイスならではのフォンデュが味わえるレストランなどチーズ料理がおすすめ。

スイス料理 付録MAP P14B2

ヴァリザーカンネ
WalliserKanne

多彩なチーズフォンデュとピザ

定番のチーズフォンデュCHF.34だけでなく、黒トリュフとオリーブ入りCHF.39やハーブ入りCHF.35など変わり種のフォンデュも味わえる。

DATA ㊋ツェルマット駅から徒歩5分㊟Bahnhofstr. 32 ☎027-966-4610 ㊕8〜24時（季節により異なる）㊡なし Ⓔ

1.メインストリートに面したテラス席も人気 2.16種類から選べる窯焼きピザはCHF.19〜

スイス料理 付録MAP P14A2

シュターデル
Stadel

本格的な味わいのスイス料理

昔ながらのツェルマットの暮らしを想像させる雰囲気のいいレストラン。生ハムやチーズを盛り合わせたヴァリザープラッテCHF.16〜など。

DATA ㊋ツェルマット駅から徒歩7分 ㊟Bahnhofstr.45 ☎027-967-3536㊕11時〜23時30分（季節により異なる）㊡なし Ⓔ

©stadelzermatt.ch

1.飾り細工を施したカウンターや椅子がかわいい 2.チーズフォンデュCHF.29

羊料理 付録MAP P14B3

シェーフェル ステューベ
Schäferstube

オーナー所有の牧場で育てた仔羊を

マッターホルンの麓にある牧場で育てられたラムを使った料理が味わえる。おすすめは炭火で焼いた骨付きラム肉のグリルCHF.58。

DATA ㊋ツェルマット駅から徒歩15分 ㊟Riedstr. 2 ☎027-966-7600 ㊕18〜22時LO ㊡5月に長期休業あり Ⓔ Ⓔ

1.ラム肉はもちろん、付け合わせのポテトグラタンもおいしい 2.キャンドルが灯るムード満点の店内

スイス・イタリア料理 付録MAP P14B2

ダービー
Derby

イタリア仕込みの味

ホテル内のレストランで、スイス料理とイタリア料理が融合したフュージョン料理が味わえる。豚肉のクリームソース煮CHF.44など肉料理の種類が豊富。

DATA ㊋ツェルマット駅から徒歩3分 ㊟Bahnhofstr. 22 Hotel Derby☎027-966-3999 ㊕11時30分〜22時30分 ㊡なし

1.天井が高く洗練された雰囲気 2.おすすめのヴァレスワインと一緒に食べたい

プチ情報 スイスで食べたい料理として、チーズ料理以外におすすめなのが、細切りのジャガイモをフライパンに広げてカリカリに焼いた「レシュティ」。ソーセージ添えが人気。

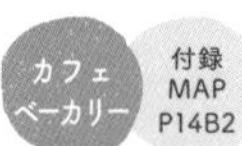

ベッケライ・フックス
Bäckerei Fuchs

テイクアウトも可能なカフェ

村内に4店舗あるベーカリー。ホームメイドのスイスの伝統菓子ビルネンブロート(大)CHF.15がおすすめ。キッシュやサンドイッチもある。

DATA ㊋ツェルマット駅から徒歩6分 ㊟Getwingstr. 24 ☎027-967-2063 ㊗7～19時（季節により変動あり） ㊡なし

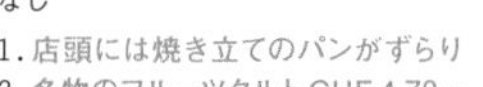

1. 店頭には焼き立てのパンがずらり
2. 名物のフルーツタルトCHF.4.70～

ヴァリサーステューベ
Walliserstube

伝統的なスイス料理を堪能

広々とした空間に長テーブルが並ぶ賑やかな店内。チーズフォンデュのコースはCHF.31.50～。

DATA ㊋ツェルマット駅から徒歩10分 ㊟Gryfelblatte 2 ☎027-967-1151 ㊗18時30分～23時30分（21時LO） ㊡月・火曜（季節により異なる）

フォンデュは1人前から注文可

グランピーズ
Grampi's

カフェやバーとしても使える

ホームメイドのピザCHF.20～がおすすめのカフェレストラン。1FはGee'sという名のバー。

DATA ㊋ツェルマット駅から徒歩7分 ㊟Bahnhofstr. 70(2F) ☎027-967-7775 ㊗18時～翌2時（翌1時LO） ㊡なし

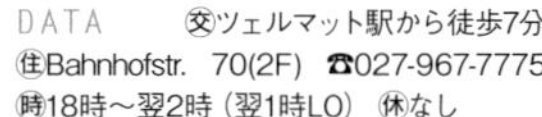

バーではカクテルやヴァレスワインを

ヴェガ
Wega

1000種類以上の商品が揃う

スイスらしい柄をモチーフにした雑貨が豊富

品揃えは村一番と評判のみやげ物店。地下の書店では日本の書籍も扱う。

DATA ㊋ツェルマット駅から徒歩6分 ㊟Bahnhofstr. 29 ☎027-967-2166 ㊗9～21時（冬期は11～19時） ㊡なし

アウコフ
Aufco ag

スタイリッシュなデザインのキッチン用品

クーンリコンやル・クルーゼなどEUブランドのキッチングッズを取り揃え。

DATA ㊋ツェルマット駅から徒歩3分 ㊟Bahnhofstr. 5 ☎027-967-3433 ㊗8～12時、14～19時 ㊡日曜

日本では見かけないユニークな調理器具が見つかる

スラローム・スポーツ
Slalom Sport

登山やスキー用品の専門店

夏は登山やハイキング、冬はスキー用品が充実。スキーやマウンテンバイクのレンタルも行う。

DATA ㊋ツェルマット駅から徒歩10分 ㊟Kirchstr. 17 ☎027-966-2366 ㊗8～19時 ㊡なし

一年中アウトドアアイテムを幅広く揃える

マッターホルン・フライシュ
Matterhorn Fleisch

量り売りでチーズを食べ比べ

ツェルマット産のチーズや乾燥肉を扱う。香草入りのチーズ100gCHF.3.20。

DATA ㊋ツェルマット駅から徒歩6分 ㊟Hofmattstr. 14 ☎027-967-3933 ㊗8時30分～12時、14時30分～18時30分 ㊡日曜 Ⓔ

無料で真空パックにしてくれる

Filming Location

感動の名シーンが蘇る！

ドラマ「愛の不時着」物語の舞台となったロケ地へ

動画配信サービスNetflixで全世界に配信され、大ヒットした韓国ドラマ「愛の不時着」。重要なシーンで頻繁にスイスが登場し、実際に撮影も行われた。ロケ地となったスポットがこちら。

♥『愛の不時着』とは？

韓国財閥令嬢のユン・セリがパラグライダーで飛行中、竜巻に巻き込まれ、北朝鮮に不時着。そこで北朝鮮将校のリ・ジョンヒョクと出会い、恋に落ちる壮大なラブロマンス。

ミュンスター橋
Münsterbrücke

ユン・セリがひとりで渡った橋

リトマ川に架かる石造りの橋。橋を挟んだ両川岸には大聖堂が立つ。

DATA ㋍チューリヒ中央駅から徒歩13分

リ・ジョンヒョクもスイス留学時代に訪れた

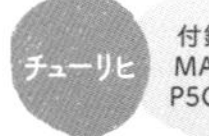

リンデンホフの丘
Lindenhof Zürich

眺望がいい歴史深い公園

リトマ川左岸の小高い丘。紀元前にケルト人が定住、その後はローマ人の入植地、中世には城塞に。現在は公園となっている。

DATA ㋍チューリヒ中央駅から徒歩8分 ㊟Lindenhof

ドラマのオープニングシーンと最終回で登場する

シュヴァイツァー・ハイマートヴェルク
Schweizer Heimatwerk

セリとソ・ダンが居合わせた店

品質、機能性、デザイン性に優れたメイド・イン・スイスの雑貨を揃えるショップ。

DATA →P119

ドラマではふたりともチョコレートを大量に購入する

アウグスティーナーガッセ
Augustinergasse

旧市街の賑やかな通り

ショップや飲食店が立ち並ぶ、石畳の歩行者道。ドラマではジョンヒョクが留学時代に婚約者のソ・ダンと一緒に歩いた。

DATA ㋍チューリヒ中央駅から徒歩10分

スイス国旗を掲げるカラフルな建物群

プチ情報 『愛の不時着』のロケ地はこのほかにも、セリがカウンセリングを受ける場所として、バーデンBadenにある「ラングマット美術館Museum Langmatt」（付録MAP P3C1）が撮影に使われた。

シグリスヴィル 付録MAP P2B2

パノラマブリュケ・ジグリスヴィル
Panoramabrücke Sigriswil

セリとジョンヒョクが初めて出会う

スイスアルプスとトゥーン湖の絶景が広がる高さ182m、全長340mの吊り橋。ドラマでは頻繁に登場する重要な場所。

DATA ㊌トゥーン町のバス停Thunから25番バスで約25分、Sigriswil.Dorf下車、徒歩3分 ㊟Raftstrasse 31-33 ㊕CHF.8

セリとジョンヒョクは橋の上で運命的な出会いをする

グリンデルヴァルト 付録MAP P2B3

フィルスト
First

スリリングな遊歩道が人気

標高2184mのフィルスト山頂は、ハイキングコースや断崖に設置された空中遊歩道などが備わる。

DATA ㊌インターラーケン・オスト駅からベルナーオーバランド鉄道(BOB)で約36分、グリンデルワルト駅でロープウェーに乗り換え、フィルストまで約25分 ロープウェー:㊐6時44分～18時44分 ㊕片道CHF.35、往復CHF.72 ㊡10月下旬～12月中旬

ジョンヒョク、ソ・ダンと偶然再会したセリが記念写真を撮る

イゼルトヴァルト MAP P48

イゼルトヴァルトの桟橋
Crash Landing on You (Pier)

ジョンヒョクがピアノを弾いた桟橋

北朝鮮へ帰国するジョンヒョクがピアノを演奏した印象深いシーン。ピアノは置いていないが、撮影スポットとして大人気。

DATA→P57

イゼルトヴァルトはブリエンツ湖の南岸にある小さな村

インターラーケン 付録MAP P10B2

ヴィクトリア・ユングフラウ・グランド・ホテル＆スパ
Victoria-Jungfrau Grand Hotel & Spa

セリ主催の演奏会が開かれた

街の中心、アルプスの山々に囲まれた創業1865年の5つ星ホテル。約5600㎡もの敷地を有するスパ施設が新設され話題となっている。

DATA ㊌インターラーケン・オスト駅から徒歩15分 ㊟Höheweg 41 ☎033-828-2828

ピアノ演奏会場でふたりが手を繋ぐ印象的なシーンはここ

クライネ・シャイデック 付録MAP P2B8

クライネ・シャイデック
Kleine Scheidegg

一年を通じてハイキングが楽しめる

標高2061m、ユングフラウ鉄道の乗換駅でもある峠。ハイキングコースが備わり、ベルナーアルプスの眺望がいい。

DATA ㊌インターラーケン・オスト駅からベルナーオーバランド鉄道(BOB)で約22分、ラウターブルンネン駅下車、ヴェンゲルンアルプ鉄道に乗り換え約38分、クライネ・シャイデック駅下車、徒歩1分

セリとジョンヒョクがパラグライダーを眺めるシーンで登場

カイザーシュトゥール 付録MAP P3C2

カイザーシュトゥール
Kaiserstuhl

一年に2週間だけ暮らす場所

ブリエンツから北東へ約20km、ルンゲルナー湖の北側にあるのどかな集落。ドラマではセリとジョンヒョクが過ごす家として登場する。

DATA ㊌ブリエンツ駅からツェントラル鉄道で約45分、カイザーシュトゥール駅下車、徒歩5分 ㊟Bürglenstrasse 18

家と芝生は私有地のため敷地内に入るのは禁止

山岳美と旧市街のコントラストが楽しい

ユングフラウ地方への玄関口 インターラーケンで絶景さんぽ

インターラーケンはトゥーン湖とブリエンツ湖(→P56)にはさまれたアルプスリゾートのひとつ。各種展望台やゲレンデへの入口として、一年を通じて観光客で賑わう。

こんな街です

付録 MAP P10

DATA
州(カントン)/ベルン州
標高/566m
言語/ドイツ語
人口/5926人(2022年8月時点)

[アクセス] チューリヒから鉄道で約2時間、ジュネーヴからベルン経由で鉄道で約2時間45分～3時間、ベルンから鉄道で約1時間

1.4000m級の山々の麓に広がる平野に位置する 2.上空を舞うパラグライダーも街のシンボル

1 付録MAP P10B2 ホーへ通り Höheweg

ショップが点在する賑やかなストリート

ヴェスト駅とオスト駅を結ぶ約1.5kmのメインストリート。駅周辺にはみやげ物店やレストラン、ホテルが立ち並ぶ。両駅の間は徒歩25分程度なので散策にちょうどいい距離だ。

DATA ㊋ヴェスト駅、オスト駅から徒歩すぐ

1.歩道が整備されているので歩きやすい 2.観光客向けの馬車も! 乗車前に料金を確認しよう

徒歩すぐ

2 付録MAP P10B3 ホーヘマッテ Höhematte

ユングフラウを眺める最高のポイント

ホーへ通り(→P50)の中間にある大きな広場。もとは修道院の所有する土地だったが、1860年にホテルや個人に買い取られ、現在は憩いの場になっている。ユングフラウが雪をかぶった姿や、夕暮れどきの赤く染まった姿などを楽しめる。

DATA ㊋ヴェスト駅から徒歩15分、オスト駅から徒歩13分

1.ヴィクトリア・ユングフラウ(→P49)の正面あたりが絶景ポイント 2.パラグライダーの着陸地点にもなっている

プチ情報 スイスのほぼ中央に位置するインターラーケンとは、“湖の間”という意味。展望台に上って、その名の通り2つの湖にはさまれた姿を眺めてみよう。旅のいい思い出になるはず。

どっちに行く？ 両方行く？

徒歩11分

3a 付録MAP P11C1 ハルダークルム Harder Kulm

湖にはさまれた街とアルプスの山々を見渡す

ケーブルカーで行ける展望台。10分程度でアイガー、メンヒ、ユングフラウの3名山に向き合えるので時間のない人にもおすすめ。飛び出すような展望デッキやレストランも人気。

展望デッキから街と湖を一望できる

DATA ㊋オスト駅から徒歩5分の乗り場からケーブルカーで10分 ㊐上り9時10分～20時40分（冬季は～16時10分） ㊡12月2日～3月28日 ㊕ケーブルカー／片道CHF.19～、往復CHF.38～

or

徒歩20分

3b 付録MAP P10A4 ハイムヴェーフルー Heimwehfluh

ファミリーに人気の絶景スポット

ブリエンツ湖とトゥーン湖、市街を見渡せる標高662mの展望台。山頂には、鉄道模型の展示や1人乗りコースター、子どもの遊び場などもあり、家族で楽しめるスポットでもある。

展望台にはパノラマレストランもある

DATA ㊋ヴェスト駅から徒歩5分の乗り場からケーブルカーで3分 ☎033-822-3453 ㊐10～17時（レストラン7～8月は～22時） ㊡10月末～3月末 ㊕往復CHF.16

徒歩17分

4 付録MAP P10A2 観光博物館 Touristik Museum

歴史を感じさせる展示品がずらり

ユングフラウ地方の約200年にわたる発展の様子を紹介。馬車や蒸気機関車、ケーブルカーをはじめ、19世紀初頭から20世紀初頭にかけて活躍した交通機関や生活用品などを展示している。

スイスやこの地方に関連した企画展も実施

DATA ㊋ヴェスト駅から徒歩10分 ㊟Obere Gasse 26 ☎079-476-9626 ㊐14～17時 ㊡月・火曜、11月、12～4月の月～土曜 ㊕CHF.8

徒歩18分

徒歩すぐ

5 付録MAP P10A3 ウンターゼーン Unterseen

閑静な旧市街を散策

ヴェスト駅の北、アーレ川の向こうには、小規模ながら中世の街並みが残っている。花に彩られたかわいらしい家々が並び、人通りも少なく静か。鋭角の屋根をもつ時計塔がシンボル。

1471年に建てられた後期ゴシックスタイルの時計塔

DATA ㊋ヴェスト駅から徒歩7分

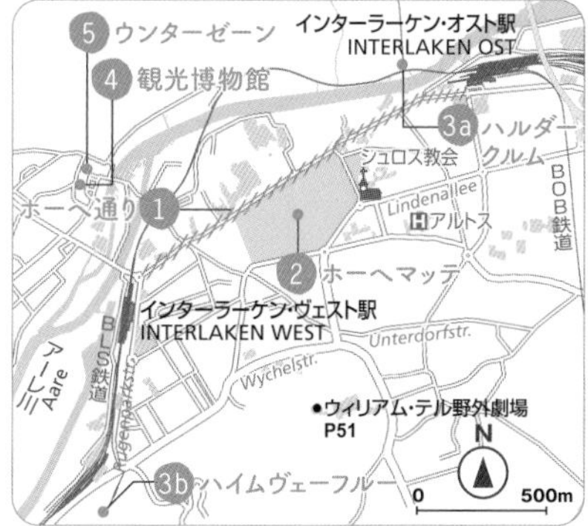

ここも CHECK!

ウィリアム・テル野外劇場
Tell Freilichtspiele
別冊 MAP P10B4

野外でウィリアム・テルの物語を鑑賞

スイス建国の英雄ウィリアム・テル。毎年夏に『テル物語』が上演される野外劇場だが、2024年のサマーシーズンは『ロビン・フッド』が上演される。詳しくは公式サイトを確認。

ウィリアム・テルの像

DATA ㊋ヴェスト駅からⒷ104でMatten b. Int. Hotel Sonne下車、徒歩4分 ㊟Tellweg 5 ☎033-822-3722 ㊐上演は14時30分～／20時～（所要時間2時間30分） ㊡休演は公式サイトを確認 ㊕CHF.48～

Interlaken

山岳地方の伝統料理からイタリアンまで

山を楽しむエネルギーをチャージ インターラーケンで美食巡り

スイスアルプスを目指す人々が訪れるインターラーケン。ハイキングやアクティビティの後にがっつりといただきたい、山ごはんが目白押し！

付録MAP P11C4

ヒルシェン

Hirschen

洗練された料理と雰囲気を味わえる

ホテル・ヒルシェンの地上階にあるレストラン。人気のミートフォンデュCHF.45や、伝統料理のレシュティCHF.19～がおすすめ。レシュティはソースと付け合わせのバリエーションが豊富で、多彩な味が楽しめる。

DATA ㊋ヴェスト駅から徒歩15分 ㊟Hauptstrasse 11 ☎033-822-1545 ㊌11～14時、17時30分～22時 ㊡なし

1.焼きトマトにたっぷりのラクレットチーズをかけたレシュティCHF.23　2.ハムとベーコンと玉ねぎにチーズをのせて焼いたレシュティCHF.23　3.この地方で最も古い宿のひとつ。趣のある建物もすてき　4.山小屋風の店内

2

3

4

付録MAP P11D3

ランタン

Laterne

種類豊富なフォンデュ料理が自慢

家庭的な雰囲気があふれるレストラン。定番の肉料理をはじめ、季節の特選料理、ベジタリアン料理など多彩な料理が揃うほか、上質なワインも用意。木製の家具を配置した個室席もある。

DATA ㊋オスト駅から徒歩10分 ㊟Obere Bönigstrasse 18 ☎033-822-1141 ㊌7時30分～23時（土曜は8時～、食事は11時30分～14時、18時～21時15分）㊡日曜

2

©laterne

1

©laterne

1.店自慢のフォンデュはCHF.24.80～
2.店内は100席ほどあり、グループ客もウエルカム

英語メニューを読み解くのが難しい場合は、Googleマップやトリップアドバイザーなどをスマホでチェックするのもいい。日本語で見られるので食べたい料理の写真を見つけて、指差し注文するとスムーズ。

スイス料理 付録MAP P11C2

タヴェルネ
Taverne

スイスの味を堪能できる地元で評判の店
ホテル・インターラーケン内にあるレストラン。メニューは6～8週間ごとに更新され、季節を感じる料理が味わえる。テラス席からは、ホテルの敷地内に広がる日本庭園が望める。

DATA ㊌オスト駅から徒歩6分 ㊟Höheweg 74 ☎033-826-6868 ㊍16～22時（食事は18時～21時30分）㊡水曜

1.こだわりの照明が心地よい空間 2.おすすめは3皿コースのスイス・ディナー・パーティーCHF.46.50（2名～）。写真はデザートのチョコレート・フォンデュ

イタリア料理 付録MAP P10B3

ピッツェリア・ピッツ・パッツ
Pizpaz

地元客で賑わうアットホームなイタリアン
インターラーケン中心部に位置し、観光客はもちろん地元の常連客にも人気。4種類の具が入ったピッツァ・フォースタジオーニCHF.21やパスタなど、カジュアルなメニューがいただける。

DATA ㊌ヴェスト駅から徒歩5分 ㊟Bahnhofstrasse. 1 ☎033-822-2533 ㊍10～23時 ㊡月曜

1.夏はテラスでの食事も楽しめる 2.シーフード・スパゲッティCHF.25

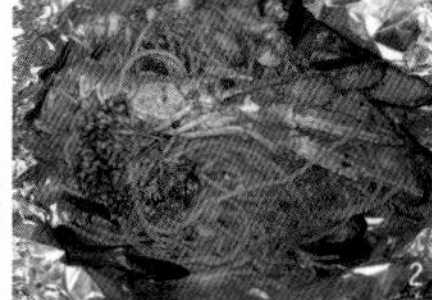

インターナショナル料理 付録MAP P10A4

カフェ・レストラン・ランフト
Runft Cafe

ヴェスト駅前にある便利なカフェ
カフェレストランとバーがあり、早朝から深夜まで営業。おすすめは5種類のフラムクーヘンCHF.18.50、アイガーバーガーCHF.18.50など。

DATA ㊌ヴェスト駅から徒歩1分 ㊟Bahnhofstrasse 51 ☎033-823-8383 ㊍7時30分～翌3時（食事は11時～翌2時30分。月曜は～翌0時30分）㊡なし

新鮮な食材を使い自家製にこだわる

朝食ビュッフェ 付録MAP P10B3

シュテランビエンテ
Stellambiente

歴史あるホテルで朝食をいただく
仏のレストランガイド『ゴ・エ・ミヨ』で13ポイントを獲得したホテル・シュテラ内のレストラン。家族経営のホテルらしく、アットホームな雰囲気も好評。

DATA ㊌ヴェスト駅から徒歩10分 ㊟General Guisanstrasse 2 ☎033-822-8871 ㊍7～10時 ㊡なし、2月25日～3月29日

1.2024年は朝食ビュッフェCHF.25のみ営業 2.旧館は150年以上前に建てられた歴史あるホテル

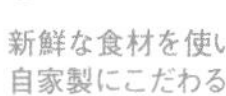
Check

スーパーで買い出してお得に楽しい民泊ごはん
インターラーケンをはじめ、どの街にも2大スーパーのコープ（付録MAP P10A3）とミグロ（付録MAP P10A4）がある。惣菜やパン、干し肉、チーズなど簡単に手に入るので、民泊で自炊するのも悪くない。

キッチン付きアパートメントは1室1泊2万円程度

ある日の夕食
＼2人でビール付きで総額4000円程度／

※価格は2024年3月時点

インターラーケンの魅力を手に入れる

伝統工芸品からおいしいものまで 人気店&老舗のギフトアイテム

Interlaken

昔から多くの観光客を迎え入れてきたインターラーケンのショップでは、
レトロなスイスみやげから、最近人気のアイテムまでいろいろ揃う。

チョコレート 付録MAP P10B3

ファンキー・チョコレート・クラブ・スイス

Funky Chocolate Club Switzerland

チョコ好きは必訪のチョコレート店

スイスチョコレートのおいしさを世界中の観光客と分かち合いたい!がコンセプト。カフェスペースもあり、ホットショコラやチョコケーキなどを味わえる。同オーナー夫妻が経営するブルワリーで造られたチョコビールの購入も可能。

DATA ㊋ヴェスト駅から徒歩7分 ㊟Postgasse 10 ☎079-108-9247 ㊕11時30分～21時 ㊡なし

1.カフェメニューで人気の、イチゴのチョコがけCHF.8.90
2.イートインも可能。夏はテラス席が気持ちいい

スイスの最高級ミルクを使ったチョコレートCHF.5.50。受賞歴あり

キャラメル、ナッツ、シーソルト入りのミルクチョコレートCHF.5.90

ホットショコラが自宅で簡単に作れるセットCHF.15.90

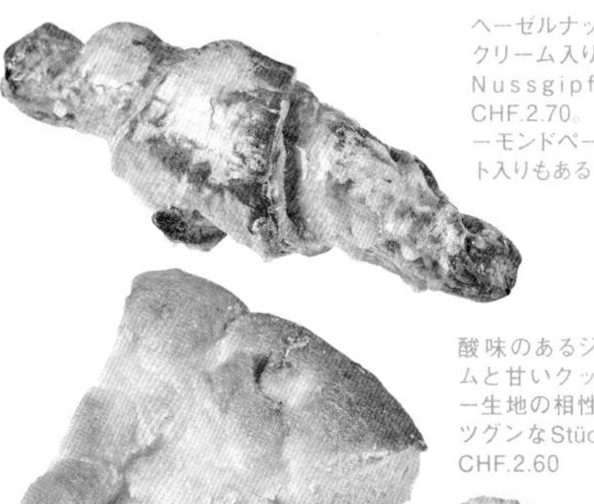

ヘーゼルナッツクリーム入りのNussgipfel CHF.2.70。アーモンドペースト入りもある

酸味のあるジャムと甘いクッキー生地の相性バツグンなStückli CHF.2.60

砂糖がかかったフワフワのRäuberegge Chueche CHF.3。開業当時から大人気

ベーカリーカフェ 付録MAP P10A3

ミヒャエル・ベック

Michel Beck

地元で長く愛されるベーカリー

旧市街のベーカリーカフェ。店内には職人技で作られるスイスの伝統的なパンが25種ほど並ぶ。早朝から地元の人たちがひっきりなしに訪れパンを買っていったり、カフェで新聞を読んでいたり。朝食やランチに!

DATA ㊋ヴェスト駅から徒歩6分 ㊟Scheidgasse 2 ☎033-822-9410 ㊕6時～18時30分(土曜は～16時) ㊡日曜

1.ホームメイドのプラリネは100gでCHF.9.50。おみやげに最適 2.全部見られるので指差し注文OK!

プチ情報 ファンキー・チョコレート・クラブ・スイスでは、チョコレートバーを作るワークショップを開催(所要60分、CHF.69)。いろんな国の観光客と一緒に作るチョコレートバーは、最高の旅の思い出に!

アルバート・シルト
Albert Schild

付録MAP P10A3

木の温もりと手作りの優しさにふれる

1898年の創業以来、4代目が店主の木工玩具店。牛の木彫りや積み木といった子ども向けの玩具のほか、インテリア雑貨など300種類以上の木工製品が並び、その多くがハンドメイド。

DATA ㊋ヴェスト駅から徒歩3分 ㊟Bahnhofst. 19 ☎033-822-3434 ㊕10時～12時30分、13時30分～18時30分（月曜は14時～、土曜は11～17時）㊡日曜（季節により変動あり）

店内は大人向け、子ども向けとアイテムごとに2区画に分かれている

1.125周年時に復刻した数量限定の車のおもちゃCHF.75　2.ベルン州みやげにぴったりな手のひらサイズの熊の木彫りCHF.95

ハイマートヴェルク
Heimatwerk Interlaken

付録MAP P10B2

スイス製の手工芸品を集める

観光名所のホーヘマッテ(→P50)から徒歩すぐ。木彫りや陶器、刺繍などスイスを代表する手工芸品が種類豊富に揃う。なかでもチーズフォンデュグッズなどキッチン用品が充実している。

DATA ㊋ヴェスト駅から徒歩10分 ㊟Höheweg 115 ☎033-822-1653 ㊕9～19時（土・日曜は～18時）㊡なし

ジャンルごとに商品が並ぶので探しやすい

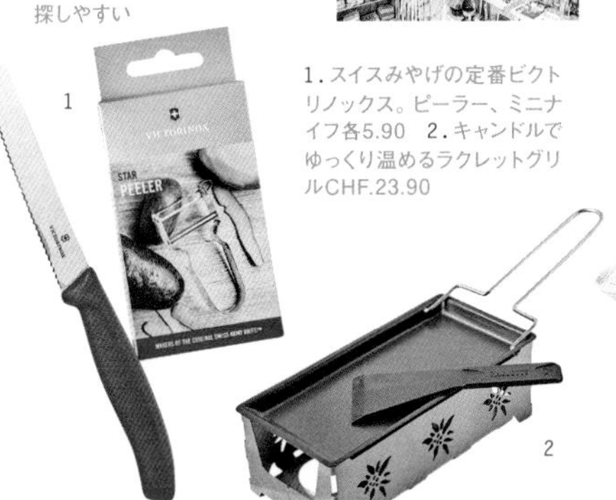

1.スイスみやげの定番ビクトリノックス。ピーラー、ミニナイフ各5.90　2.キャンドルでゆっくり温めるラクレットグリルCHF.23.90

トップ・オブ・ヨーロッパ・フラッグシップストア
Top of Europe Flagship Store

付録MAP P10A3

眺めても楽しい巨大なスーベニアショップ

ユングフラウヨッホ(→P36)にある複合施設「トップ・オブ・ヨーロッパ」の旗艦店。ユングフラウ鉄道(→P35)やスフィンクス展望台(→P36)がモチーフのみやげから、コスメやチョコまで幅広い。

DATA ㊋ヴェスト駅から徒歩6分 ㊟Höheweg 35 ☎033-828-7101 ㊕10～21時（金曜は～20時）㊡なし

インテリアもすてき

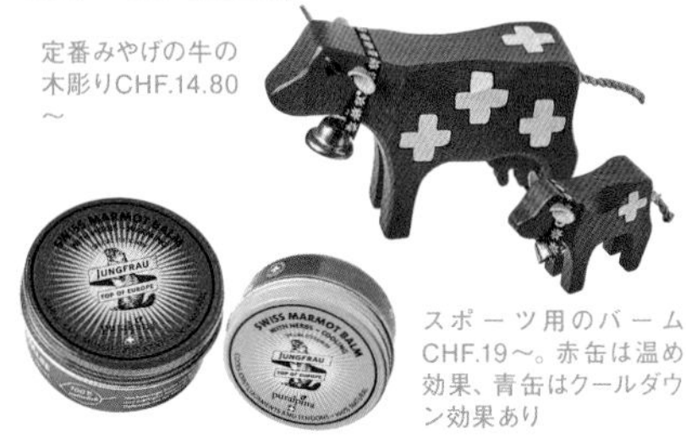

定番みやげの牛の木彫りCHF.14.80～

スポーツ用のバームCHF.19～。赤缶は温め効果、青缶はクールダウン効果あり

ヴィース・スーベニア・インターラーケン
Wyss Souvenirs Interlaken

付録MAP P11C2

地域最古級の建物を改装したみやげ店

アンティークの家具や彫刻、鳩時計など見るだけでもおもしろい品々のほか、さまざまな地域から集められた手工芸品を販売。レトロでかわいい古きよき観光地みやげが見つかる。

DATA ㊋オスト駅から徒歩7分 ㊟Höheweg 197 ☎03-822-2266 ㊕9～22時 ㊡なし（不定休あり）

ベルン州の文化遺産にも指定されている歴史的建築物を改装

四隅をリボンで結ぶと組み立てられる小物入れCHF.24～

エーデルワイスがかわいい刺繍のリボン各CHF.7.90/1m

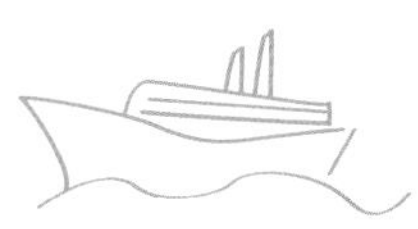

Lake Brienz

遊覧船に乗って湖畔のみどころへ

青緑の湖面が美しい ブリエンツ湖クルーズ

エメラルドグリーンの湖面を生み出すブリエンツ湖。湖畔周辺には野外博物館など、魅力的なスポットが点在。遊覧船に乗って雄大な景色を楽しみながらみどころを巡ろう。

見る MAP P56

ブリエンツ湖クルーズ

Brienzersee Cruise

湖の雄大な景色を船上から楽しむ

氷河から流れ込む水が神秘的な色を生み出す広さ約30㎢、水深約300mの氷河湖。歴史ある遊覧船が運行している。

DATA ☎058-327-4811（BLS Lake Cruise） ㊊インターラーケン・オスト発：9時7分/11時7分/12時7分/14時7分/16時7分/19時7分（6月1日～8月24日の土・日曜のみ）、春と秋は1日4便 ※2024年5月9日～9月15日の夏期スケジュール ㊡10月下旬～4月中旬 ㊕1等席CHF.116、2等席CHF.70 ※ともにインターラーケン・オストからブリエンツまでの往復料金

1.船着場から近い北岸のブリエンツ駅
2.発着所はイゼルトヴァルトなど8カ所

©BLS Schifffahrt AG

クルーズルート

- インターラーケン・オスト
  - ↓ 約18分
- ベーニゲン
  - ↓ 約8分
- リングゲンベルク
  - ↓ 約10分
- ニーダリード
  - ↓ 約8分
- イゼルトヴァルト

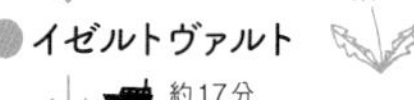

  - ↓ 約17分
- ギースバッハ
  - ↓ 約11分
- ブリエンツ

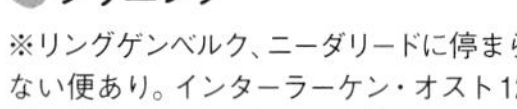

※リングゲンベルク、ニーダリードに停まらない便あり。インターラーケン・オスト12時7分発のみオーバリードに停まる

イゼルトヴァルト湖の桟橋

Crash Landing on You (Pier)

MAP P56

人気のフォトスポット

ドラマ『愛の不時着』でリ・ジョンヒョクがピアノを弾いた桟橋。ヒロインのセリは遊覧船から聴いていた。

DATA ㊋イゼルトヴァルト船着場から徒歩1分 ㊕CHF.5

グランド・ホテル・ギースバッハ

Grandhotel Giessbach

MAP P56

1874年創業の老舗ホテル

『愛の不時着』のロケ地にもなった、高台に位置するホテル。

DATA ㊋イゼルトヴァルト船着場から徒歩とケーブルカーで15分 ㊟Giessbach ☎033-952-2525

プチ情報 ブリエンツ湖の北岸に位置するブリエンツ村は、スイス伝統木彫工芸発祥の地。メインストリートのハウプト通りには木彫り専門店やみやげ物店が点在している。

1 ブリエンツ・ロートホルン鉄道

Brienz Rothorn Bahn

MAP P56

1892年創業の登山鉄道

標高566mのブリエンツから標高2252mのロートホルンまで約1時間。時速8kmで走行するため写真撮影も楽しめる。

白い蒸気を上げながら急斜面を登る機関車

©Brienz Rothorn Bahn AG

DATA ㊍ブリエンツ船着場近くのブリエンツ・ロートホルン駅から乗車 ㊟Hauptstrasse 149 ☎033-952-2222(Brienz Rothorn Bahn AG) ㊏ブリエンツ駅始発8時36分(7～9月の土・日曜は7時36分)、ロートホルン駅発最終は17時40分、1日8・9便運行、所要約1時間 ㊡10月下旬～6月上旬 ㊕片道CHF.48、往復CHF.96

2 ギッフェル・レストラン・ロートホルン

Gipfel-Restaurant Rothorn

MAP P56

山頂の絶景レストラン

ブリエンツ・ロートホルン山頂にあるビュッフェ式レストラン。席数は多いが昼時は待ち時間が必要なほど人気。テラスからはブリエンツ湖や名峰の眺望がいい。鉄道の運行期間のみ営業。

DATA ㊍ロートホルン駅から徒歩3分 ㊟Rothornstrasse ☎033-951-2627 ㊏8～22時 ㊡10月下旬～6月上旬

せっかくならブリエンツ湖側のテラス席へ

3 バレンベルク野外博物館

Ballenberg Freilichtmuseum der Schweiz

MAP P56

スイスの伝統文化を体感

約66万㎡の広大な敷地にスイス全土から移築された建物が点在。アルプス地方、ベルン地方など13のエリアに分かれ、村を巡るように見学できる。チーズやパン、木彫りの実演もあり。

DATA ㊍ブリエンツ船着場近くのブリエンツ駅前から151番バスで約14分、バス停Ballenberg West, Museum下車、徒歩1分 ㊟Museumsstrasse 100 ☎033-952-1030 ㊏10～17時(チケット販売は9時～) ㊡10月下旬～4月上旬 ㊕CHF.32 ※日本語無料ガイドマップあり

地方ごとに様式の特色があり見比べるとおもしろい

4 シーニゲ・プラッテ鉄道

Schynige Platte Bahn

MAP P56

レトロな登山鉄道

1893年創業開始の登山鉄道。電気式の機関車と木造の客車のレトロな雰囲気が人気で、麓のヴィルダースヴィル駅から山頂のシーニゲ・プラッテ駅までの7kmほどを約52分かけて走行する。

DATA ㊍インターケラン・オスト駅からベルナーオーバランド鉄道(BOB)で約5分、ヴィルダースヴィル駅下車後、乗換え。㊏ヴィルダースヴィル駅始発7時25分、シーニゲ・プラッテ駅発最終は17時53分、1日14～15便運行 ☎033-828-7233 ㊡10月下旬～6月中旬 ㊕片道CHF.34、往復CHF.68

昔ながらの鉄道で山頂へ

©Brienz Rothorn Bahn AG

5 シーニゲ・プラッテ高山植物園

Alpengarten Schynige Platte

MAP P56

アルプスの高山植物が集結

スイスアルプスに咲く約600種類の高山植物が見られる。園内は周遊コースから観察できる。

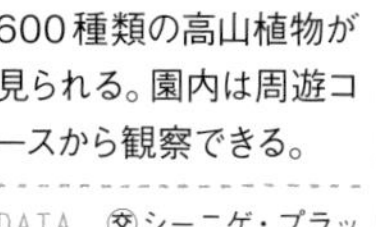

DATA ㊍シーニゲ・プラッテ駅から徒歩すぐ ☎033-828-7376 ㊏8～18時 ㊡10月中旬～6月中旬 ㊕シーニゲ・プラッテ鉄道の乗車料に含む

1.エーデルワイスなど可憐な花が咲き誇る 2.標高1967mの植物園。花の見頃は7月下旬～9月上旬

6 パノラマウェグ・シーニゲ・プラッテ

Panoramaweg Schynige Platte

MAP P56

ハイキングしながら絶景を

アルプスのパノラマを背に、湖やグリンデルワルトの谷を眺められる約6kmの周回コース。初心者はコースを短縮できる。ハイキングシューズは駅構内にて無料レンタル可。

DATA
㊍シーニゲ・プラッテ駅からすぐ

標高2069m、オーバーベルクホルンの尾根を越える

Wengen-Mürren

風光明媚な小さな村が点在

名峰の麓に広がる穴場リゾート ヴェンゲン〜ミューレン探訪

ラウターブルンネンの谷の上に拓けた2つの村は夏は避暑、冬はウインタースポーツで賑わう。両村とも排気ガスを出す乗り物を禁止しており、驚くほど静かで空気が澄んでいる。

こんな街です

付録MAP P20

DATA
州(カントン)/ベルン州 Berm
標高/ヴェンゲン:1274m　ミューレン:1638m
言語/ドイツ語
人口/ミューレン:417人(2024年4月現在)

〔アクセス〕
ヴェンゲンへ/インターラーケン・オスト駅からラウターブルンネン駅乗換えで約37分、グリンデルワルト・ターミナル駅からゴンドラでメンリッヒェン駅へ約20分、ロープウェーに乗換え約6分。
ミューレンへ/ラウターブルンネン駅からロープウェーでグリュッチアルプ駅へ行き、BLMに乗り換え約23分。

1.どちらも一年中ハイキングを楽しめる
2.斜面に家が点在するヴェンゲン

シュタウプバッハの滝 Staubbach Fälle

ヴェンゲン　付録MAP P20A2

欧州2位を誇る落差約300mの名瀑

ラウターブルンネンの谷には大小72の滝があるが、村のどこからでも見えるのがこちら。

DATA ㊛ラウターブルンネン駅から徒歩15分

ゲーテが詩の霊感を得たという滝

パスタ＆モア Pasta & More

ヴェンゲン　付録MAP P20B1

パスタから郷土料理まで多彩

ヴェンゲン駅から徒歩1分のホテル内。パスタはトッピングが豊富でキッズメニューもある。

DATA ㊛ヴェンゲン駅から徒歩1分 ㊟Dorfstrasse 1 ☎033-856-2929 ㊕9〜23時 ㊡10月中旬〜クリスマス前、4月上旬〜5月

もっちり食感のフルーティートマトパスタ CHF.20

ダ・シナ Da Sina

ヴェンゲン　付録MAP P20B1

家族経営の一軒家レストラン

24種の自家製ピザCHF.19〜をはじめ、パスタやステーキ、グリル料理など幅広い。

DATA ㊛ヴェンゲン駅から徒歩5分 ㊟Im Gruebi ☎033-855-3172 ㊕11時30分〜14時、18時〜21時30分 ※季節により異なる ㊡5・11月の月曜

アットホームな雰囲気にくつろげる

セントラル・スポーツ Central Sport

ヴェンゲン　付録MAP P20B1

山岳グッズはヴェンゲンNo.1の品揃え

村のメイン通りに面し、登山やスキーを中心に山岳アイテムが盛りだくさん。スキー用品のレンタルあり。

DATA ㊛ヴェンゲン駅から徒歩2分 ㊟Wengiboden 1349 ☎033-855-2323 ㊕8時〜18時30分 ㊡なし

ウィンドーショッピングも楽しい

プチ情報　ヴェンゲン〜ミューレン地域では、毎年夏になるとさまざまなイベントを開催。できたてのチーズと牛乳を味わいたい人は山のチーズ作り体験がおすすめ。詳しくは、各観光案内所にて尋ねてみよう。

トリュンメルバッハの滝

Trümmelbach Fälle

毎秒約2万トンの濁流が轟音を立てる

岸壁の中に隠れ、外からはほとんど姿が見えない珍しい滝。アルプスの氷河から溶けた水が岩を浸食し、約300mの落差を一気に流れ落ちる。10層の滝の間を歩いて見学しよう。

DATA ㊋ラウターブルンネン駅からバスで約10分 ㊟Trümmelbach 236 ㊍9〜17時(7・8月は8時30分〜18時) ㊡12〜3月 ㊔CHF.14

雨天でも見学できるが滑りやすいので要注意

エーデルワイス

Edelweiss

ハイキングの帰りに立ち寄りたい

オリジナルのロシティ・エーデルワイスCHF.24

ジャガイモにたっぷりのチーズとハム、目玉焼をのせたロシティが名物。カフェタイムには自家製のスイーツやドリンクも。同名のホテル内にあり雰囲気抜群。

DATA ㊋BLMミューレン駅から徒歩3分 ㊟Rauft 1068 ☎033-856-5600 ㊍9〜21時 ㊡なし Ⓔ Ⓔ

エグザイル・オン・メイン・ストリート

Exile on Main Street

有名どころのアウトドアウェアがずらり

パタゴニア、オークリーなど一流ブランドのアイテムを販売。日本では入手困難なスニーカーに出合えることも。

DATA ㊋BLMミューレン駅から徒歩8分 ㊟Blatten 1040 ☎076-460-3825 ㊍10〜18時(土・日曜は13〜17時) ㊡なし

オリジナルブランドPiz-Gloroaにも注目

アルメントフーベル

Allmendhubel

標高1907mの丘から望む大パノラマ

ミューレンの北に広がり、ここから見渡すユングフラウ3山の姿は圧巻。花畑と牛が草を食む風景も絵になる。

DATA ㊋BLMミューレン駅から徒歩8分、アルメントフーベル・ケーブルカーで4分 ㊍ケーブルカー9〜17時(10〜20分間隔で運行) ㊡11月上旬〜5月上旬 ㊔往復CHF.14

ミューレンからのハイキングコースも人気

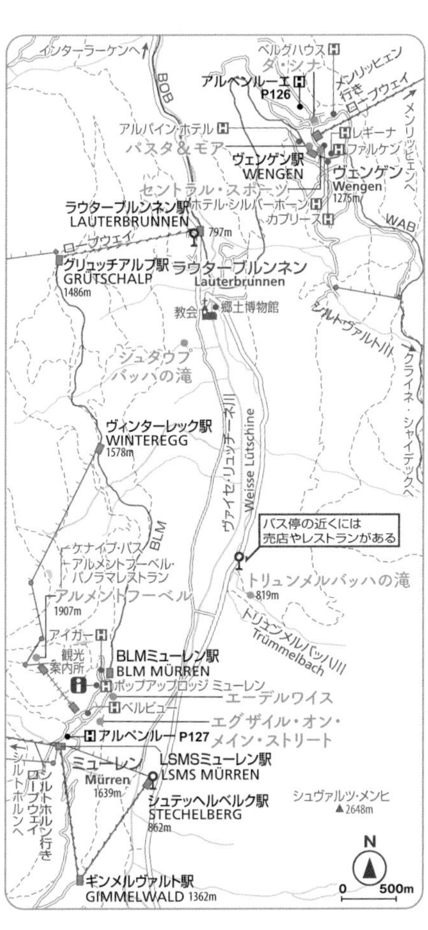

まるで絵画のような美しさ

古きよき街並みと水辺の風景 古都・ルツェルンをさんぽ

湖と街並みが美しい風景を織りなすスイスの古都。旧市街には、
歴史ある2つの橋や城壁、フレスコ画の描かれた建物などが今なお残っている。

こんな街です

付録MAP P21

DATA
州(カントン)/ルツェルン州
標高/436m
言語/ドイツ語
人口/8万3840
(2022年8月現在)

[アクセス] ベルンから鉄道で約1時間〜1時間30分、チューリヒから鉄道で約40〜50分、インターラーケンから鉄道で約1時間50分

1.ロイス川周辺にはテラス席がずらりと並ぶ　2.ルツェルン中央駅前のアーチをくぐれば旅の始まり

1 カペル橋 Kapellbrücke

付録MAP P21A3

屋根付き木橋と八角塔が街のシンボル

14世紀前半に建造された全長204mの木橋。湖からの敵の侵入を監視する巡視路として架けられた。1993年、不審火による火災で、橋も絵もほとんどが焼失してしまったが、翌年に再建された。

DATA ㊛ルツェルン中央駅から徒歩5分

1.橋と並んで立つ八角塔は水の塔とよばれる　2.梁には街の歴史や守護聖人が描かれた111枚の板絵が飾られる

徒歩12分

2 ライオン記念碑 Löwendenkmal

付録MAP P21B2

徒歩15分

スイス傭兵の死を悼む瀕死のライオン像

スイスでは、生活のために他国で戦う傭兵が相当数いた。フランス革命時、786人のスイス兵がパリで忠誠を示し、戦死。彼らの勇気を称えて1821年に瀕死のライオンになぞらえた慰霊碑が建てられた。

DATA ㊛ルツェルン中央駅から徒歩15分

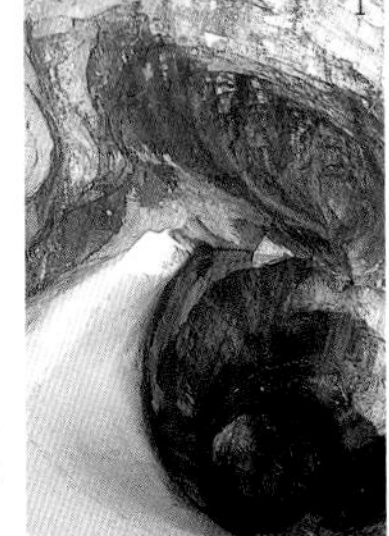

1.約2万年前の氷河の爪跡が見られる氷河公園(付録MAP P21B2)を併設　2.自然の砂岩に彫られたモニュメント

プチ情報　文化都市の一面ももつルツェルンには、美術館や博物館も多い。現代美術を中心としたルツェルン美術館(付録MAP P21B3)や、ピカソ晩年の油絵コレクションを所蔵するローゼンガルト・コレクション(付録MAP P21A3)などもおすすめ。

ムーゼック城壁

Museggmauer

9つの個性的な塔をもつ城壁を歩く

14世紀後半に建てられた城壁。当時は街全体を囲んでいたが、現在は9つの塔を含む全長約900mが旧市街の北側に残るのみ。時計塔には1535年に作られたルツェルン最古の時計が掛けられている。

DATA ㊝ルツェルン中央駅から徒歩15分

1.4月1日～11月1日の間は3つの塔が無料開放される(8～19時) 2.時計塔の時計は現在も時を刻み続けている。塔や城壁の上から街を一望しよう

旧市街

Altstadt

そぞろ歩きが楽しいエリア

城壁とロイス川にはさまれた一帯を指す。石畳の道や壁画が描かれた建物、広場が点在。街歩きが楽しいエリア。

DATA ㊝ルツェルン中央駅から徒歩10分

ひときわ壁画が美しいヒルシェン広場

イエズス教会

Jesuitenkirche

水辺に立つ姿が美しい教会

17世紀に造られたサンフランシスコ・ザビエルを守護聖人とする教会。バロック様式の姿は美しく、ロイス川をはさんで立つ堅強な旧市庁舎と対比がおもしろい。

毎週火・土曜の午前中は周辺にマーケットが立つ(→P63)

DATA ㊝ルツェルン中央駅から徒歩6分 ㊟Bahnhofstrasse 11A ☎ 041-240-3134 ㊡6時30分～18時30分(月・木曜は9時30分～) ㊡なし ㊙無料

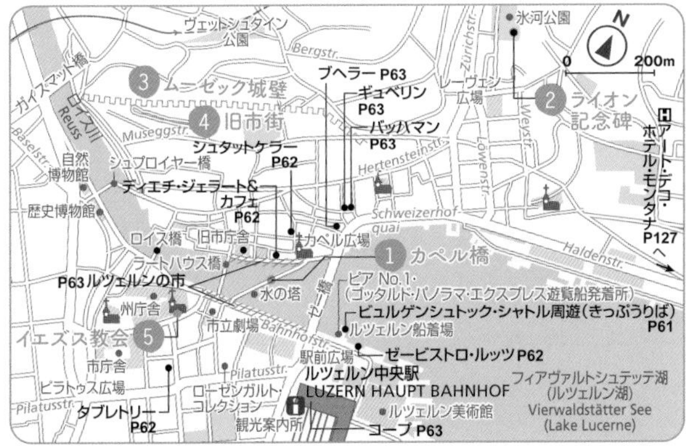

ここも CHECK!

ビュルゲンシュトック・シャトル周遊

Bürgenstock-Shuttle Rundfahrt

付録MAP P21B3

往復1時間のルツェルン湖周遊へ

おすすめはルツェルンとビュルゲンシュトックを結ぶ高速艇クルーズ。船上からルツェルンのランドマークはもちろん、雄大なピラトゥス山やリギ山、ビュルゲンシュトック山の姿も堪能。

DATA ㊝ルツェルン中央駅から徒歩2分 ㊟Landungsbrücke 1(チケット売り場) ☎041-367-6767 ㊡8～23時(冬季は～19時) ㊡なし ㊙往復CHF.30(途中下船不可)

雄大な山々と静かな湖の風景に癒やされる1時間

老舗高級店からカジュアルな店まで

ルツェルンで“今”行きたいグルメ＆ショッピング

老舗はもちろん、話題の店から開催日にあわせて行きたいマーケット、お得なおみやげを探せるスーパーまで幅広くご紹介！

タブレトリー Taburettli

カフェ　付録MAP P21A3

地元で愛されるカフェ＆バー

アットホームな店内で自家製メニューをいただこう。パンケーキCHF.13.50～(8～11時)、パスタCHF.17.50～(11時15分～14時30)、日替わりCHF16.50～がおすすめ。

DATA ㊋ルツェルン中央駅から徒歩6分 ㊟Hirschmattstrasse 16 ☎041-210-3725 ㊕8～17時(木・金曜は～19時) ㊡日曜、祝日

1.ラズベリーソースでいただくパンケーキCHF.13.50 2.ローゼンガルト・コレクション（付録MAP P21A3）から近い

ディエチ・ジェラート＆カフェ 10' dieci Gelati & Cafe

カフェ　付録MAP P21A3

カペル橋の真向かいにある人気店

受賞歴多数のバリスタがいれるコーヒーと30種以上のジェラートが自慢。店内でゆっくり、またはカペル橋周辺を食べ歩くのも◎。明るいスタッフたちがいろんな言語で挨拶しながら対応するので観光客でも利用しやすい。

DATA ㊋ルツェルン中央駅から徒歩7分 ㊟Rathausquai 7 ☎なし ㊕10～22時 ㊡なし

1.カップ入りジェラートMサイズCHF.6。3種までOK 2.ジェラートをのせたフワフワのチョコレートワッフルCHF.13

ゼービストロ・ルッツ Seebistro LUZ

ヨーロッパ料理　付録MAP P21B3

ナイスビューの川沿いのテラス席へ

ロイス川に面するビストロ。入口のグリルで焼くソーセージの香りに誘われ、連日多くの客で賑わう。ルツェルンの街並みや湖を眺められるテラス席が好評。予約は不可。

DATA ㊋ルツェルン中央駅から徒歩1分 ㊟Landungsbrücke 1 ☎079-840-9428 ㊕7時30分～23時(木～土曜は～翌0時30分) ㊡なし

1.オリジナル・カリーヴルストCHF.10.80とハウスビールCHF.6 2.ほとんどガラス張りのボートハウスのような一軒

シュタットケラー Stadtkeller

スイス料理　付録MAP P21A3

伝統のショーとスイス料理を満喫

さまざまな音楽ショーが楽しめる。4～10月はスイスの民族衣装を着たスタッフによるフォルクローレショーを開催。フラッグスイングやアルプホルンなどみどころ満載。

DATA ㊋ルツェルン中央駅から徒歩7分 ㊟Sternenpl. 3 ☎041-410-4733 ㊕8～23時（日・月曜は11時30分～、ショーは19時30分～）※ショーは電話かメール（info@stadtkeller.ch）で要予約

スイスの音楽や料理を楽しみたい人は予約を！

プチ情報　コープ（→P63）内には有名なスイスのチョコブランド、リンツの量り売りコーナーもある。日本では見かけないフレーバーを探そう。量り売りの購入方法は、イラストで書かれているのでわかりやすい。

時計・ギフト　付録MAP P21B3

ブヘラー Bucherer

スイス最大の時計店の本店へ

ロレックスなどの高級品から、スウォッチなどのカジュアルなものまで種類豊富な時計が揃う。国内外に店舗を展開するブヘラーだが、ここルツェルンが本店だ!

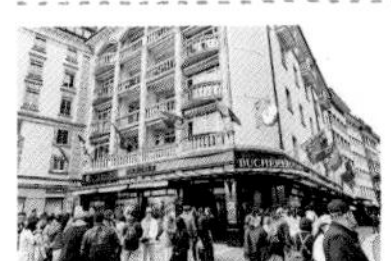

DATA 交ルツェルン中央駅から徒歩6分 住Schwanenpl. 5 ☎041-369-7700 時9時～18時30分(月曜は13時30分～) 休日曜(季節により変動あり)

最上階はみやげ物売り場になっている

時計・宝飾品　付録MAP P21B3

ギュベリン Gübelin

ファインジュエリーと高級時計の店

国内にチェーン展開するギュベリンの第1号店。エレガントでリラックスした雰囲気の店内がすてき。

DATA 交ルツェルン中央駅から徒歩6分 住Schwanenpl. 7 ☎041-417-0011 時10時～18時30分(土曜は～17時) 休日・月曜

店はブヘラー(→P63)のすぐ近く

チョコレート　付録MAP P21B3

バッハマン Bachmann

120年の歴史を誇る老舗

高級時計店が並ぶシュヴァネン広場に立つチョコレート店。スイスみやげにぴったりなチョコギフトが揃うほか、ジェラートやドリンクのテイクアウトも可能でカフェも併設している。

DATA 交ルツェルン中央駅から徒歩6分 住Schwanenpl. 7 ☎041-227-7070 時7～19時(木曜は～21時、金～日曜は～20時) 休なし

ムースチョコレート。イートインはCHF.5.30

1.種類違いのトリュフ箱入りCHF.16.90(10個入り) 2.店の看板トリュフschutzengeliCHF.13.50(8個入り) 3.梨の焼き菓子Birnenweggen CHF.8.50

マーケット　付録MAP P21A～B3

ルツェルンの市 Luzerner Wochenmarkt

火・土曜にルツェルンにいたら必訪

カペル橋周辺、ロイス川の両岸に立つマーケット。野菜や果物などの青果類、干し肉、生花などのテントが並ぶ。みやげになる加工品もあり、新鮮な野菜や果物は宿で食べてもいい。

DATA 交ルツェルン中央駅から徒歩5分(カペル橋) 住カペル橋(→P60)付近 ☎なし 時火・土曜7～12時

カペル橋をバックに多数のテントが並ぶ

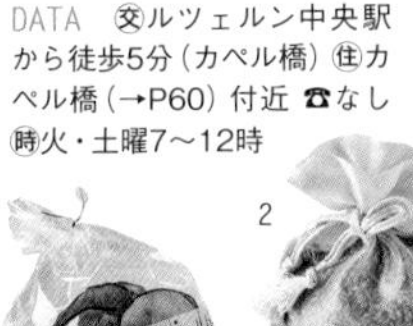

1.リンゴのチップスCHF.5 2.ラベンダーのポプリCHF.4 3.ニンニクと唐辛子のペーストCHF.12

ここもCHECK!

スーパー

コープ Coop

付録MAP P21B3

ルツェルン中央駅に直結

スイスのスーパーといえば、コープ。ルツェルン中央駅店は朝から夜遅くまで営業しているので、おみやげ探しに最適。コープのプライベートブランドならお得に買える可能性大!

DATA 交ルツェルン中央駅から徒歩すぐ 住Zentralstrasse 1 ☎041-226-1030 時6～22時(日・月曜は7時～) 休なし

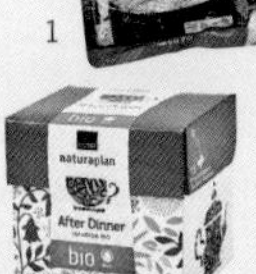

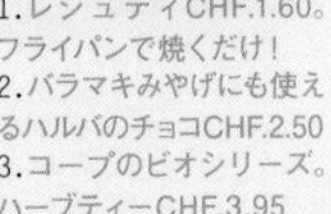

1.レシュティCHF.1.60。フライパンで焼くだけ! 2.バラマキみやげにも使えるハルバのチョコCHF.2.50 3.コープのビオシリーズ。ハーブティーCHF.3.95

Luzerne

ちょっと半日足を延ばして

いろんな乗り物に乗る ルツェルン発の絶景旅へ

ルツェルンからユニークな乗り物を乗り継いで、アルプスの山々を望む絶景ポイントへGO！

©PILATUS-BAHNEN AG

竜が空から岩を落として作られた山という物語もある

多彩な乗り物に乗って伝説が残る山へ

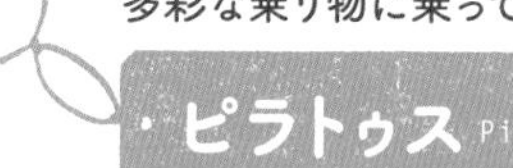

付録MAP P3C2

キリストの処刑に関与したポンテオ・ピラトが埋められたなどの伝説を残す。現在は、ルツェルンの街とフィアヴァルトシュテッテ湖を見渡す展望のよさはもちろん、各種交通手段にも魅力がある展望台として親しまれる。

DATA ゴールデンラウンドトリップ（ルツェルン→クリエンス→ピラトゥス・クルム→アルプナハシュタット）
㊎船（1等）とバス込みでCHF.130.80、船（2等）とバス込みでCHF.113.80 ※スイストラベルパス保持者は1等が半額に、2等がCHF.39になる。 問合先 ピラトゥス Pilatus-Bahnen ☎041-329-1111 URL www.pilatus.ch

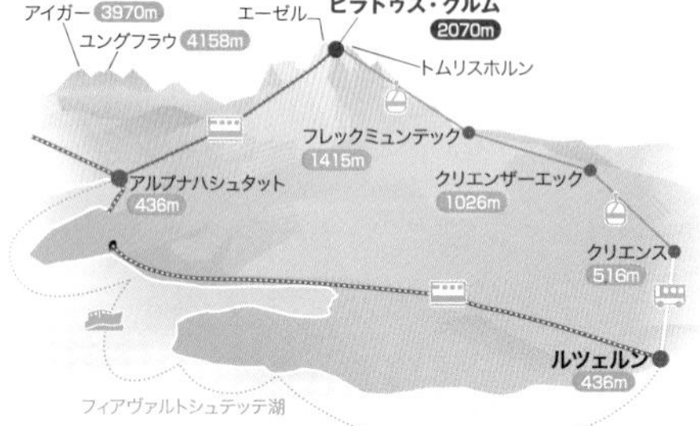

©PILATUS-BAHNEN AG

©PILATUS-BAHNEN AG

©PILATUS-BAHNEN AG

©PILATUS-BAHNEN AG

1.最大傾斜48%、1kmごとに480m上がる世界一傾斜のきつい登山鉄道 2.スケルトン仕様ロープウェーから大パノラマを楽しむ 3.クリエンスからフレミュンテックを結ぶロープウェー 4.山頂ホテルから見る満点の星空

アクセス

1 ルツェルン中央駅

付録MAP P21B3

↓ バス1番バス10分

2 クリエンス・ツェントルム・ピラトゥス

↓ 徒歩10分

3 クリエンス（ゴンドラ乗り場）

DATA ㊐登りは8時30分～17時（11月11日～12月31日は～16時）。下りは9時～17時45分（11月11日～12月31日は～16時45分） ㊡10月21日～11月8日のメンテナンス期間

↓ ゴンドラ30分（写真3）

4 フレックミュンテック

DATA ㊐上りは9時～17時30分（11月11日～12月31日は～16時30分）。下りは9時～17時30分（11月11日～12月31日は～16時30分） ㊡10月21日～11月8日のメンテナンス期間

↓ ロープウェー5分（写真2）

5 ピラトゥス・クルム

DATA 1日15～17往復程度（季節により異なる） ㊡なし

↓ 登山鉄道33分（写真1）

6 アルプナハシュタット

DATA 1日5～7往復程度（季節により異なる） ㊡10月21日～5月25日CHF.31（2等）、CHF.48（1等）

↓ 船1時間6～27分

7 ルツェルン

ピラトゥス山の山頂にあるのが、1890年に建てられたホテル・ピラトゥス・クルム（写真4）。自分史上最高クラスの星空と日の出が見たい人は、ぜひ宿泊を検討してみよう。

文豪をも魅了した
山の女王に会いに

リギ Rigi

付録MAP P3C2

14世紀の文献に登場するほど歴史あるリギ山。"山の女王 Regina Montium"とよばれたことから、17世紀にリギという名がつけられた。文豪ヴィクトル・ユーゴーが「変幻自在の自然」と絶賛した朝日を見るなら、リギ・クルム・ホテル(URL www.rigikulm.ch)に宿泊したい。

DATA ルツェルン発のレイクチケット 料CHF.131(船2等)、CHF.160(船1等) ※スイストラベルパスは無料 問合先 リギRigi-Bahnen ☎041-399-8787 URL www.rigi.ch

©RIGI BAHNEN AG, Fotograf Tim Ulrich

1871年ヨーロッパで最初の登山鉄道が開通したのがこの場所

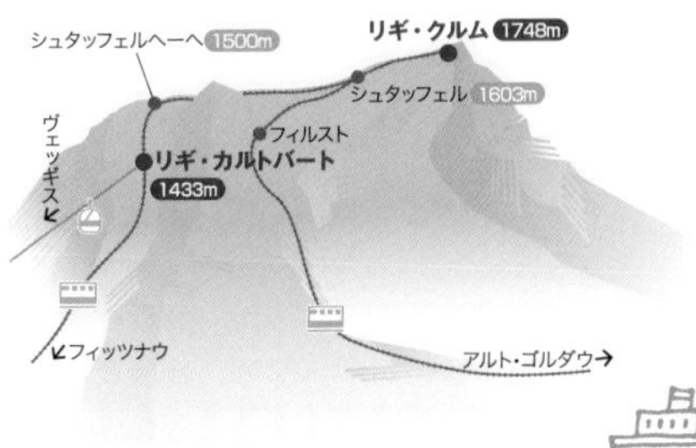

アクセス

1 ルツェルン船着き場

付録MAP P21B3

DATA 1日7〜12往復程度(季節によって異なる)

↓ 船57分(写真2)

2 フィッツナウ

DATA フィッツナウからリギ・クルムまでは1日11〜14往復程度(季節によって異なる)

↓ 登山鉄道30分(写真1)

3 リギ・クルム

DATA リギ・クルムからリギ・カルトバートまでは1日11〜13往復程度(季節により異なる)

↓ 登山鉄道15分

4 リギ・カルトバート

DATA 時リギ・カルトバート発は8時40分から30分間隔で運行(最終は19時25分、月〜金曜は6時30分発と7時5分発が、土・日曜と祝日は8時10分発、金・土曜のみ23時20分発がある。ヴェッギス発は8時10分から30分間隔で運行(最終は19時10分、祝日以外の月〜金曜は6時45分発が、金・土曜のみ23時20分発がある)。 休3月10日〜4月4日、11月18日〜11月29日の点検期間

↓ ロープウェー10分(写真3)

5 ヴェッギス(ロープウェー駅)

↓ 徒歩10分

6 ヴェッギス(船着き場)

DATA リギ・クルムからリギ・カルトバートまでは1日10〜14往復程度(季節により異なる)

↓ 船42分

7 ルツェルン

©Brigitte Marty

1

2

©RIGI BAHNEN AG

©Yue Cui Team GetYourGuide

3

4

©CHRIS KREBS

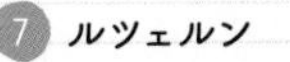

1.歴史ある登山鉄道は機関車が走るときも 2.ルツェルンから船でフィッツナウへ 3.ロープウェーの大きな窓からアルプスの山々を眺める 4.リギ・カルトバートのスパ施設ミネラルバス＆スパで絶景のバスタイムを

中世の要塞都市はスイスの首都

\ Bern /

風情ある街が丸ごと世界遺産 ベルンの旧市街を巡る

スイスの首都として連邦議会議事堂や国際機関が所在する一方、アーレ川に囲まれた小高い丘には世界遺産に登録された旧市街が広がっている。

こんな街です

付録MAP P2B2

DATA
州(カントン)/ベルン州 Berm
標高/542m
言語/ドイツ語
人口/13万4290人(2022年8月)

[アクセス]ジュネーヴから鉄道で約1時間50分、チューリヒから鉄道で約1時間、インターラーケンから鉄道で約55分

1.ベルンの街並みと穏やかに流れるアーレ川
2.街のメインストリート

1 付録MAP P22A3 牢獄塔 Käfigturm

徒歩2分 →

街の西門として人々を見つめてきた

1256～1344年まで西門として機能。現在の塔は17世紀に再建されたもので、1897年まで牢獄として使われたことからこの名でよばれている。

DATA ㊫ベルン中央駅から徒歩9分 ㊟Marktgasse 67 ☎031-310-2060

時計の付いた後期ルネッサンス様式の塔

2 付録MAP P22A3 連邦議会議事堂 Bundeshaus

緑のドームが印象的な民主制の心臓部

フィレンツェ・ルネッサンス風の堂々とした建物は20世紀初頭に完成。スイスの連邦議会が所在し、ベルンの街のシンボルになっている。

DATA ㊫ベルン中央駅から徒歩7分 ㊟Bundesplatz 3 ☎058-322-9022 ㊡内部見学はツアーのみ。ドイツ語は火～金曜15時～、英語は土曜16時～ ※フランス語とイタリア語のツアーもある。所要約60分、前日までの要予約。30人まで、10人以下の場合は中止 ㊍なし ㊕無料

テラスからはベルナー・アルプスを望める

↓ 徒歩5分

1.毎正時4分前になると動き出す
2.内部の見学ツアーにぜひ参加したい

3 付録MAP P22B3 時計塔 Zeitglockenturm

熊の行進が時を刻む街のランドマーク

13世紀に建てられた城門から造り変えられた。基盤の部分はベルン最古の建物で、カスパー・ブルンナーによる天文時計とからくり人形が動く。夏のシーズンにはライトアップも。

DATA ㊫ベルン中央駅から徒歩10分 ㊟Bim Zytglogge 3 ☎031-328-1212 ㊡内部見学は英語・ドイツ語・フランス語のツアーのみ。13時15分～、15時15分～、16時15分～(季節により開催曜日は異なる)、所要約60分、19人まで ㊍11月1日～12月25日、1月1日～3月31日 ㊕CHF.20

プチ情報 トラムのチケット料金は、各停留所にある自動発売機で目的地を探すと右側に表示されるのでわかりやすい。

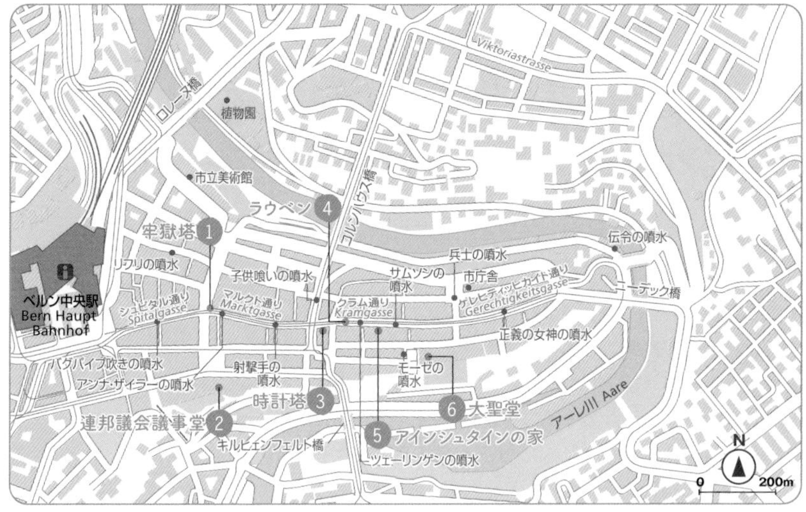

徒歩すぐ

4 付録 MAP P22B3

ラウベン
Lauben

ヨーロッパ最長のショッピングプロムナード

ベルンの街で特徴的なラウベンとよばれる全長約6kmのアーケードはショッピングにぴったり。かつて地下の貯蔵庫だったスペースを店舗として活用したユニークな雑貨店なども多い。

雨の日でも傘なしで買物を楽しめる

DATA　㊍ベルン中央駅から徒歩10分

徒歩すぐ

5 付録 MAP P22B3

アインシュタインの家
Einstein Haus

歴史的偉人の暮らしをのぞいてみよう

1903～1905年、理論物理学者・アインシュタインが住んでいたアパート。特殊相対性理論などの論文を発表したのはここに暮らしていたとき。

DATA　㊍ベルン中央駅から徒歩15分　㊟Kramgasse 49　☎031-312-0091　㊐10～17時(最終入場は16時45分)　㊡12月下旬～1月31日　㊕CHF.7

家具や洋服など当時のまま残されている

6 付録 MAP P22B3

大聖堂
Münster

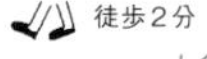
徒歩2分

スイス一の高さを誇る尖塔をもつ

1421年に着工し1893年に完成した後期ゴシック様式の大聖堂。正面入口上部にあるエルハルト・キュング作の『最後の審判』は必見だ。

DATA　㊍ベルン中央駅から徒歩15分　㊟Münsterplatz 1　☎031-312-0462　㊐10～17時(日曜は11時30分～)、10月16日～3月31日は12～16時(土曜は10～17時、日曜は11時30分～16時)、塔は閉館30分前まで　㊡なし　㊕入場無料、塔CHF.5

100.6mある尖塔は階段で登ることができる

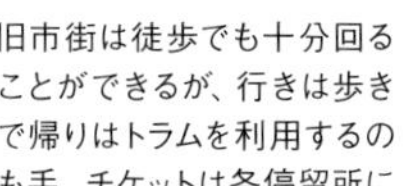

街歩きの足 トラムを活用しよう

観光客でも気軽に利用できる

旧市街は徒歩でも十分回ることができるが、行きは歩きで帰りはトラムを利用するのも手。チケットは各停留所にある券売機で購入。5～10分間隔で運行しているので気軽に利用できる。

DATA　5停留所まで片道CHF.3。ゾーン別チケットはゾーン1片道CHF.5.20。時間制になっており、有効時間内は一方通行に限り途中下車可。一日券CHF.9.20は購入時から当日の24時まで有効。

Bern

押さえておきたいのはココ

伝統料理も！ 定番みやげも！ベルンのグルメ&ショッピング

せっかく行くならおいしい郷土料理を食べて、地元の名物を買いたい。
そんな願いがかなうベルンの飲食&お買物スポットをご紹介。

コルンハウスケラー Kornhauskeller

スイス料理 付録MAP P22A3

美しい壁画に囲まれて食事を

18世紀初頭の穀物倉庫を利用したレストラン。地元産や季節の食材を使った伝統料理を提供している。おすすめは、仔牛肉の料理ベルナー・ゲシュネッツェルテスCHF.43。

DATA ㊋ベルン中央駅から徒歩8分 ㊟Kornhauspl. 18 ☎031-327-7272 ㊕11時45分～14時30分、17時30分～23時30分 ㊡日曜

1. アーチ状の天井が印象的な店内
2. 郷土料理、ベルナープラッテCHF.39

レストラン・ローゼンガルテン Restaurant Rosengarten

スイス・地中海料理 別冊MAP P22B2

抜群の眺望を満喫したい

高台にあるバラ公園内にあるベルンの街を一望できるレストラン。こだわりの食材を使用したスイスの伝統料理や地中海料理とともに絶景を楽しもう。日替りランチはCHF.24。

DATA ㊋ベルン中央駅からⒷ10で10分、Rosengarten下車、徒歩1分 ㊟Alter Aargauerstalden 31b ☎031-331-3206 ㊕9時～23時30分 ㊡なし

天気のよい日は特に気持ちがいい

デッラ・カーサ Della Casa

スイス料理 付録MAP P22A3

ベルンで最も古いレストランの一つ

1892年創業の歴史あるレストラン。家庭的な味は地元の人にも好評で、なかでもベルンの名物料理、ベルナーテラーCHF. 36。特にランチメニューはリーズナブルでおすすめ。

DATA ㊋ベルン中央駅から徒歩5分 ㊟Schauplatzgasse 16 ☎031-311-2142 ㊕10時～23時30分 ㊡日曜、7月15～31日

木のぬくもりあふれる雰囲気のある店内

アインシュタイン・カフェ&ベル・エタージュ Einstein Café & Bel Étage

カフェ・バー 付録MAP P22B3

2フロアからなるスタイリッシュなお店

アインシュタインの家(→P67)と同じ建物にあるカフェ・バー。コーヒー、地ビールやワインだけでなく、朝食やランチ、お酒のおつまみなどもあり、朝から夜まで利用できる。

DATA ㊋ベルン中央駅から徒歩14分 ㊟Kramgasse 49, Münstergasse 44 ☎031-312-2828 ㊕8時30分～22時30分(金曜は～翌0時30分、土曜は7時～24時30分、日曜は9～18時) ㊡なし

1. モダンなインテリアが印象的
2. ジャガイモとショウガのコロッケ、ポカラCHF.14

プチ情報 ベルンの街に点在する噴水は彫刻がなされた見事なものばかり。なかでも有名なのが旧市街にある11基のルネサンス様式の噴水。多くはハンス・ギーングの手によるものだ。

ベック・グラッツ・コンフィズール

Beck Glatz Confiseur

かわいいクマをおみやげに

クマの形をしたマドレーヌのようなお菓子、マンデルバーリ(アーモンドのクマ)で有名なお店。プレーンのほか、カプチーノ、オレンジ、レモンなどのフレーバーがある。イートインも可能。

DATA ㊌ベルン中央駅から徒歩9分 ㊓Waisenhausplatz 21 ☎なし ㊒7～18時(土曜は7時30分～16時) ㊡日曜

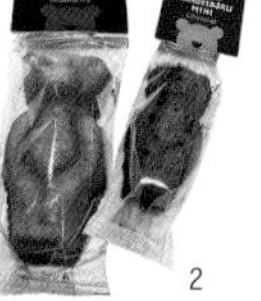

1.サンドイッチやケーキもある 2.ブルーベリーCHF.2.20(左)、ミニサイズのチョコCHF.1.10(右)

チレン

Tschirren

とろけるようなプラリネが人気

1840年創業の老舗チョコレート店。ショーケースにはプラリネやトリュフなどが並び、100g単位CHF.15～で販売している。チョコレートが舌の上でとろける食感は秀逸。

DATA ㊌ベルン中央駅から徒歩10分 ㊓Kramgasse 73 ☎031-311-1717 ㊒8時15分～18時30分(土曜は8～17時、日曜は9～17時) ㊡なし

1.さまざまな種類の詰め合わせも販売している 2.季節限定の商品もチェックしたい

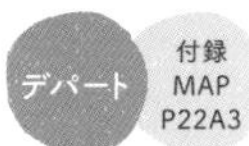

ローブ

Loeb

1881年創業の老舗デパート

国内に4店を構えるデパート。ベルン店はベルン中央駅の目の前にある。館内には、ファッション、ジュエリー、コスメなどのショップが並び、近くに食品館もある。

DATA ㊌ベルン中央駅から徒歩6分 ㊓Spitalgasse 47-51 ☎031-320-7111 ㊒9～19時(木・金曜は～20時、土曜は～18時) ㊡日曜

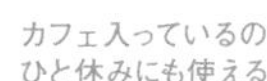

カフェ入っているのでひと休みにも使える

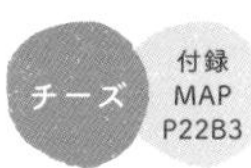

ツァー・ヘーシュユッテ

Zur Chäshütte

兄弟で営むチーズショップ

旧市街のセラーで熟成させたチーズ、フォンデュ用のチーズミックス、数種のラクレット用などさまざまなチーズを扱う。真空パックサービスもある。

DATA ㊌ベルン中央駅から徒歩14分 ㊓Rathausgasse 82 ☎031-311-3716 ㊒8時～18時30分(土曜は～17時) ㊡日曜

1.店内はいつも地元客で賑わっている 2.ハスリタール産アルプスチーズCHF.3.40(100g)

ヴァイセンハウス広場のマーケット

Warenmarkt Waisenhausplatz

ベルンの日常が垣間見られる

火・木・土曜に開催され、40を超えるストールが並ぶ。駅から向かって右手が食品、左手が雑貨のマーケットになっている。地元の人とのふれ合いも楽しんでみよう!

DATA ㊌ベルン中央駅から徒歩5分 ㊓Waisenhausplatz ☎なし ㊒9～18時(土曜は～17時) ㊡月・水・金・日曜

チベットウール100%の犬の置物CHF.18

1.収納グッズとしても使えるバスケットCHF.39 2.地元っ子の生活に根付いたマーケット

さわやかな気候の高級リゾート

アルプスと湖に囲まれたサンモリッツを歩こう

St. Moritz

街の中心はショップやホテルが立ち並ぶドルフと温泉やスポーツ施設が充実しているバート。周辺には絶好のハイキングコースもある。

こんな街です

付録MAP P3D3

DATA
州(カントン)/グラウビュンデン州
標高/1822m
言語/ドイツ語、イタリア語、ロマンシュ語
人口/4924人(2022年8月)

[アクセス] チューリヒから鉄道で約3時間〜3時間22分、ジュネーヴから鉄道で約6時間〜6時間18分、ツェルマットから鉄道で約7時間45分。クールからはレーティッシュ鉄道(RhB)が運行している。

1.山の麓に広がる美しい村　2.サンモリッツ駅はベルニナ急行や氷河急行の起点になっている

1 サンモリッツ湖 Lej da San Murezzan

付録MAP P23A〜B2

四季を通して美しいリゾートの中心

幅約500m、長さ約1500m、深さ約40m。エンガディンの谷に点在する湖の一つ。ベルニナ・アルプスから流れるドナウ川の支流、イン川から水が流れ込む。湖の周りは遊歩道になっている。

DATA ㊋サンモリッツ駅から徒歩2分

春から秋の早朝には霧がかかり幻想的な姿を見られる

徒歩10分

2 サンモリッツ・ドルフ St. Moritz Dorf

付録MAP P23A〜B4

洗練された雰囲気が漂う街の中心

サンモリッツ湖の北側の高台に広がる地区。シュールハウス広場を中心にした半径200mほどの範囲に、高級ホテルやブティックなどが並ぶ。

DATA ㊋サンモリッツ駅から徒歩15分

シュールハウス広場にはエンガディンバス乗り場がある

ここも CHECK!

シルバープラーナ湖 Silvaplanaersee

付録 MAP P3D3

エンガディン谷の湖の一つ

サンモリッツから南西約7kmに位置する湖。湖畔にはハイキングコースが整備されており、ベンチも設置されているので散策にぴったり。

DATA ㊋サンモリッツ駅からⒷB1で18分、Surlei, Bruecke下車すぐ

青い水面と山並みの風景が息をのむ美しさ

プチ情報 スイス南東部に連なる山群ベルニナ・アルプス。その中で唯一4000m超の高さを誇る主峰ピッツ・ベルリナは、ナタの刃のような鋭い稜線が連なっている。

サンモリッツ近郊の展望台に行ってみよう

ディアヴォレッツァ Diavolezza

付録 MAP P3D3

標高2978m

爽快な氷河ビューを特等席で眺める

展望台にはピッツ・パリュやピッツ・ベルニナなどの3000～4000m超級の名峰と、そこから流れ出るペルス氷河やモルテラッチ氷河のダイナミックな眺めが広がる。

DATA ㊋サンモリッツ駅からRhBでベルニナ・ディアヴォレッツァ駅へ、ロープウェーでディアヴォレッツァ下車 ㊕ロープウェー8～17時 ㊡11月中旬～12月中旬 ㊑片道CHF.31、往復CHF.44

夏は氷河トレッキングを楽しめる

ピッツ・ネイル Piz Nair

付録 MAP P3D3

標高3057m

山と谷が織りなすパノラマの絶景

スヴレッタの谷や、ピッツ・ベルニナ、ピッツ・ロゼックなど、変化に富むパノラマ風景を見渡せる。

山頂駅近くのユタインボック像

DATA ㊋ケーブルカーでチャンタレラ駅へケーブルカーでコルヴィリア駅へ、ロープウェーでピッツ・ネイル下車 ㊕ロープウェー7時30分～17時(12～4月上旬は～16時) ㊡4月上旬～6月中旬、10月中旬～11月中旬 ㊑片道CHF.15、往復CHF.30(12～4月上旬は片道CHF.41、往復CHF.82)

徒歩10分

3 エンガディン博物館 Engadiner Museum

付録 MAP P23A2

家具や民具、装飾をコレクション

アンティーク収集家のリエト・キャンベル氏が昔ながらのエンガディンの谷周辺の生活様式を残そうと創設。部屋ごとに異なる時代の造りになっている。

DATA ㊋サンモリッツ駅から徒歩16分 ㊟Via dal Bagn 39 ☎081-833-4333 ㊕10～18時(12月中旬～4月下旬は14時～) ㊡火曜 ㊑CHF.15

カーヴィングが施された家具が並ぶ

徒歩13分

4 セガンティーニ美術館 Segantini Museum

付録 MAP P23A2

エンガディンの風景と生活を描いた作品を展示

北イタリアに生まれ、エンガディン地方に移り住んだ画家ジョヴァンニ・セガンティーニの美術館。晩年の最高傑作といわれる『生成』『存在』『消滅』は必見。

DATA ㊋サンモリッツ駅から徒歩18分 ㊟Via Somplaz 30 ☎081-833-4454 ㊕10～12時、14～18時 ㊡月曜、祝日、4月21日～5月19日、10月21日～12月9日 ㊑CHF.10

森の中にひっそりとたたずむ石造りの美術館

徒歩20分

5 オヴァヴェルヴァ Ovaverva

付録 MAP P23A3

歴史ある湯治場でくつろぎタイム

紀元前から鉱泉地として栄えてきたバート地区にあるスパ施設。スチームバスやサウナ、プールなど多彩な設備が備わる。レストランや各種マッサージもあり、癒やしの時間を過ごせる。

DATA ㊋サンモリッツ駅から徒歩27分、ⓘから巡回バスで15分 ㊟Via Mezdi 17 ☎081-836-6100 ㊕10～22時(5月20日～6月30日は～21時、火曜は8時～) ㊡11月9日～5月19日 ㊑スパCHF.32、プール&スパCHF.40 ※2025年4月～2026年5月まで閉館予定。

ジェットバスに浸かりながら美しい景色を望める

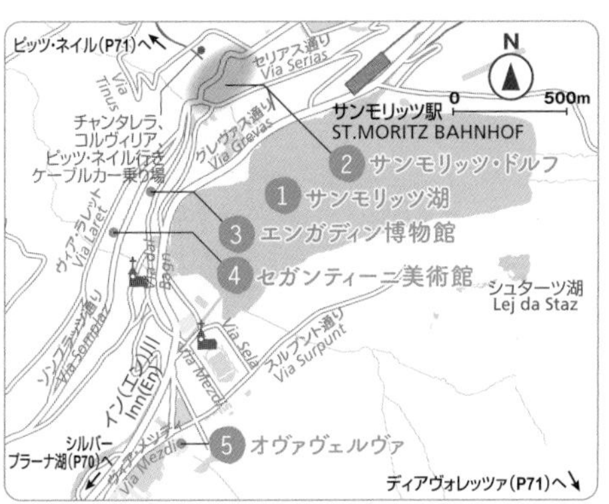

St. Moritz

フォンデュを食べる？それともイタリアン？

山岳リゾート、サンモリッツのグルメ＆ショッピング

高級リゾート地といわれるサンモリッツ。ホテルレストランだけでなく地元っ子御用達のお手軽店にも行ってみたい。おみやげには地元の名品を！

カフェ・レストラン　付録MAP P23B4

ハウザー

Hauser

広場に面したテラス席でリゾート気分

ホテル・ハウザー1階にある地元の人や観光客に人気のレストラン。郷土料理から軽食、自家製パン、スイーツまで、多彩なメニューが揃い、朝から夜まで楽しめる。石板焼は看板メニューの一つ。

DATA　㊋サンモリッツ駅から徒歩10分 ㊟Via Traunter Plazzas ☎081-837-5050 ㊡7～22時（21時LO）㊡なし

1.肉や野菜を自分で焼いて食べる石板焼、ピオダのディナーコース1人CHF.49～　2.カフェとしても利用できる

地中海・スイス料理　付録MAP P23B4

イル・リストランテ・グリッシーニ

Il Ristrante Grissini

4つ星ホテルの人気レストラン

ホテル・クリスタルのレストラン。メニューは地中海料理とスイスの伝統料理のコラボレーションで、自慢の肉料理はCHF.48～。子牛を含む牛肉や家禽類はすべてスイス産にこだわっている。

DATA　㊋サンモリッツ駅から徒歩13分　㊟クリスタル（→P127）　☎081-836-2626　㊡6時30分～10時、12～14時（月～金曜）、18時30分～22時 ※季節により異なる ㊡なし

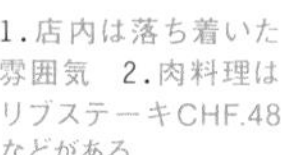

1.店内は落ち着いた雰囲気　2.肉料理はリブステーキCHF.48などがある

1.カルツォーネCHF.20.50もおすすめ
2.キャンドルのほのかな明かりが灯る店内

イタリア料理　付録MAP P23A3

ピッツェリア・カルーゾ

Pizzeria Caruso

地元っ子イチ押しのおいしいイタリアン

味のよさはもちろんのこと、マルゲリータCHF.16など値段も手頃で「ピザを食べるならここ！」と地元の人たちが口を揃える店。108あるピザの種類やカジュアルな雰囲気も魅力。要予約。

DATA　㊋サンモリッツ駅から徒歩25分または[i]から巡回バスで約10分 ㊟Hotel Laudinella, Via Tegiatscha 17 ☎081-836-0000 ㊡11時30分～翌2時（ピザを含む。ほか食事は11時30分～24時）㊡なし

プチ情報　ハウザーの石板焼、ピオダには、地元の肉を使った「ハウザー・リジョナル」、牛肉、鹿肉、豚肉ソーセージなどが入った「トラディショナル」、鹿肉やイノシシ肉などが入った「ワイルド」などのメニューがある。

チーズフォンデュCHF.32.50～(2人以上で注文、1人前の値段)

エンジャディーナ
Engiadina

エンガディン地方の名物料理を味わおう

カジュアルな雰囲気が魅力のこの店では、気軽にスイスの郷土料理が楽しめる。チーズフォンデュはもちろん肉、魚料理など豊富なメニューが揃う。

DATA ㊋サンモリッツ駅から徒歩5分 ㊟Via Dimlej 1 ☎081-833-3000 ㊕11時30分～14時、18～22時 ㊡4月上旬～5月下旬 ※年により異なる

ロミンガー
Rominger

スイス製のみやげが種類豊富に揃う

家具などの木工品を作るメーカーでもあるため、カッティングボードなど木工の小物が充実している。スイス人絵本作家、カリジェが描いたウルスリ柄の食器などおしゃれな雑貨も豊富。

DATA ㊋サンモリッツ駅から徒歩14分 ㊟Via Traunter Plazzas 5 ☎081-833-1190 ㊕9時30分～13時、13時30分～18時30分(土曜は9時30分～17時) ㊡日曜、5月

1.ウルスリの絵柄のトーションCHF.25 2.ハンドペイントの皿 CHF.59

フェルトリナーケラー
Veltlinerkeller

家族経営の温かさが人を呼ぶ人気店

地元の人たちに愛される店では、イタリア料理やグリル料理を味わえる。食事のあとはブドウのシャーベットグラッパ添えなど、この地方ならではのデザートにもトライしてみよう。

DATA ㊋サンモリッツ駅からから徒歩20分 ㊟Via dal Bagn 11 ☎081-833-4009 ㊕9～22時 ㊡なし

塩漬け牛肉、ブレサオラCHF.29.50

エブネッター&ビエール
Ebneter & Biel

品のよい美しい刺繍アイテムがたくさん

1880年創業、刺繍アイテムやテーブルリネン、ベッドリネンを扱う。手仕事による高級な刺繍製品が多いが、気軽に購入できる小物もある。

DATA ㊋サンモリッツ駅から徒歩14分 ㊟Pl. dal Mulin 6 ☎081-833-4027 ㊕9時30分～12時30分、14時～18時30分(土曜は～13時、14～18時) ㊡日曜

カクテルナフキンCHF.140(6枚セット)

ハンゼルマン
Hanselmann

人々に愛され続けるチョコレート

1894年創業のチョコレートメーカー。約80種あるチョコレートはいずれもCHF.12.90/100g。サンモリッツのシンボルである太陽をイメージしたナッツ入りチョコCHF.19.50～はおみやげに◎。

DATA ㊋サンモリッツ駅から徒歩12分 ㊟Via Maistra 8 ☎081-833-3864 ㊕7時30分～19時 ㊡4月中旬～5月中旬

1.人気はプリンセス・アーモンドCHF.12.90/100g 2.店内にはカフェを併設

安全に楽しむために、準備はしっかり

ハイキングの服装と持ち物

スイス観光に欠かせない楽しみといえば、スイスアルプスでのハイキング。
雄大な自然を満喫するためには、日本で使い慣れた服装・持ち物を準備したい。

【雨具】

上着（アウターウエア）は防水と透湿性を備えたゴアテックスなどの素材がいい。

【ウエア】

下着（アンダーウエア）は吸水性に優れ、通気性のある化学繊維のスポーツ用、中着（ミッドウエア）は保湿性に優れたフリース素材がおすすめ。

【手袋】

氷河を歩くときに欠かせない。保湿性のある化学繊維のものを。

【サングラス】

夏山の強い紫外線対策、雪山の照り返し対策に。

【帽子】

日差しは強いので必須。折りたためるものが便利。

【靴下】

速乾性の高い化学繊維のスポーツ用が最適。

【トレッキングシューズ】

靴売り場で試し履きをして、出発前に足に慣らしておこう。足首部分のカットが高いほど足首の負担は減る。

【ストック】

疲労を軽減できる。スクリュー式と折り畳み式がある。

【バックパック】

日帰りなら30ℓ前後の軽量タイプを選ぼう。

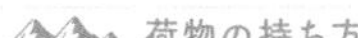

荷物の持ち方

ストックをバックパックの外側に出している人もいるが、ほかのハイカーに当たったり、引っかかったりするので注意しよう。登山鉄道の車内では背中からバッグを下ろすのがマナー。通路には置かず、座席の下や荷物置きに。

【救急セット】

絆創膏や消毒液の救急用品のほか、ヘッドライトやライターなどもあるといい。

【水筒】

1ℓくらいの軽量のアルミ製、チタン製が便利。

プチ情報

上記のほか、普段飲み慣れている胃腸薬や頭痛薬を持参しよう。筋肉痛や軽いねんざに対応するため、しっぷ薬もあるといい。夏の日差しは強いので、自分の肌に合った日焼け止めも忘れずに。

Lala Citta Switzerland

Area 2

スイスの鉄道

Swiss Railways

氷河特急、ベルニナ特急など、憧れの4大特急。
鉄道ファンならずとも、一度は体験したい鉄道旅。
スイスの絶景が連続する車窓風景に心躍る。

Scenic Rail Journeys

目に焼き付けたい車窓の感動風景

鉄道大国スイスが誇る4大特急列車

美しい稜線を描く山々、万年雪が生み出す氷河、ハイジの世界を思わせるアルプスの山岳風景……。スイスを代表する4つの"走る展望台"から、ノンストップの絶景リレーを楽しみたい。

1 氷河特急のハイライト、ランドヴァッサー橋

氷河特急
Glacier Express

ツェルマット〜サンモリッツを走り、4大特急の代表格として人気を誇る。ベルニナ特急と共通のレーティッシュ鉄道アルブラ線区間は世界遺産であり、石造りのランドヴァッサー橋が有名。

DATA→P82

©Glacier Express AG, Fotograf: Peter Hummel

パノラマ車両で絶景ルートを行く

ベルニナ特急
Bernina Express

世界遺産「レーティッシュ鉄道アルブラ線・ベルニナ線と周辺の景観」の登録ルートを走る。クールまたはサンモリッツからイタリア・ティラーノへ、アルプスの峠を越えて高低差1800mの美景が続く。

DATA→P84

2カ国にまたがる世界遺産の景観美

ゴールデンパス・ライン
GoldenPass Line

モントルー・オーバーラント・ベルナー鉄道(MOB)、ベルン・レッチュベルク・シンプロン鉄道(BLS)、中央鉄道(ZB)を乗り継いでスイスを横断。列車の本数が比較的多く、「ゴールデン・エクスプレス」も新登場。

DATA→P86

©Swiss Travel System AG, 2022, photographer: Tobias Ryser

3社の鉄道路線を走る黄金ルート

ゴッタルド・パノラマ・エクスプレス
Gotthard Panorama Express

スイス建国ゆかりの地をたどる外輪蒸気船の湖上クルーズと、アルプス越えの鉄道旅を組み合わせたユニークなルート。2024年は4月20日〜10月20日、火〜日曜の1日1便ルツェルン〜ルガーノを運行。

DATA→P87

©Switzerland Tourisms/Alain Kalbermatten

区間ハイライトのループライン

氷河特急
ベルニナ特急
ゴールデンパス・ライン
ゴッタルド・パノラマ・エクスプレス
チューリヒ空港
チューリヒ
ゴッタルド・パノラマ・エクスプレス
ルツェルン
フリューレン
ブリエンツ
クール
インターラーケン・オスト
ツヴァイジンメン
サンモリッツ
ゴールデンパス・ライン
氷河特急
アンデルマット
ベルニナ特急
グシュタード
モントルー
ブリーク
ポスキアーヴォ
ジュネーヴ空港
ティラーノ
ジュネーヴ
ルガーノ空港
ルガーノ
ツェルマット

ジュネーヴ発着

\\ 4大特急列車をコンプリート //

アルプス縦断乗り鉄プラン

スイス鉄道はもはやただの交通手段の枠を超え、乗ることそのものが旅の目的になり得る。旅程が許せば4つの特急列車を乗り継いで、ショートカットなしの"完全走破"を目指すのも楽しい。

※時刻表は2024年4月調べ

DAY1

早起きして……

憧れの展望列車 氷河特急に乗車

DATA→P82

絵に描いたようにのどかな景色が広がる

絶景に乾杯してランチをいただこう

©Glacier Express AG, Fotograf: Stefan Schlumpf

明るいうちに到着するので安心

5:29発
普通列車でジュネーブ中央駅を出発

↓ 普通列車で約3時間45分（途中駅で乗り換え）

9:14着 **9:52発**
ツェルマット駅到着、いざ氷河特急へ

↓ 約2時間55分

12:46ごろ
アルプスの十字路アンデルマット駅通過

↓ 約3時間50分

16:35ごろ
ついにランドヴァッサー橋とご対面

↓ 約1時間

17:37着
サンモリッツ駅到着後、ホテルへ

ADVICE!

世界中の旅行者が押し寄せるため特にハイシーズンは乗車90日前からの予約が必須。1等・2等ともにパノラマ車両で運行。10月13日〜12月13日（2024年）は運休予定。

2路線が交差するアンデルマット

列車は速度を落としてゆっくりと橋の上を進む

DAY2

午前便で出発

世界遺産の路線 ベルニナ特急へ

DATA→P84

9:17発
サンモリッツ駅からベルニナ線乗車

↓ 約30分

9:50ごろ
ベルニナ峠・ビアンコ湖そばを通過

↓ 約15分

P79へ続く

氷河特急とベルニナ特急の起点駅

鉄道みやげもチェック（→P88）！

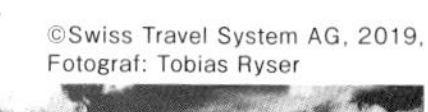

©Swiss Travel System AG, 2019, Fotograf: Tobias Ryser

最高地点のオスピツィオ・ベルニナ駅前に広がる山上湖

プチ情報 スイストラベルパス（→P80）でほとんどの観光列車に乗車できるが、座席の予約料（時期により料金は異なる）が別途かかる。

ピッツ・パリュとパリュ氷河が迫る

国境を越えイタリアのティラーノに到着

10:06ごろ
断崖絶壁のアルプ・グリュム駅に停車

↓ 約1時間25分

11:32着 **14:20発**
ティラーノ駅周辺でランチ後、移動

↓ 普通列車で約3時間20分

17:37
ルガーノ駅到着後、ホテルへ

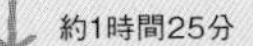

円弧を描くことで高低差を克服するループ橋

DAY3

鉄道＆遊覧船
ゴッタルド・パノラマ・エクスプレス
DATA→P87

4月20日～10月20日(2024年)の火～日曜、1日1便の運行。

古くからの要所サン・ゴッタルド峠付近
©Swiss Travel System AG, 2019, Fotograf: Tobias Ryser

9:18発
ルガーノ駅発・伝統のゴッタルド線へ

↓ 約2時間20分

11:38着 **12:00発**
フリューレン駅で遊覧船に乗り継ぐ

↓ 約2時間50分

14:47着
ルツェルン駅到着後、市内観光を満喫

イタリア国境に近く洒落た雰囲気

©KEYSTONE, 2016, Fotograf: Dominik Baur

ルツェルン湖まで約2時間50分の船旅が待っている

DAY4

鉄道ファン垂涎！
ゴールデンパス・ライン
DATA→P86

©Swiss Travel System, 2022, photographer: Dominik Baur

インターラーケンとモントルーを結ぶ新車両「ゴールデンパス・エクスプレス」

7:06発
ルツェルン駅でスイス中央鉄道(ZB)乗車

↓ 約1時間50分

8:55着 **9:08発**
インターラーケン・オスト駅でゴールデンパス・エクスプレスに接続

↓ 約3時間10分

12:20着 **12:34発**
モントルー駅で終了、ジュネーヴに戻る

ADVICE!
ジュネーヴへの帰路は通常の普通列車のほか、レマン湖クルーズ(→P98)にアレンジ可能。また、鉄道駅とつながるジュネーヴ空港行きの特急に乗れば、そのまま各地へ向かうことも。

CHECK
ネットでパスやチケットを購入！
スイス国鉄(SBB)のアプリ(→P81)のほか、「EURORAIL by World Compass」など日本の代理店サイトからの購入もおすすめ。料金やポイント還元などまちまちなので、比較してみるのも手。

時10～17時 休土・日曜、祝日
URL eurorail-wcc.com

基本知識から切符の購入方法まで

国内移動に便利なスイス鉄道早わかり

チューリヒ中央駅に停車するスイス国鉄車両

スイスの鉄道網は、総延長約5000kmにも及ぶ。その半分を占めているスイス連邦鉄道Swiss Federal Railways(スイス国鉄)の基本をおさえよう。

スイス鉄道の基本

国鉄と私鉄

スイス国鉄は、SBB(独語)、CFF(仏語)、FFS(伊語)の3カ国語の略称をもつ。主に都市を結ぶ主要幹線を走る。そのほか、支線や登山鉄道などは60社にも及ぶ私鉄がカバーする。

列車の種類

主な種類は、大都市間を結ぶ特急のIC(インターシティ)、急行のIR(インターレギオ)、地方都市間を結ぶ快速のRE(レギオエクスプレス)、普通列車のR(レギオ)がある。

予約

氷河特急(→P82)などの特別列車やTGVなどの国際特急は、要予約(要座席指定)。早めの予約が◎。それ以外は、基本的に座席予約は不要。ICでは別途CHF.5を払えば座席予約が可能。

乗車方法

駅に改札口はなく、ホームから乗車。検札は出発後に車掌が行う。駅構内の時刻表は、黄色が「出発時刻表」、白色が「到着時刻表」。列車は行き先別で切り離されることもあるので、車両脇に掲げられた行き先パネルを確認。

国際列車

スイスは、欧州主要都市と国際列車で結ばれている。ユーロシティ(EC)は、イタリアのミラノやドイツのベルリンなどと結び、フランスの超特急列車TGVもパリから運行。ドイツの新幹線ICEも路線を延伸している。

旅程や旅先に合わせて

お得な交通パスを利用!

●EURO RAIL by World Compass
URL eurorail-wcc.com
●スイストラベルパス(スイス政府観光局)
URL rail.myswitzerland.com/#/ja/product/swissPass

スイスでは鉄道やバス、湖船などさまざまな乗り物に利用できる交通パスがあり、旅のプランに合わせて選べる。購入はオンライン、または旅行会社や現地窓口にて。

e-Passチケットの使い方

二次元コード付きのPDFデータ「e-Pass」が発行される。スマホに保存し、検札時に二次元コードを表示するのが便利。保険として印刷物も持ち歩こう。外国人観光客用の交通パスのため、検札時にパスポートも確認される場合があるので携帯しよう。

スイストラベルパス 毎日移動する周遊旅に!

スイス国鉄(SBB)、ほぼすべての私鉄、湖船、ポストバス(一部割増料金あり)、国内90都市以上の市内公共交通(市バス・トラムなど)が、期間内乗り放題となる周遊券。通用期間は連続する3、4、6、8、15日間の5種類。24歳までは約30%の割引価格になるユース料金あり。

適用日数	1等	2等
3日間	CHF.389	CHF.244
4日間	CHF.469	CHF.295
6日間	CHF.602	CHF.379
8日間	CHF.665	CHF.419
15日間	CHF.723	CHF.459

※大人1名/2024年5月現在

スイストラベルパスフレックス 移動が多い日のみ利用

スイストラベルパスとほぼ同様だが、1カ月間の有効期間内で使用日を選べる周遊券。利用日の設定は3、4、6、8、15日分。毎日は移動せず、滞在と移動を繰り返す旅に最適だ。24歳まではユース料金利用可。

適用日数	1等	2等
3日間	CHF.445	CHF.279
4日間	CHF.539	CHF.339
6日間	CHF.644	CHF.405
8日間	CHF.697	CHF.439
15日間	CHF.755	CHF.479

※大人1名/2024年5月現在

プチ情報 お得な交通パスは、KlookやKKday、Veltraなど現地ツアーやアクティビティの販売サイトでも購入可。初回予約割引やポイント還元、ベストレート保証などを行うサイトもあり、お得に買える場合もある。

スイスハーフフェアカード 滞在&小旅行程度に◎

鉄道やバス、船、山岳交通に加え、主要90都市の市内交通が半額に。1カ月有効。乗車券購入時に半額を選択し、検札時にe-Passの二次元コードを提示。1等でも2等でも利用可。料金はCHF.120(大人1人／2024年5月現在)

スイスファミリーカード 子どもの運賃が無料に！

交通パスを所持している親と旅する子ども(6～16歳)の運賃が無料に。購入時に子どもの氏名、住所、生年月日を証明するものを提示。

使ってうれしい割引特典

パスの有効範囲に含まれない、登山鉄道、ゴンドラ、ロープウェーなどの山岳路線の割引をはじめ、博物館、ミュージアム、レンタサイクルなど、さまざまな割引特典がある。

- スイス国内ほとんどのミュージアムで入館無料(スイストラベルパス、スイストラベルパスフレックス)
- 登山鉄道、ロープウェーの割引
- レンタサイクルサービスの割引

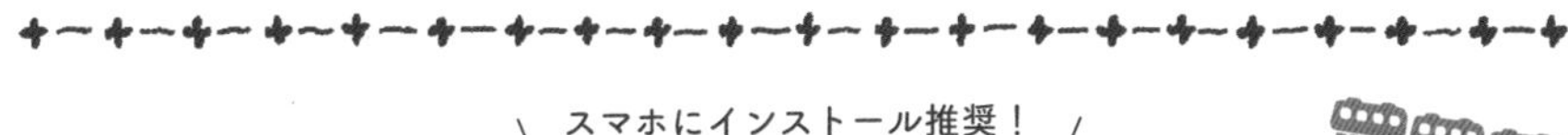

＼ スマホにインストール推奨！ 駅の券売機も同じ手順！ ／

スイス国鉄のアプリで切符購入

スイス国鉄の公式アプリ(英語)は、ネットで「SBB Mobile」と検索し、無料でダウンロード可能。利用者や同伴者の情報(名前やメールアドレス、交通パスの有無など)登録が必要。

手順1

時刻表を検索する

上段に出発駅名、下段に目的地駅名を入力。最初の数文字を入力すると、候補駅名が表示される。現在時刻、出発や到着時刻指定で検索可能。時刻表のリストから、希望の電車をタップする。

手順2

乗客者数や車両等数、切符種別などを選択

次の手順で各項目を選択する。❶事前登録済みの乗客名を指定(画面が切り替わり選択できる) ❷片道or往復 ❸2等or1等車両 ❹切符種別を選択 ❺会計へ進む。ここまでは駅構内の自動券売機と同じ手順となる。

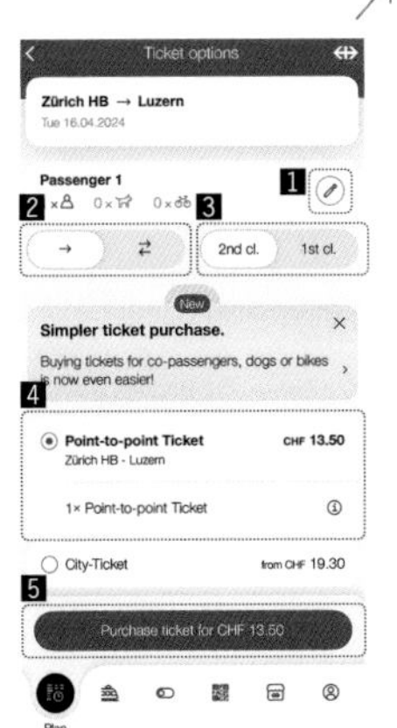

手順3

切符はゲスト購入も可能

ゲスト購入の場合は、「Buy as guest」を選択。次の画面で、名前、生年月日、メールアドレスを入力し、取引条件を承諾すれば、支払い方法の画面へ。支払い方法を選べば購入完了。

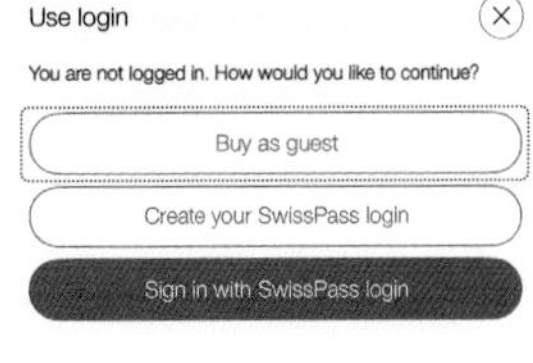

手順4

e-Pass チケットが届く

購入完了後、登録したメールアドレスにe-Passチケットが届く。あとは鉄道に乗車し、検札が来た際にスマホで二次元コードを表示すればOK！交通パス所持者は交通パスの二次元コードも合わせて提示しよう。

Click here for the web view of this e-mailing.

Hello from SBB

Thank you for your purchase. Your ticket(s) is/are shown below:

Ticket 1

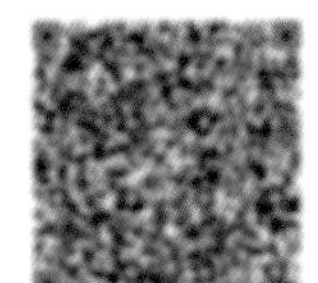

Glacier Express

変化に富んだ車窓の景色に釘付け！

スイスアルプスを横断する氷河特急

スイスのここ

氷河特急 クール
アンデルマット
ブリーク
サンモリッツ
ツェルマット

西のツェルマットと東のサンモリッツを結び、4大特急のなかで最長区間を走る。パノラマ車両に乗って7つの谷と291の橋、91ものトンネルを駆け抜ける観光列車の旅へ。

付録MAP P3C2

世界で最も遅い 平均時速35kmの特急列車

スイスが誇る２つの山岳リゾートを約８時間で結ぶ。ツェルマット〜ディゼンティスはマッターホルン・ゴッタルド鉄道(MGB)、ディゼンティス〜サンモリッツはレーティッシュ鉄道(RhB)の路線を走り、途中のアルブラ線と周辺の景観は世界遺産に登録されている。1等、2等ともパノラマ車両。

DATA
運行区間▶ツェルマット〜サンモリッツ
最高地点▶2033m(オーバーアルプパスへーエ)
走行距離▶291km　所要時間▶約８時間

㊐12月中旬〜10月中旬の毎日　㊊ツェルマット〜サンモリッツ間1等CHF.272〜
※スイストラベルパスで乗車できるが、座席予約が原則。

［問合せ］
●氷河特急カスタマーサービス
☎081-288-6565
URL www.glacierexpress.ch

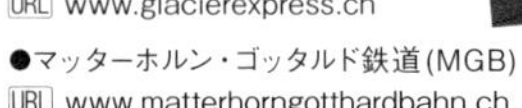

●マッターホルン・ゴッタルド鉄道(MGB)
URL www.matterhorngotthardbahn.ch
●レーティッシュ鉄道(RhB)　URL www.rhb.ch

©Matterhorn Gotthard Bahn, 2010, Fotograf: Christof Sonderegger

1.平均時速35kmでのんびりと走る観光列車　2.天井まで窓が広がり日本語の音声ガイドも　3.各座席に食事を届けてくれるシートサービス付き

©Swiss Travel System,2017, Fotograf:Daniel Ammann

時刻表

●2024年5月4日〜10月12日(夏ダイヤ)　※最新情報および冬ダイヤは公式サイトを要確認

ツェルマット→サンモリッツ					サンモリッツ→ツェルマット			
900	902	904	906	列車番号／駅名	901	903	905	907
↓7:52	↓8:52	↓9:52	–	ツェルマット	–	17:10	18:10	20:10
9:10	10:10	11:10	14:18	ブリーク	13:40	15:40	16:40	18:40
10:46	11:46	12:46	15:46	アンデルマット	11:52	13:52	14:52	16:52
11:56	12:56	13:56	16:56	ディゼンティス	10:28	12:18	13:28	15:28
13:25	14:25	15:25	18:25	クール	9:04	10:56	11:55	14:26
–	–	–	19:27	トゥージス	8:33	–		–
–	15:27	16:27	19:44	ティーフェンカステル	8:15	10:07	11:00	–
–	15:42	16:42	20:00	フィリズール	8:01	9:49	10:43	–
–	–	–	20:13	ベルギューン	7:47	–		–
–	16:28	17:30	20:45	サメーダン	7:15	9:01	9:50	–
–	16:37	17:37	21:00	サンモリッツ	↑7:02	↑8:51	↑9:42	–

プチ情報　各座席にイヤホンが備えてあり、沿線の名所にさしかかると日本語で観光や周辺情報のアナウンスが流れる。

② オーバーアルプパスヘーエ
Oberalppasshöhe

湖畔に沿って走行し、駅のすぐ目の前が湖という絶好のロケーション。四季折々の大パノラマが広がり、冬季は湖が全面凍結することも。

氷河特急の最高地点に神秘的な湖が広がる

みどころNavi

アルプラ線区間(トゥージス～サンモリッツ)がハイライト。カメラを構えて壮麗なランドヴァッサー橋を越えよう。

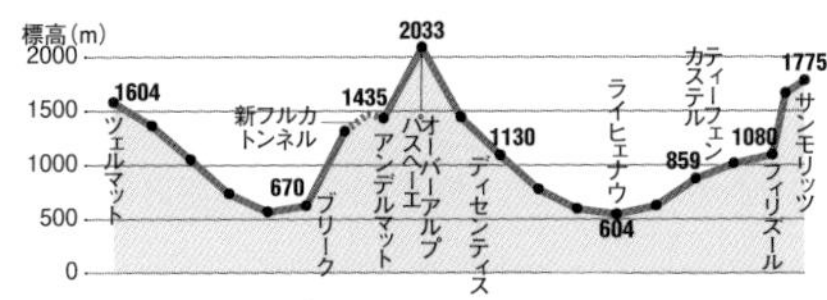

途中下車で
氷河行きのSLに乗ろう

夏季のみ運行のフルカ山岳蒸気鉄道DampfbahnFurka-Bergstreckeは、ローヌ氷河へ走る蒸気機関車。

廃線となった幻の路線をボランティアが復活させ、風情あるSLの旅を楽しめる。

フルカ峠の路線を走る特別列車

DATA 時6月中旬～9月下旬 料1等CHF.260～ URL www.dfb.ch

ライヒェナウ
Reichenau

鉄道路線の分岐点。ライン川の2つの源流がぶつかり渦をつくるさまは圧巻。

サンモリッツ →P70

鉄道旅の始発終着駅にぴったりなモリッツ湖畔のリゾートタウン。

新フルカトンネル
Furka-Basistunnel

区間最長の1万5442m。このトンネルの開通によって通年運行が可能に。

ダヴォスドルフ
ダヴォスプラッツ
ライン川
クール
アローザ
ベルギューン
プレダ
サメーダン
ティラーノへ
フィリスール
サンモリッツ
St.Moritz
ライヒェナウ
Reichenau
トゥリン
トゥージス
Thusis
ティーフェンカステル
① ランドヴァッサー橋
Landwasser Brüke
イランツ
世界遺産区間
RhB
トゥルン
ディゼンティス
セドルン
② オーバーアルプパスヘーエ
Oberalppasshöhe
フリューレンへ
アンデルマット
Andermatt
アプト式鉄道
フルカ山岳蒸気鉄道
レアルプ
MGB
サン・ゴッタルド峠
ゴッタルド・パノラマ・エクスプレス
アイロロ
新フルカトンネル
Furka-Basistunnel
フルカ峠
オーバーヴァルト
アイガー
3970m
4107m メンヒ
ユングフラウ
4158m
アレッチ氷河
フィーシュ
ベッテン
グレンギオルス
シンプロントンネル
モントルーへ
ブリーク
フィスプ
③ マッター谷
Mattertal
シュタルデン・サース
MGB
マッターフィスパ川
ツェルマット
Zermatt

① ランドヴァッサー橋
Landwasser Brüke

氷河特急No.1の名所。5本の柱に支えられた石橋は長さ136m、高さ65m。サンモリッツへ向かう車窓からは列車がカーブを描いてトンネルへ入る様子が見られる。

サンモリッツ行きは進行方向の右側席へ

©Glacier Express

③ マッター谷
Mattertal

氷河の雪解け水によって削られた断崖絶壁を徐行運転でゆっくりと進む。ゴーゴーと轟音をたて、飛沫を上げながら流れる渓谷は迫力満点だ。

緑と清流の自然美に赤い車両が映える

ツェルマット →P44

マッターホルン観光の拠点。風光明媚な展望台がある。

Bernina Express

スイスとイタリアの世界遺産を行く

美しい円を描くループ橋へ ベルニナ特急

スイスのここ

クール
サンモリッツ
ベルニナ特急
ティラーノ

アルプスの山間を縫うように走り、ルートの大半が世界遺産に登録されている。次々と名風景が現れ、鉄道初心者でも飽きのこない2時間20分のショートトリップを楽しめる。

付録MAP P3D3

アルブラ線とベルニナ線の国境を越えた絶景リレー

起点はクールまたはサンモリッツ。クール発着便では氷河特急との共通区間・アルブラ線（→P82）、サンモリッツ～イタリアのティラーノはベルニナ線を走る。1910年に開通したベルニナ線（旧ベルニナ鉄道）は箱根登山鉄道のモデルとされ、全長144km。高低差1800mと起伏があり、変化に富んだアルプスの風景が凝縮されている。

DATA
運行区間▶クール／サンモリッツ～ティラーノ
最高地点▶2253m（オスピツィオ・ベルニナ）
走行距離▶144km（サンモリッツ～ティラーノ間）
所要時間▶約2時間20分（サンモリッツ～ティラーノ間）

㊕通年　㊙クール～ティラーノ間1等CHF.113～、サンモリッツ～ティラーノ間1等CHF.57～
※スイストラベルパスで乗車できるが、座席予約が原則。
［問合せ］
レーティッシュ鉄道（RhB）
☎081-288-6565
URL www.rhb.ch

1

2

3

1.アルプスの自然と調和する世界遺産の路線　2.冬季も快適な通年運行　3.食堂車はないが車内販売があり座席はゆったり

時刻表

●2024年5月11日～10月27日（夏ダイヤ）
※最新情報および冬ダイヤは公式サイトを要確認

クール←→ティラーノ

951	955	列車番号／駅名	950	952
↓8:28	↓13:34	クール	12:22	18:22
9:33	–	フィリズール	11:17	17:17
11:01	16:28	アルプ・グリュム	9:48	15:45
12:01	17:15	ポスキアーヴォ	8:47	15:10
12:49	17:59	ティラーノ	↑8:06	↑14:24

サンモリッツ←→ティラーノ

971	973	975	列車番号／駅名	972	974	976
↓9:17	↓13:17	↓16:14	サンモリッツ	12:35	15:45	18:25
9:28	13:28	16:23	ポントレジーナ	12:25	15:34	18:15
10:06	14:07	17:00	アルプ・グリュム	11:42	14:59	17:42
10:54	14:53	18:00	ポスキアーヴォ	10:50	13:57	16:48
11:32	15:31	18:39	ティラーノ	↑10:06	↑13:17	↑16:06

プチ情報

クール発着便はサンモリッツを経由せずティラーノまで運行。イタリア入国時に国境審査は行われないがパスポートは必携。

みどころNavi

最大のみどころは有名なループ橋だが、氷河やカラマツの森、ベルニナアルプスも圧巻。一瞬も見逃せない。

サンモリッツ
→P70
国内屈指の高級リゾート地。駅の売店も充実している。

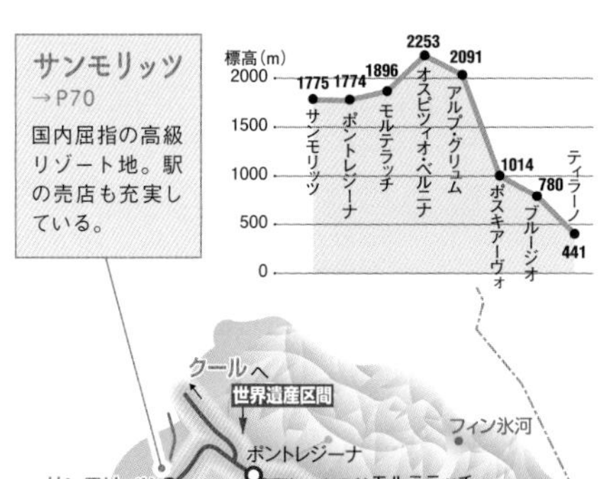

アルプ・グリュム
Alp Grüm
パリュ氷河を間近に望む。箱根登山鉄道と姉妹鉄道のため、カタカナの駅名標も。

ティラーノ
Tirano
どこで国境を越えたかわからないとの声もあるが、背の高い教会が見えたらもうイタリア。ドラマチックな旅の終着点だ。

終点にある教会

ポスキアーヴォ
Poschiavo
同名の湖を中心としたリゾート地。イタリア語圏で、中世の街並みが広がる。

途中下車で

ビアンコ湖ハイキング
標高2253m、ラックレール方式を除く鉄道駅としては欧州最高所のオスピツィオ・ベルニナで途中下車。湖畔の景色を楽しみながら、次のアルプ・グリュム駅まで散策する。

旅情をそそる湖岸の道を歩こう

1 モルテラッチ氷河
Morteratsch Gletscher

標高4048mのピッツ・ベルニナから続く谷筋を覆う、グラウビュンデン州最大の氷河。列車は山麓を縫うようにして走り、氷河の先端が手に届きそうなほど。 ティラーノ行きなら進行方向右側に見える

2 ビアンコ湖
Lago Bianco

イタリア語で白い湖の意味。対岸に氷河を望み、氷河が流れ込んでできた青白く光る湖面はなんとも幻想的。迫力のある写真が撮れる。

列車は湖のそばをゆっくりと通過する

3 ループ橋
Loop Bridge

360度の正円が美しいベルニナ特急のハイライト。昔からの道路や農家の耕作地などを守りつつ、勾配を弱めるために造られた。全長は142.8m。

ぐるりと回る場面で別の車両を撮影できる

GoldenPass Line

牧歌的なスイスの原風景に出合える

2つの湖を結ぶ眼福ルート ゴールデンパス・ライン

スイスのここ

ルツェルン
ゴッタルド・パノラマ・エクスプレス
ゴールデンパス・ライン
フリューレン
ツヴァイジンメン
インターラーケン・オスト
モントルー
ベリンツォーナ
ルガーノ

レマン湖畔のモントルーからフィアヴァルトシュテッテ湖畔のルツェルンまで。魅力的なスイス中央部を横断し、パノラマ車両やクラシック車両に乗ることも。 付録MAP P2B3

みどころNavi

トゥーン湖やブリエンツ湖が車窓に広がる。乗換え時には3路線で異なる線路幅を見比べてみよう。

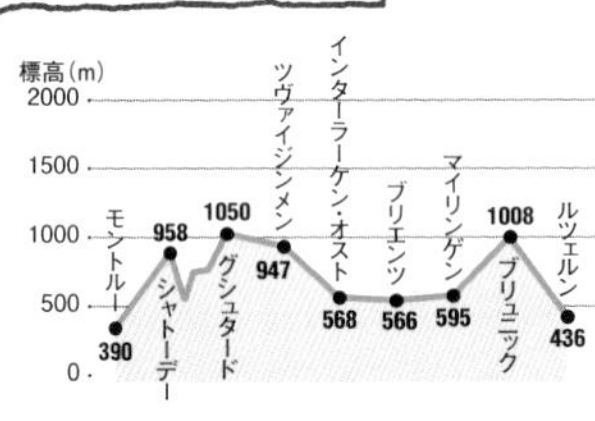

MOBで出合う小さな村々

Montreux~Zweisimmen

湖畔の景色から一変、峠の先は山村部。チーズが有名なグリュイエール地方など旅情をそそる景色が続く。

山間に映えるMOBのクラシック車両も

ZBで出合うブリエンツ湖

Interlaken Ost~Brienzersee~Luzern

全長約15km、幅約3kmの細長い湖。穏やかな湖面とアルプスの緑が眩しく、景色に見惚れる。

トゥーン湖とほぼ対称に並ぶ

3路線でつなぐ麗しの湖と街

のどかな牧草地や丘陵のブドウ畑などスイスらしさ満点の景勝ルート。モントルー～ツヴァイジンメンはMOB、ツヴァイジンメン～インターラーケンはBLS、インターラーケン～ルツェルンはZBの路線を走る。線路幅の異なるMOBとBLS区間に乗り入れる新車両「ゴールデンパス・エクスプレス」は1日4便運行。

DATA
運行区間▶モントルー～ルツェルン
最高地点▶1050m(グシュタード)
走行距離▶189km　所要時間▶約5時間20分

時通年　料モントルー～ルツェルン間1等CHF.272～　※スイストラベルパス(→P80)で乗車できるが、座席予約が原則。
〔問合せ〕ゴールデンパス・サービス
☎021-989-8190
URL www.gpx.swiss　URL journey.mob.ch

ルツェルン →P60
スイスのほぼ中央に位置する、ドイツ語圏のリゾート。中世の面影残る旧市街もある。

モントルー →P102
レマン湖の東端にあり、1946年から続く音楽祭も有名。

シュピーツ駅から見たトゥーン湖

BLSで出合う渓谷と湖

Zweisimmen~Interlaken Ost

ツヴァイジンメンから徐々に高度を下げて再び湖畔へ。アルプスを望むトゥーン湖周辺では優雅なクルージングも好まれている。

プチ情報　フリーゲージトレイン（軌間可変電車）の新車両「ゴールデンパス・エクスプレス」では、ツヴァイジンメンでのMOBとBLSの乗り換えが不要に。モントルー～インターラーケン・オストを直通運転する。

Gotthard Panorama Express

湖上ビューもアルプス越えも欲ばりに

遊覧船&観光列車でめぐる ゴッタルド・パノラマ・エクスプレス

水辺の古都からクラシックな外輪蒸気船に乗ってスイス建国ゆかりの地を探訪。その後は列車でアルプスを越えて、地中海の香り漂うイタリア語圏を目指す贅沢なルート。付録MAP P3C3

みどころNavi

1日1便のため途中下車は難しいが、船上ランチや車窓に広がる景観をたっぷりと満喫できる。

標高(m)

地点	標高
ルツェルン	436
フィアヴァルトシュテッテ湖	433
フリューレン	435
ヴァッセン	930
ゲッシュネン	1111
ゴッタルド南口	1150
アイロロ	1141
ファイード	711
ビアスカ	301
ベリンツォーナ	238
ルガーノ	335

約5時間30分の濃密な旅

夏季のみ運行し、ルツェルンとイタリア国境近くのティチーノ州ルガーノを結ぶ。湖船ルートでは英雄ウィリアム・テルにちなんだ湖を優雅にクルーズ。鉄道ルートはアルプス越えの名所サン・ゴッタルド峠やループライン、世界遺産の古城など変化に富んだ景色が楽しい。

DATA
運行区間▶ルツェルン～ルガーノ
最高地点▶1150m(ゴッタルド南口)
走行距離▶182km
所要時間▶約5時間30分

㊐4月中旬～10月中旬の火～日曜、1日1便　㊙1等CHF.184～
※全席指定。スイストラベルパスで乗車できるが、予約は別料金。

[問合せ] SBBコンタクトセンター
☎0848-44-6688
URL www.gotthard-panorama-express.ch

スイス中央に広がる大きな湖をクルーズ

1 フィアヴァルトシュテッテ湖(ルツェルン湖)

Vierwaldstättersee(Luzern)

入り組んだ入江がリギやピラトゥスの山々を背景に絶景を生む。シラーの戯曲『ウィリアム・テル』にも登場する。

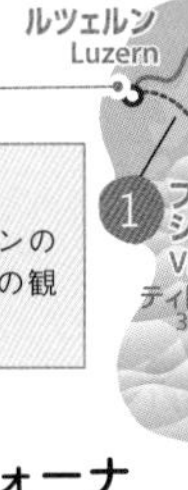

クルーズ終点のフリューレンで鉄道に乗り換える

世界最長の鉄道トンネルを走行するルートが完成

ルツェルン →P60
ゴールデンパス・ラインの起点でもあり、鉄道旅の観光客でにぎわう。

ルガーノ Lugano
ルガーノ湖畔にあるティチーノ州最大の都市。高台の鉄道駅は眺めがいい。

2 ループライン

Roop Line

サン・ゴッタルド峠を貫く全長約15kmのトンネルの前後に延びる。スイスでも珍しい3段ループを体感しよう。

ぐるぐるとループが重なり標高差が激しい

3 ベリンツォーナ

Bellinzona

いよいよクライマックスへ。3つの古城があり、中世アルプスの要塞都市モデルとして世界遺産に登録されている。

世界遺産の古城が印象的

ゴッタルド・ベース・トンネルは、事故のため一部不通になっています。復旧は2024年9月の予定です。

鉄道旅の思い出を彩る

スイス鉄道みやげ

世界中の旅人が憧れるスイスの絶景鉄道。各社オリジナルのみやげ品を販売しているのでチェックしてみよう！　主要駅や車内で購入可能。

氷河特急

DATA→P82

傾いたワイングラスCHF.25は名物みやげのひとつ

マグネットCHF.10。鉄道好きな人へのみやげにも◎

ワイングラス同様、傾いたマグカップCHF.19も人気

ベルニナ特急

DATA→P84

円を描くループ橋がデザインされたマグカップCHF.19

栓抜きCHF.31はお酒が好きなあの人へプレゼント

リュックなどいろいろ付けられるピンバッジCHF.6

ユングフラウ鉄道

DATA→P35

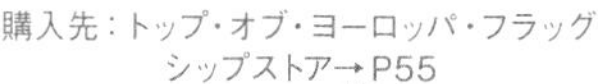

子ども用TシャツCHF.18。大人用も各種あり

スフィンクス展望台＆ユングフラウ鉄道のスノードームCHF.11.80

壮大な景色を伝えるパノラマ型絵はがき各CHF.1.20

氷河特急とベルニナ鉄道のみやげ品は、車内や駅で購入が可能だが、品揃えにはバラツキがある。必ずしもすべての商品が購入できるとは限らないので注意。

Lala Citta Switzerland

Area 3

ジュネーヴ

Genève

コスモポリタン都市ジュネーヴ。
レマン湖の古城へはクルーズ船で、
3大名峰モンブランへも足を延ばしたい。

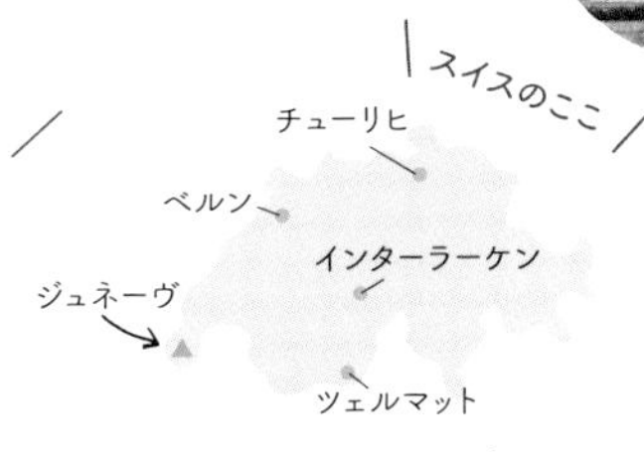

スイス第2の都市！

ジュネーヴ エリアNAVI

スイスの西端に位置するジュネーヴ。各種国連機構が集中するコスモポリタン都市である一方、旧市街には歴史的、文化的なみどころが多く点在している。

1 付録MAP P18A1 ONU地区

Quartier d'ONU

国際都市といわれる所以

アリアナ公園の中にあるパレ・デ・ナシオン

パレ・デ・ナシオンをはじめ、国際労働機関、世界貿易機関、赤十字国際委員会など、国際機関の本部や事務所が多く所在するエリア。

DATA　㊛Ⓣ15、Ⓑ5・11でNations下車、徒歩すぐ

必見スポット

● パレ・デ・ナシオン（国連ヨーロッパ本部）→P92

2 付録MAP P18A2〜3 ジュネーヴ中央駅（コルナヴァン駅）周辺

Gare de Genève-Cornavin

ジュネーヴの玄関口

ホテルや観光客向けのおみやげショップのほか、手頃な価格帯の各国料理レストランや娼婦街などが入り混じる地区。

DATA　㊛コルナヴァン駅すぐ

国内だけでなく国際列車も発着する

高級時計ブランド、フランク・ミュラーの本店

3 付録MAP P19A〜B3 ローヌ通り周辺

Rue du Rhône

華やかなショッピングストリート

世界的なハイブランドのブティックが並ぶきらびやかなエリア。スイスの時計産業の聖地らしく、高級時計ブランドの店も多い。

DATA　㊛コルナヴァン駅から徒歩15分

レマン湖周辺
Lac Léman

付録MAP P18B1~3

風光明媚な景色が広がる

スイスの西端部にある、スイス最大の湖、レマン湖。その湖畔には、高級ホテル、公園、プールなどが集まり、クルーズ船の発着場もある。

DATA ⊗コルナヴァン駅から徒歩10分

街のシンボル、ジェッドーが吹き上げる

必見スポット
- ジェッドー(大噴水)→P92

レマン湖でクルーズ体験

フランスとの国境に位置するレマン湖では、湖畔の街を結ぶクルーズ船が運行している。美しい景観で多くのアーティストを魅了してきた街に、足を延ばしてみては。

DATA →P98

優雅な船旅を満喫できる

旧市街
La Cité

付録MAP P18A1~B4

ヨーロッパ最大の旧市街の一つ

サン・ピエール大聖堂、美術館をはじめとする名所からカフェ、レストラン、ビストロ、ブティックなどが揃う。地元住民も集う場所。

DATA ⊗コルナヴァン駅から徒歩15分

重厚な雰囲気のサン・ピエール大聖堂

必見スポット
- タヴェル館→P92
- サン・ピエール大聖堂→P93

Check!

街を巡る楽しい乗り物 ミニ・トレイン

ヨーロッパの観光地ではおなじみのミニ・トレイン。列車の形のかわいい車が名所を結び、観光にも交通機関としても便利。旧市街ルートと国際機関をまわるルートが人気。

各停車ポイントから乗車可能

Old Town Tours

DATA ☎022-781-0404 ㊟乗り場:Quai des Bergues ㊋10時15分～17時15分(季節により変動) 45分間隔で毎日運行。所要35分 ㊡12月25日 ㊫CHF.10.90(ジュネーヴパス利用可)

International & Panoramic Tours

DATA ☎022-781-0404 ㊟乗り場:Rue des Alpes ㊋10時45分～16時15分(季節により変動) 45分～90分間隔で運行 ㊡12月25日 ㊫CHF.25(ジュネーヴパス利用可)

Genève

新・旧市街どちらも回ろう

コスモポリタン都市と歴史あふれる街 ジュネーヴの魅力を体感

ローヌ川を挟んで左岸の旧市街と右岸の新市街に分かれたジュネーヴの街。国連ヨーロッパ本部を訪れた後は、歴史的建造物や博物館を巡ってみて。

こんな街です

付録MAP P2A3

DATA
州(カントン)/ジュネーヴ州 Genève
標高/391m
言語/フランス語
人口/20万3401人(2022年8月)

[アクセス]チューリヒから鉄道で約2時間40分、ローザンヌから鉄道で約40分。ジュネーヴ空港から市内中心部のコルナヴァン駅までは鉄道で約7分で到着。市内交通はバスやトラムが充実している。

1.ジェッドー(→P92)が街のシンボル
2.アングレ庭園(付録MAP P19B3)にある直径5mほどの花時計

パレ・デ・ナシオン(国連ヨーロッパ本部)

国際機関 付録MAP P18A1

Palais des Nations

国連の歴史を見守り続ける施設

前身は国際連盟本部。1966年からはニューヨークに本部がある国際連合のヨーロッパ本部が置かれている。会議などのないときは、英語とフランス語のツアーで内部を見学できる。

国連加盟国の国旗がはためいている

DATA ㊋Ⓣ15、Ⓑ5・11でNations下車、徒歩すぐ ㊟14 Ave. de la Paix ☎022-917-4896 ㊡10～12時、14～16時(ツアー開始時刻は日にちによって異なる、所要時間約1時間) ㊡土・日曜 ㊕CHF.22 ※入口でパスポートの提示が必要。日本語ツアーに関しては事前に要確認。

合わせて見学

壊れた椅子 Broken Chair

付録MAP P18A1

パレ・デ・ナシオン前の広場にあるダニエル・ベルセ氏の作品。1本足のない椅子は片足を失った人、特に地雷の犠牲者を表す。

12mある巨大な椅子の彫刻

→ バスで30分

ジェッドー(大噴水)

噴水 付録MAP P18B3

Jet d'Eau

街を代表する光景

毎秒500ℓが吹き上がる水は初速200km/h、高さ140mを超える。夜にはライトアップされ幻想的な雰囲気に。噴水口はレマン湖南岸にあり、近くまで行ける。

強風など天候によっては運休の場合あり

DATA ㊋コルナヴァン駅から徒歩25分 ㊡9時～23時15分(冬期10～16時、季節により異なる) ㊡10月下旬～11月中旬

↓ 徒歩18分

タヴェル館

博物館 付録MAP P19B3

Maison Tavel

現存するジュネーヴ最古の個人邸宅

12世紀に建てられた元貴族の屋敷。現在は博物館として中世から19世紀までの家具や写真などを展示している。

1700点以上のコレクションを展示

DATA ㊋コルナヴァン駅から徒歩18分 ㊟Rue du Puits-St.-Pierre 6 ☎022-418-3700 ㊡11～18時 ㊡月曜 ㊕無料(特別展はCHF. 3)

プチ情報 タヴェル館の特別展は、18歳以下と毎月第1日曜は無料になる。

サン・ピエール大聖堂
Cathédrale Saint-Pierre

「プロテスタントのローマ」といわれる

12～13世紀に建てられた大聖堂。本来はカトリックの教会だったが宗教改革の嵐が吹き荒れた16世紀半ばにカルヴァンがここで説教を行い、プロテスタントに改宗した。

DATA ㊋コルナヴァン駅から徒歩20分 ㊟St.-Pierre ㊋022-311-7575 ㊎9時30分～18時30分（10～5月は10時～17時30分、日曜は12時～）㊡なし ㊕無料（南北の塔はCHF.7、塔・資料館との共通券はCHF.12）

1.カルヴァンが説教を行った椅子 2.ギリシアの神殿のような堂々とした外観

プロムナード・ドゥ・ラ・トレイユ
Promenade de la Treille

120mもの長さを誇るベンチが名物

旧市街の一角にある高台の遊歩道は、16世紀に建設されたジュネーブ最古のもの。世界有数の長いベンチと眺望が人気。

DATA ㊋コルナヴァン駅から徒歩20分

高台から旧市街を眺めてみよう

徒歩6分

宗教改革記念碑
Mur des Réformateurs

宗教改革を進めた指導者たちの碑

カルヴァンの生誕400年を記念して建てられた碑。腐敗したローマ・カトリックに異を唱えた宗教改革者の下には、「闇の後に光あれ」を意味するラテン語が。

DATA ㊋コルナヴァン駅から徒歩20分

左からファレル、カルヴァン、ベーズ、ノックス

徒歩9分

美術・歴史博物館
Musée d'Art et d'Histoire

スイス最大の博物館の一つ

65万点にもおよぶ収蔵品は、古代ギリシャの出土品から再現されたスイスの住居、絵画まで多岐にわたる。

DATA ㊋コルナヴァン駅から徒歩25分 ㊟Rue Charles-Galland 2 ㊟022-418-2600 ㊎11～18時（木曜は12～21時）㊡月曜 ㊕無料（寄付制）

約100年前の建物を利用した総合博物館

Genève

フードコートから絶景レストランまで

ジュネーヴのグルメは予算や気分で使い分け

伝統料理を味わえる、景色を楽しめる、気軽に入れる……。ジュネーヴにはさまざまなシーンで使えるお店がいっぱい。

レマン湖で獲れた白身魚のフライ、フィレ・ド・ペルシュ CHF.34

スイス料理　付録MAP P19B1

オーベルジュ・ドゥ・サヴィエーズ

Auberge de Savièse

シャレー（山小屋）風店内で食事を

マッターホルンのお膝元ヴァリス州の料理を味わえる店。フォンデュは13種類CHF. 25～(1人あたり、2人～注文可)、3種類を試せるラクレットメニューCHF. 34などがある。

DATA ㊋コルナヴァン駅から徒歩8分 ㊟Rue des Pâquis 20 ☎022-732- 8330 ㊙12～23時 ㊡なし

1.フォンデュ・ブルギニョンCHF.42（1人あたり） 2.雰囲気抜群のインテリア。テラス席もある

スイス料理　付録MAP P19B4

オー・ピエ・ドゥ・コション

Au Pied de Cochon

カジュアルな雰囲気のビストロ

1966年オープンのビストロでは、スペシャリテのポーク料理やスイスの伝統料理をいただける。日替わりランチはCHF.21とお手頃なのもうれしい。大聖堂に近いので観光の合間に寄れる。

DATA ㊋コルナヴァン駅から徒歩20分 ㊟Place du Bourg-de-Four 4 ☎022-310-4797 ㊙9～24時（土・日曜、祝日は12時～、食事は12～22時） ㊡なし

赤い看板を目印にしよう

1.アルザス風シュークルートCHF.36 2.リブステーキ・フライドポテト添えCHF29.50

プチ情報　ル・コントワール・ウッドワード(→P95)で味わえるチョコ、ステットラーは1947年にジュネーヴで創業。代表的なチョコレートはパヴェ・ド・ジュネーヴ。ユネスコ生物保護地区で育った乳牛から採れるメドウミルクを使う。

フードコート　付録MAP P19A2

マノーラ・レストラン
Manora Restaurant

インターナショナルな料理がいっぱい

デパート、マノールの最上階にあるフードコート。ロティサリー、ピザ、中国やタイ、レバノンなどの各国料理のほか、サラダやフレッシュジュースのビュフェもある。

DATA　㊌コルナヴァン駅から徒歩5分 ㊓Rue Cornavin 6 ☎022-909-4699 ㊗9～19時（木曜は～21時、金曜は～19時30分、土曜は8時30～18時）㊡日曜

1.街を眺められるテラス席は人気　2.さまざまな料理の店が並んでいる　3.シーフードのカソレットCHF.15.90

コンテンポラリー料理　付録MAP P18B3

レストラン・ドゥ・ラ・プラージュ
Restaurant de la Plage

レマン湖に臨む絶景レストラン

レマン湖の埠頭にある開放感抜群のテラスレストランでは、地元でとれる季節の食材を使ったスイス料理とフランス料理を味わえる。クラフトビールやカクテルに合わせたい。

DATA　㊌Ⓑ6でParc Plage Eaux-Vives下車、徒歩4分 ㊓Quai Gustave-Ador 75 ☎022-760-2020 ㊗10～24時（日曜は～20時）㊡月・火曜

美しいサンセットを望むことができる

スイス料理　付録MAP P19B1

エーデルワイス
Edelweiss

スイス音楽を聞きながら食事を

ホテル内にあるレストランでは、アコーディオンやヨーデルなどのフォルクローレショーを楽しめる（毎晩19時30分～22時）。名物はラクレットやチーズフォンデュなどのチーズメニュー。

グリュイエールのダブルクリーム付きメレンゲCHF.12

DATA　㊌コルナヴァン駅から徒歩10分 ㊓Ⓗエーデルワイス・マノテル（→P127）☎022-544-5151 ㊗18～22時30分LO ㊡日・月曜

干し肉、ピクルス、ポテト付きラクレットCHF.45

カフェ　付録MAP P19B3

ル・コントワール・ウッドワード
Le Comptoir Woodward

スタイリッシュな空間で洗練された味を

星付きレストランのシェフとパティシエが手がけるスイーツ、ペストリー、セイボリーを楽しめる。ジュネーヴ発のチョコレートメーカー、ステットラーのチョコや、チョコを使ったスイーツもある。

DATA　㊌コルナヴァン駅から徒歩16分 ㊓Rue Neuve-du-Molard 7 ☎022-310-3407 ㊗8時30分～18時（土曜は9時～）㊡日・月曜

1.店内とテラスにテーブルがある　2.右がステットラーのチョコを使ったフォレ・ノワール　3.ヘーゼルナッツクリーム入りブリオッシュCHF.4.80

Genève

だれにあげても喜ばれる！

スイスらしさいっぱい！ジュネーヴのおみやげ探し

スイーツや文具など、せっかくならスイスの名品をゲットしたい。
雑貨好きさんなら蚤の市やフリーマーケットものぞいてみて。

チーズやチーズ関連グッズは種類が豊富

デパート 付録MAP P19B3 グロブス・デリカテッサ Globus Delicatessa

ちょっといいグルメみやげを探したいなら

高級デパートの地下にある食品売り場。各地の名物菓子やお茶、チーズなどのスイスらしい食材から各国の商品、キッチン雑貨までが並ぶ。パッケージデザインがおしゃれなものも多い。

DATA ㊋コルナヴァン駅から徒歩14分 ㊟Rue du Rhône 48 ☎022-510-3616 ㊕9～19時（木曜は～20時、土曜は～18時）㊡日曜

1. バーゼル銘菓、レッカリCHF.8　2. ティチーノ州のアロマ入りコショウCHF.18　3. チーズスライサーCHF.30

チョコレート 付録MAP P19A2 ギヨーム・ビシェ Guillaume Bichet

伝統と現代を融合したチョコ

国内に8店を構えるショコラティエ。キャラメリゼしたアーモンドをチョココーティングした看板商品のプリンセス・アーモンドは、チョコの層が厚くキャラメルとのバランスも絶妙。

DATA ㊋コルナヴァン駅から徒歩12分 ㊟Rue du Rhône 17 ☎022-810-8119 ㊕9～19時（土曜は10～18時、日曜は13～18時）㊡なし

プリンセス・アーモンド CHF.24（125g入り）

1. ショーケースにはさまざまなフレーバーのプラリネが並ぶ　2. タブレットチョコレートも種類豊富

プチ情報 プランパレ蚤の市（→P97）の開かれるプレーン・ド・プランパレは、ひし形の大きな広場。毎週火・金・日曜にはファーマーズ・マーケットが開催され、食材やフードのストールが登場する（火・金曜は規模が小さめ）。

チョコレート　付録MAP P19B3

オーエール
Auer

プリンセス・アーモンド発祥の店

1939年に創業。良質の材料で手作りしたチョコレートは多くの人に愛されている。なかでも1960年代に先代が考案したレシピで作る、カリカリ食感のプリンセス・アーモンドが有名。

DATA　㊋コルナヴァン駅から徒歩18分 ㊟Rue de Rive 4 ☎022-311-4286 ㊌9時～18時45分（月曜は10時～、土曜は～17時30分）㊡日曜

1.プリンセス・アーモンドCHF.34（250g入り）　2.ゴールドが印象的な外観

文具　付録MAP P19A3

ブラシャール
Brachard

老舗文具店で自分へのおみやげを

1839年オープンした文房具店では、クラシカルなものからモダンなもの、お手頃から高級なものまで多彩な商品を揃える。店内にはスイスの鉛筆メーカー、カランダッシュの本社がある。

DATA　㊋コルナヴァン駅から徒歩13分 ㊟Rue de la Corraterie 10 ☎022-817-0555 ㊌9時～18時30分（土曜は10～18時）㊡日曜

スタイリッシュなインテリアの店内

カランダッシュのリミテッドエディション、Variusoシリーズのボールペン CHF.1900

ギフト　付録MAP P19B2

アルプティチュード・オリジナル・スイス・ソヴニール
Alptitude Original Swiss Souvenirs

スイスモチーフのおみやげを選びたい

地元の工芸品からスイスナイフ、キーホルダー、Tシャツなどのみやげ品が並ぶショップ。もともと人気の鳩時計店があった場所のため、さまざまなデザインの鳩時計も扱っている。

DATA　㊋コルナヴァン駅から徒歩6分 ㊟Rue des Alpes 9 ☎022-732-1626 ㊌10～21時 ㊡なし

1.店の前には絵はがきが置いてある　2.スイスの国旗や牛をモチーフにした商品がいっぱい

蚤の市　付録MAP P19A4

プランパレ蚤の市
Marché de Plainpalais

掘出し物を見つけに行こう

毎週水・土曜に開かれる蚤の市では、陶磁器、家具、本、服、ジュエリー、時計などのヴィンテージアイテムのストールが並ぶ。毎月第1日曜にはフリーマーケットが開催される。

DATA
㊋Ⓣ15Plainpalais下車、徒歩8分 ㊟Plaine de Plainpalais ☎022-732-1626 ㊌水・土曜、第1日曜の6時30分～18時30分（冬期は～17時30分）㊡月・火・木・金・日曜（第1日曜を除く）

1.蚤の市は値段交渉をするのも楽しい　2.かわいいネコの指人形CHF.20　3.ウェッジウッドのプレートCHF.5

湖畔に広がる美しい街へ \ Lac Léman / \ Lausanne /

レマン湖クルーズと古都ローザンヌへ

レマン湖の周囲には山々がそびえ、美しい街が点在している。遊覧船に乗って、個性豊かな街を巡ってみよう。

湖 付録MAP P16B1

レマン湖 Lac Léman

アルプスに抱かれた美景が広がる

フランスとの国境に位置する三日月形のレマン湖は、面積581km²を誇る国内最大の湖。アルプスの山並みとローヌ氷河の青い湖の眺めは、古くから芸術家や王侯貴族を魅了してきた。

岩上に建てられたシヨン城を眺めよう

クルーズ 付録MAP P19B2

レマン湖クルーズ（CGN） Croisières sur le Lac Léman (CGN)

船上からレマン湖を見渡そう

レマン湖畔の街を結ぶCGN社の遊覧船。片道のみ、循環型、食事付きなどさまざまなクルーズが選べる。季節によりスケジュールやルートが変わるので、事前に公式サイトを確認しよう。

DATA ☎084-881-1848（インフォメーション）㊚8〜18時（季節により異なる）㊡なし ㊕片道、2等席CHF.23〜57 URL www.cgn.ch

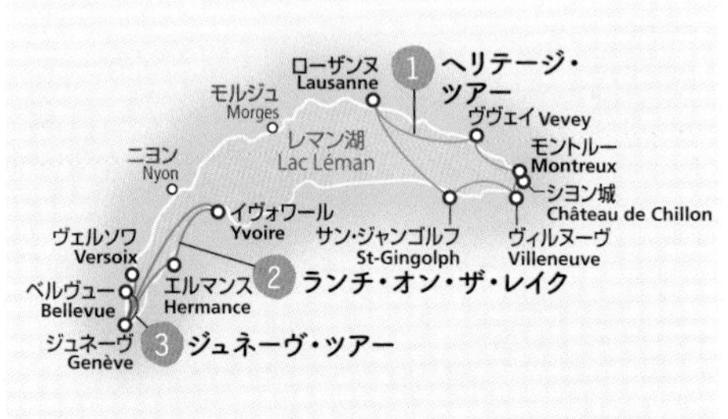

おすすめの3コース

ヘリテージ・ツアー Patrimoine Tour

所要時間：約3時間

ローザンヌ、ヴヴェイ、モントルー、シヨン城、ヴィルヌーヴ、ル・ブヴレ、サン・ジャンゴルフという湖畔の街を結ぶ路線。世界遺産に登録されたラヴォー地区の葡萄畑もみどころ。

ランチ・オン・ザ・レイク Lunch sur le Lac

所要時間：約2時間（往復）

ランチを食べながら遊覧を楽しむツアーは、ジュネーヴを出発、エルマンスを経由してフランス・イヴォワールへ向かう。3品コース、または、1品のランチから選べる。

ジュネーヴ・ツアー Geneva Tour

所要時間：約55分

イギリス庭園、ジェッドー、湖畔の別荘、パレ・デ・ナシオンなどをジュネーヴのみどころを湖上から眺められるツアー。音声ガイド付き（フランス語、ドイツ語、英語、中国語）。

プチ情報 デュリ・ショコラティエ（→P99）のかわいい動物形チョコレートは、クマ、ブタ、ゾウ、ペンギン、ドラゴンなど種類が豊富。カカオ含有量68%のダークチョコと45%のミルクチョコから選ぶことができる。

芸術が息づくエレガントな街 ローザンヌ Lausanne

こんな街です

1275年には司教座が置かれ繁栄したヴォー州の州都。文化都市でもあり、国際オリンピック委員会(IOC)の本部がある。観光スポットは旧市街とレマン湖周辺に分散している。

付録MAP P2A3
［鉄道アクセス］
ジュネーヴから所要約45分。1日に80本程度

大聖堂
Cathédrale

旧市街の高台に立つ街のシンボル

12～13世紀に建てられたゴシック様式の教会は内部のバラ窓(ステンドグラス)の美しさでも知られる。塔からは市街が一望できる。

DATA ㊋Ⓜ Riponne駅から徒歩8分 ㊓Pl. de la Cathédrale 13 ☎021-316-7161 ㊕9～19時(10～3月は～17時30分) ㊡なし ㊙無料(展望台はCHF.5)

スイス最大規模のゴシック建築

オリンピック博物館
Le Musée Olympique

オリンピックの歴史をたどる

1993年開館。古代から現代までのオリンピックの歴史を、貴重な資料などでわかりやすく展示している。

DATA ㊋Ⓜ Ouchy駅から徒歩5分 ㊓Quai d' Ouchy 1 ☎021-621-6511 ㊕9～18時 ㊡月曜、12月24・25日、12月31日、1月1日 ㊙ CHF.20

スポーツ用品やウェアの変遷を見られる

美術館 MAP P99

プラットフォーム10
Plateforme 10

ジャンルの違うアートが集合

州立美術館(MCBA)、州立現代デザイン・応用美術館(mudac)、エリゼ写真美術館が集まったアート地区。

機関車の停車場跡地に建てられた

DATA ㊋ローザンヌ中央駅から徒歩5分 ㊓Avenue Louis-Ruchonnet 1 ☎021-318-4400 ㊕10～18時(木曜は～20時) ㊡mudac、エリゼ写真館は火曜、MCBAは月曜 ㊙ 各CHF.15(3館共通券はCHF.25)

クレープリー・ラ・シャンドゥラー
Crêperie la Chandeleur

クレープでひと休みを

フランス・ブルターニュ産の小麦で作るもっちりカリッとしたクレープは絶品。大聖堂を観光した帰りに立ち寄りたい。

チーズ、玉子、ハム入りCHF.14

DATA ㊋Ⓜ Bessières駅から徒歩4分 ㊓Rue Mercerie 9 ☎021-312-8419 ㊕11時30分～23時(金・土曜は～23時30分) ㊡日・月曜

デュリ・ショコラティエ
Durig Chocolatier

風味豊かなオーガニックチョコ

カカオ豆からカカオバター、生クリームまで、オーガニック素材にこだわったショコラティエ。すべて手作業で作られている。

DATA
㊋Ⓜ Riponne M. Béjart駅から徒歩4分 ㊓Rue Mercerie 3 ☎021-525-3931 ㊕9時30分～18時30分(土曜は8時30分～18時) ㊡日曜

1. アヒル形のチョコレートCHF.11.40
2. ローザンヌ市内に2店舗ある

\ Vevey /

ブドウ畑に囲まれた湖畔リゾート

チャップリンやル・コルビュジエも魅せられた街、ヴヴェイ

レマン湖畔に広がる美しいリゾートタウン。湖沿いの散歩道や歴史的な建物が残る旧市街を散策するのも楽しい。

アリマンタリウムの10周年記念に作られたフォークのオブジェ

こんな街です

美しいブドウ畑が広がり、中世から白ワインの産地として栄えるリゾート地。多くの芸術家や貴族に愛された街で、世界的食品メーカーのネスレ本社があることでも知られる。

付録MAP P2A3

［アクセス］ジュネーヴから鉄道で約1時間。1時間に5本程度

付録 MAP P17C1

アリマンタリウム

Alimentarium

食をテーマにした多彩な展示

ネスレ財団が創設した、世界の食に関する博物館。栄養や食糧問題などについてビジュアル的にわかりやすく展示。ネスレ本社だった建物を利用しており、1階にはカフェがある。

DATA ㊋ヴヴェイ駅から徒歩10分 ㊟Quai Perdonnet 25 ☎なし ㊎10〜18時(10〜3月は〜17時) ㊡月曜 ㊕CHF.15

科学的・民俗学的・歴史的側面から食を紐解く

付録 MAP P17C1

ヴィラ"ル・ラック"ル・コルビュジエ

Villa "Le Lac" Le Corbusier

近代建築の父として有名な建築家が手がけた

ル・コルビュジエが両親のために建てた家。ミュージアムとして一般公開され、2016年には世界文化遺産に登録された。

DATA ㊋ヴヴェイ駅から徒歩20分 ㊟Route de Lavaux 21 ☎なし ㊎11〜17時(季節により変動あり。公式サイトにて要確認) ㊡月〜木曜 ㊕CHF.14 ※現金のみ。予約不要 URL www.villalelac.ch

1.レマン湖の風景を絵画のように望める小窓 2.レマン湖からわずか4mの位置に立つ

©Patrick Moser/FLC/ADAGP/ProLitteris/2013

©Patrick Moser/FLC/ADAGP/ProLitteris/2018

付録 MAP P17C1

スイス・カメラ博物館

Musée Suisse de l'Appareil Photographique

カメラや写真の歴史を知ろう

カメラの始まりであるカメラ・オブスキュラからデジタルカメラまで機材の変遷や写真技法などを紹介している。

DATA ㊋ヴヴェイ駅から徒歩6分 ㊟Grande Place 99 ☎021-925-3480 ㊎11時〜17時30分 ㊡月曜 ㊕CHF.9

館内ではさまざまなカメラを展示

プチ情報 カフェ・レストラン ザ・トランプ(→P101)は、チャップリン・ワールドのチケットを持っていなくても入店することができる。

テーマパーク 付録MAP P17C1

チャップリン・ワールド
Chaplin's World

往時そのままの喜劇王の邸宅へ

20世紀の偉大な映画俳優、チャーリー・チャップリン。彼の映画の世界を紹介するミュージアムが、晩年の25年間を家族と過ごしたヴヴェイ郊外の屋敷に2016年にオープンした。

DATA ㊋ヴヴェイ駅からⒷ212で15分、Chaplin下車徒歩すぐ ㊟Route de Fenil 2 ☎0842-422-422 ㊕10～17時（日曜は14～18時。チケットの販売は閉館の1時間前まで）㊡なし ㊙CHF.30 ※チケットはURL www.chaplinsworld.comから購入可

Charlie Chaplin

チャーリー・チャップリン

1889年イギリス生まれ。本名はCharles Spencer Chaplin。5歳で舞台に立ち、1914年映画デビュー。山高帽にちょび髭、ステッキ姿がトレードマーク。俳優だけでなく、映画監督としても活躍。

みどころ1 邸宅 The Manoir

1840年に建てられた邸宅「マノワール・ド・バン」を展示館に改修。チャップリンが実際に過ごした書斎やリビング、ダイニングなどが、往時の姿そのままに残されている。

1
©BUBBLES INCORPORATED SA

2

1.チャップリンや友人たちの蝋人形で当時の様子を再現 2.脚本や自伝などを執筆したチャップリンの書斎

©BUBBLES INCORPORATED SA

新古典主義様式の建物が広大な敷地内にたたずむ
©BUBBLES INCORPORATED SA

みどころ2 スタジオ The Studio

邸宅隣の1350m²の巨大な施設内に『モダン・タイムス』などの有名作品のミニセットや映写室、編集室などを再現。チャップリンの映画の世界や映画製作の裏側を体感できる。

1
©BUBBLES INCORPORATED SA

2
©BUBBLES INCORPORATED SA

3
©BUBBLES INCORPORATED SA

1.ファンが多い『キッド』のワンシーン 2.ロマンス・コメディの傑作『街の灯』 3.チャップリンの代表作『モダン・タイムス』

ここもCheck!

カフェ・レストラン ザ・トランプ
The Tramp
付録MAP P17C1

庭園の一角に立つ農家を改装。木のぬくもりあふれるカフェと、映画のスタジオをイメージした内装がユニークなブラッセリーに分かれている。

DATA ☎021-903-0139 ㊕チャップリン・ワールド開館30分前～閉館30分後 ㊡チャップリン・ワールドに準じる

食事をしながら映画の世界に浸れる
©BUBBLES INCORPORATED SA

みどころ3 庭園 The Park

ミュージアムの周りには約4万m²にも及ぶ美しい庭園が広がり、豊かな緑の向こうにレマン湖やアルプスの山々が見られる。

©BUBBLES INCORPORATED SA
湖畔の景色を楽しみながら散策したい

今も昔もセレブが訪れる

スイス屈指の保養地 モントルー、ニヨン、モルジュ

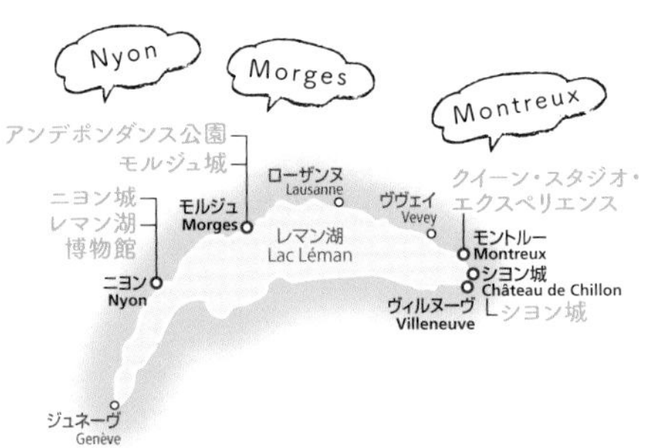

レマン湖畔にはまだまだ魅力あふれる街がたくさん！春や夏のフェスティバル開催時期もお見逃しなく。

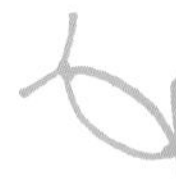

新旧の音楽家に愛される街・モントルー Montreux

こんな街です

「スイスのリヴィエラ」といわれるリゾート。多くの文人や音楽家たちに愛され、数々の名作を生み出した場でもある。夏に開催されるモントルー・ジャズフェスティバルが有名。

付録MAP P2A3

〔アクセス〕ジュネーヴから鉄道で約1時間10分。1時間に5 本程度

チャイコフスキーやワーグナーをも魅了した美しい風景

湖に浮かぶような幻想的な姿から、「レマン湖の白鳥」とよばれる

城 付録MAP P17C2 シヨン城 Château de Chillon

スイス一と称される美しさ

レマン湖畔に立つ城。要塞や牢獄として使われていたこともある。内部では12世紀からこの地を支配してきたサヴォワ伯の展示物や地下牢を見ることができる。

DATA ㊋モントルー駅から徒歩5分のモントルーエスカリエドゥラガーからⒷ201で9分、Chillon下車、徒歩1分 ㊟Ave. de Chillon 21 ☎021-966-8910 ㊍9～19 時(3・10月は9時30分～18時、11～2月は10～17時、最終入場は閉館1時間前) ㊡12月25日、1月1日 ㊕CHF.15

記念館 付録MAP P17C1 クイーン・スタジオ・エクスペリエンス Queen The Studio Experience Montreux

数々の名曲が誕生した場所

クイーンがオーナーだったミュージックスタジオを、記念館としてオープン。クイーンの楽曲が流れ、音楽の世界に浸ることができる。

DATA ㊋モントルー駅から徒歩10分 ㊟Rue du Théâtre 9 ☎021-962-8383 ㊍9～21時 ㊡なし ㊕無料

レコーディングで使用されていた機材

衣装や楽譜など貴重な品を展示

プチ情報 クイーンのアルバム「メイド・イン・ヘブン」のカバー写真は、レマン湖と奥に広がるル・グラモンの山々。レマン湖畔にはボーカル、フレディ・マーキュリーの銅像が立っている。

かつてカエサルが征服した土地

ニヨン Nyon

こんな街です

ニヨン城を中心に、高台に旧市街が広がる。街の歴史は古く、古代ローマ時代の円形競技場や神殿跡(ローマ遺跡公園)も発見されている。小花柄の陶器ニヨン焼も有名。

付録MAP P2A3

［アクセス］ジュネーヴから鉄道で約15分。1時間に4本程度

レマン湖畔にはホテルやレストランが並ぶ

城 付録MAP P16B2

ニヨン城 Château de Nyon

白壁が美しい古城

12世紀後半に築かれた城。城内はニヨンの歴史と陶磁器を紹介する博物館で、18～19世紀に盛んだったニヨン焼などを展示する。

DATA ㊋ニヨン駅から徒歩5分 ㊟Pl. du Château 5 ☎022-316-4273 ㊕10～17時(11～3月14時～) ㊡月曜 ㊚CHF.8(レマン湖博物館・ニヨン城と共通)

レマン湖を見下ろす高台に立つ

博物館 付録MAP P16B2

レマン湖博物館 Musée du Léman

船に関するコレクションは必見

レマン湖とその周辺の自然、人々の生活、文化について伝える博物館。館内にはレマン湖と近郊に生息する生き物を展示する水族館もある。

DATA ㊋ニヨン駅から徒歩12分 ㊟Quai Louis-Bonnard 8 ☎022-316-4250 ㊕10～17時(11～3月は14時～) ㊡月曜 ㊚CHF.8(ニヨン城・ローマ博物館と共通)

1700年代の建物が博物館に

レマン湖沿いの遊歩道にも美しい花が

"レマン湖の花"と称される

モルジュ Morges

こんな街です

一年中色彩豊かな花に包まれる街。ワインの産地としても知られ、湖畔の斜面には美しいブドウ畑が広がる。オードリー・ヘプバーンが晩年過ごしたトロシュナ村も近い。

付録MAP P2A3

［鉄道アクセス］ジュネーヴから所要約30分。1時間に5本程度

城 付録MAP P16B1

モルジュ城 Château de Morges

四隅の塔が印象的な城

13世紀にサヴォワ家により建てられた要塞。現在は軍事博物館として、軍服や大砲、鎧などを展示。

DATA ㊋モルジュ駅から徒歩10分 ㊟Rue du Château 1 ☎021-316-0990 ㊕10～17時(7・8月は～18時) ※クリスマス期間中はマーケット開催 ㊡月曜、12月中旬～1月上旬 ㊚CHF.10

四方にある4つの塔はこの地方特有の形

公園 付録MAP P16B1

アンデポンダンス公園 Parc de l'Indépendance

花と緑に囲まれた市民の憩いの場

レマン湖とフレンチアルプスを望める公園。1971年から毎年春にチューリップ・フェスティバルが開催され、300種約12万本が咲き誇る。

DATA ㊋モルジュ駅から徒歩10分

さまざまな種類のチューリップを見られる

世界中の登山家が憧れる山々が連なる

ダン・デュ・ジェアン
Dent du Géant

4013m。山名は「巨人の歯」を意味。大きな牙のように鋭く尖った岩塊が天に向かって突き出している。

グランド・ジョラス
Grandes Jorasses

4208m。約1kmの稜線に6つの頂をもつ。高度差1200mの北壁は難関ルートでアルプス3大北壁の一つ。

万年雪に覆われたヨーロッパの最高峰

モンブラン

Mont-Blanc

付録MAP P2A4

スイスのココ
ジュネーヴ
シャモニ
モンブラン

欧州アルプスの西端に位置するモンブラン。スイスの国境に近いことから、足を延ばして訪れる人も多い。拠点となるのは、山岳リゾートとして名高いフランス・シャモニ。

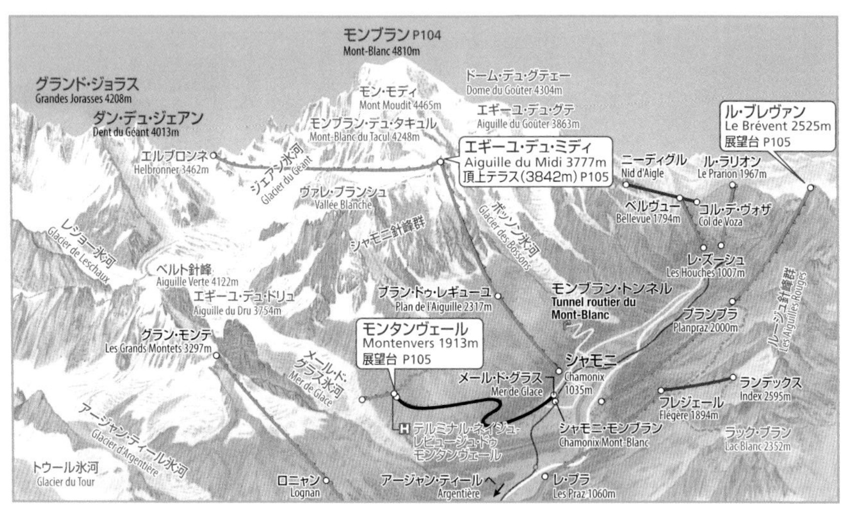

ゴンドラ&ロープウェー&ケーブルカー&テレキャビン　登山鉄道　リフト

※エギーユ・デュ・ミディからエルブロンネ展望台へ向かうロープウェーは夏期のみ運行

プチ情報

「魔の山」と恐れられていたモンブランの初登頂は1786年。1886年には、のちにアメリカ合衆国26代大統領となるセオドア・ルーズベルトが新婚旅行中に登山隊を率いて登頂を果たした。

モンブラン
Mont-Blanc

4810m。夏でもすっぽりと雪帽子をかぶった丸みのある女性的な美しさがあり、ケーキのモンブランはこの山容をイメージ。

フランスとイタリアの国境にまたがるモンブラン山塊の主峰は、ヨーロッパ最高峰のモンブラン。真っ白で穏やかな稜線のモンブランとは対照的に、周辺には針のように尖った山々"赤い針峰"が続き、ここでしかみられない山岳風景をつくり出している。

［アクセス］ シャモニまではジュネーヴ・長距離バスターミナルから長距離バスで1時間10分～1時間40分、シャモニ・モンブラン駅下車※フランスなのでパスポート必携。通貨はユーロ

Check

モンブラン・マルチパス

シャモニのなどの街があるシャモニ谷のロープウェーやゴンドラ(エギーユ・デュ・ミディ～イタリア間は利用不可)、登山鉄道に乗り放題のお得なパス。1日券€87.70～90。9日券まで選べる。購入はゴンドラや鉄道駅の窓口、公式サイトで。

アプト式の登山鉄道、モンタンヴェール鉄道

©OT_Chamonix-Mont-Blanc_SA

モンブラン3大展望台

もっとも間近にモンブランを眺められるエギーユ・デュ・ミディのほか、シャモニ谷を挟んだ反対側の山にも2つの展望台があり、モンブラン山群のさまざまな景色が堪能できる。

エギーユ・デュ・ミディ

MAP P104

Aiguille du Midi

➡P106

複数の展望台から名峰を眺められる。

晴天の日にはマッターホルンやモンテローザまで見える

ル・ブレヴァン

MAP P104

Le Brévent

山群と街を一望する

シャモニの西方にあるブレヴァン山頂の展望台。モンブランを正面から眺められるのが魅力。眼下にはシャモニの街のある深い谷、その向こうにモンブランやシャモニ針峰群、ボッソン氷河やタコナ氷河などの壮大な展望が楽しめる。

©OT_Chamonix-Mont-Blanc_SA

真夏でも白い雪で覆われたモンブランが真正面に

DATA ㊋シャモニ・モンブラン駅から徒歩15分のテレキャビン乗り場からテレキャビンで約10分、プランプラ駅でロープウェーに乗り換え約10分、ル・ブレヴァン下車 ㊐8時15分～17時45分(季節により異なる) ㊕片道€28、往復€38.50 ［運行期間］テレキャビン、ロープウェーは6月中旬～9月中旬のみ運行

モンタンヴェール

MAP P104

Montenvers

氷河観光におすすめ

モンタンヴェール鉄道でのアクセスも楽しみな展望台。車内からはグランド・ジョラス、展望台からはメール・ドゥ・グラス氷河を望む。

展望台の標高は1913m

DATA ㊋シャモニ・モンブラン駅から徒歩13分のモンタンヴェール登山鉄道駅から登山鉄道で約20分、終点モンタンヴェール駅下車 ㊐8～18時(季節により異なる) ㊕往復€38.50 ［運行期間］2月下旬～9月中旬

Mont-Blanc

鋭い岩峰の突端にある展望台
エギーユ・デュ・ミディから モンブランを眺める

シャモニから2基のロープウェーを乗り継いで到着するこの展望台は、名峰モンブランをもっとも近くで眺められる場所として世界中の登山家や観光客に人気のスポット。

"正午の時計の針"を意味する岩峰・エギーユ・デュ・ミディの山頂に造られた展望台。シャモニから到着するロープウェー駅のある北峰と、3842mの頂上テラスがある中央峰に分かれ、展望テラスが複数ある。山頂は真夏でも5度前後なので、防寒着を忘れずに!

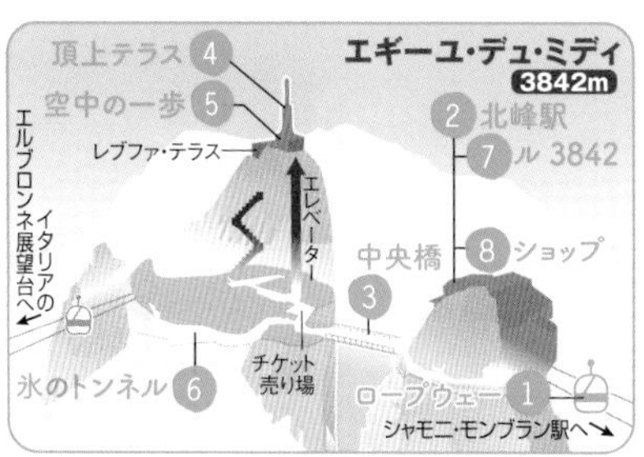

Start

シャモニ・モンブラン駅から徒歩10分

ロープウェー
Téléphérique de l'Aiguille du Midi

麓の駅から出発し、途中の標高2317mのプラン・ド・レギーユ駅で乗り継いで展望台へと向かう。シャモニ谷の大パノラマが楽しめる。

DATA ㊕€56(片道)、€75(往復) [運行期間] 11月中旬〜12月中旬を除く毎日

1.空中散歩を楽しみながら山頂へ 2.名前と日付を入れてもらえる登頂証明書€3は旅の記念にぴったり

途中駅乗り継ぎでロープウェー20分

北峰駅
Grand Balcon Nord

シャモニーからのロープウェーが到着するのは、北峰とよばれる岩山の先。駅舎や2階建構造のシャモニ・テラスなどがある。3000m近い高低差を登ってきたので高山病に注意。

岩壁に張り付くようにカフェテリアやショップなどがある

徒歩すぐ

中央橋
Pont Central

北峰と中央峰の間にかかる橋。岩をくり抜いた中央峰の内部にあるエレベーター(㊕無料)で頂上テラスへ。

しっかりした橋だがここが高所であると感じる瞬間

プチ情報 シャモニのサマーシーズンの街歩きのおともといえばジェラート。たくさんの店があり、ワッフルコーンまで手作りというこだわりの店もある。お気に入りのジェラートを探してみよう。

エレベーターで15秒

頂上テラス
Summit Terrace

大迫力のモンブランが目の前に見え、晴れた日には遠くマッターホルンやモンテローザなど、フランス・スイス・イタリアの名峰が一度に望める最高のビュースポット。

まだ1000m近く上にあるモンブランの山頂を仰ぎ見る

徒歩すぐ

空中の一歩
Pas dans le Vide

建物から飛び出すように造られた全面ガラス張りの部屋。足下まで丸見えなので、まるで空中に浮いているかのような気分になれる。勇気を出して一歩を踏み出そう。

外から空中浮遊の写真を撮ってもらおう

エレベーターで15秒

氷のトンネル
Tunnel de Glace

中央峰にある氷のトンネルはモンブラン山頂に向かう登山道の出発点。トンネルを抜けると眼下には大きな氷河が広がっている。

本格的な装備をした登山者を見かける

中央橋を渡り北峰へ

ル 3842
Le 3842

4000m近い山頂で食事ができる貴重なカフェ。メニューはサンドイッチ€4.50～などの軽食やスイーツが中心。中央峰やモンブランを望む窓からの眺めも抜群。

1.モンブランを眺めながら味わうマフィン€5.50とコーヒー€3は格別　2.11時30分～15時はランチタイム

徒歩すぐ

ショップ
Boutique

モンブランモチーフのグッズやお菓子などのおみやげが揃う。

エギーユ・デュ・ミディのスノードーム€8.30

ロープウェイで20分の麓駅から徒歩10分

\GOAL/
シャモニ・モンブラン駅

Chamonix

モンブランの麓の風光明媚な街

山岳リゾートとして人気のシャモニの楽しみ方

アルプス登山やハイキング、スキーエリアへの基地として多くの観光客で賑わうシャモニ。スイスとは少し違う、フランス気分を味わってみよう。

観光案内所 付録MAP P15A2

オフィス・ドゥ・ツーリスム・ドゥ・シャモニ・モンブラン

Office de Tourisme de Chamonix Mont-Blanc

まず立ち寄りたい観光案内所

無料の観光パンフレットが揃うほか、ガイド付きツアーへの申し込みができる。シャモニのロゴ付きグッズも販売。

DATA ㊋シャモニ・モンブラン駅から徒歩10分 ㊟85 Pl. de Triangle de l'amitié ☎04-5053-0024(フランスの国番号は33) ㊍9時～12時30分、14～18時(6月中旬～9月中旬は9～19時、12月中旬～4月中旬は8時30分～19時) ㊡4月中旬～6月中旬の日曜午後、10・11月の日曜

シャモニー中心の教会広場に面している

2025年まで改装工事のため休館の予定

博物館 付録MAP P15B2

山岳博物館

Musée Alpin

登山の歴史を学ぶ

モンブラン初登頂以降の登山の歴史や、冬季オリンピックにまつわる写真や資料が豊富に展示された博物館。

DATA ㊋シャモニ・モンブラン駅から徒歩3分 ㊟89 Av. Michel Croz ☎04-5055-2946 ㊍14～18時(7・8月は10～13時、14～18時) ㊡火曜(7・8月は無休)、10月上旬～下旬、11月上旬～12月下旬 ㊕€5.90

広場 付録MAP P15B2

バルマ広場

Place Balmat

街歩きはここを目印に

シャモニの街の中心地で、噴水やオープンテラスのカフェがある憩いの場。広場にはモンブラン初登頂に関わった、スイスの地質学者・ソシュールと、猟師・バルマの像がある。広場の周りには、みやげ物店やカフェ、レストランなどが立ち並ぶ。

DATA ㊋シャモニ・モンブラン駅から徒歩7分

ソシュールとバルマが見上げる先にはモンブランがある

フランス料理 付録MAP P15A2

アトモスフェール

Atmosphère

ワインと郷土料理を味わう

地下にある落ち着いた雰囲気の店。カモのフォアグラのエスカロップ エキゾチックなフルーツ添え€29など。アルヴ川に近い日当たりのよい席を予約しておこう。

DATA ㊋シャモニ・モンブラン駅から徒歩8分 ㊟123 Pl. Balmat ☎04-5055-9797 ㊍12時～13時30分、19時～21時30分 ㊡月～水曜 Ⓔ

種類豊富なワインとともに味わいたい

プチ情報 シャモニのサマーシーズンの街歩きのお供といえばジェラート。たくさんの店があり、ワッフルコーンまで手作りというこだわりの店もある。お気に入りのジェラートを探してみよう。

ル・コントワール・アルプ
Le Comptoir des Alpes

地元食材にこだわったフレンチ

シャモニ周辺にある店所有の農園で育てた新鮮な野菜が味わえるとあって人気が高い。テラス席も多く、開放的な気分で食事が楽しめる。

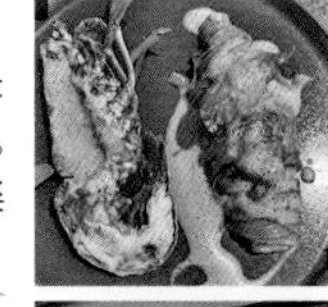

DATA ㊋シャモニ・モンブラン駅から徒歩8分 ㊟151 Ave. de l'Aiguille du Midi ☎04-5053-5764 ㊕12〜14時、19時〜21時30分 ㊡なし Ⓔ Ⓔ

1. ロブスター€42 2. 気配りが行き届いたテーブルセッティング

オー・プチ・グルマン
Aux Petits Gourmands

甘い香りに包まれて

市内に2店舗あり、手作りのスイーツやパンが味わえるカフェ。名物のパレ・ド・グラス21個入€26は、メレンゲとヘーゼルナッツで作るシャモニの山のような形のお菓子。

DATA ㊋シャモニ・モンブラン駅から徒歩10分 ㊟168 Rue du Dr.Paccard ☎04-5053-0159 ㊕7時30分〜19時30分 ㊡なし

レトロな木箱にチョコレートを詰めておみやげに

季節のフルーツタルト€5.60

登山用品 付録 MAP P15A3

マムート・ストア・シャモニ
Mammut Store Chamonix

スイスのアウトドアブランド

マンモスのロゴで知られる160年の歴史をもつ有名ブランド。本格的な登山家も愛用する機能性の高さとデザイン性を兼ね備える。日差し除けのキャップや防寒着のウェアなどを現地で調達したいときはここへ。

DATA ㊋シャモニ・モンブラン駅から徒歩10分 ㊟141 Rue du Dr. Paccard ☎04-5090-9631 ㊕10〜13時、14時30分〜19時30分 ㊡無休 Ⓔ

1. 発色のよいオレンジやブルーのアイテムが人気 2. スイスに来たら覗いてみたいショップの一つ

シャモニからひと足延ばして

シャモニ郊外にあるレ・プラ。シャモニとはまた違った美しさのある小さな村を訪ねてみよう。

レ・プラ教会
Les Praz Church

教会／付録MAP P17C4

山々を背にたたずむ石造りの教会は村のシンボル。

自然と調和した美しい風景

DATA ㊋シャモニ・モンブラン駅から車で7分 ㊟94 Rue de la Chapelle

ル・カステル
Restaurant Le Castel

フランス料理／付録MAP P17C4

地元の高品質な食材を使ったオリジナル料理のビストロノミー。

DATA ㊋シャモニ・モンブラン駅から車で約7分 ㊟100 route des Tines ☎04-5021-1212 ㊕12〜15時、19〜21時 ㊡無休 Ⓔ

マスのパヴェ€26

レマン湖畔にあるワインの産地 Lavaux

世界遺産のブドウ畑 ラヴォー地区

アルプスの山々とレマン湖を望む風光明媚なワインの産地・ラヴォー地区。
ブドウ畑の間を散策しながら小さな村を巡ってみたい。

付録MAP P17C1

1.自然と共存しながら伝統的なワイン造りを守ってきた　2.広大なブドウ畑の中に昔ながらの建物が残る

絶景とおいしいワインを楽しもう

レマン湖の畔、ローザンヌからモントルー郊外にかけて広がる丘陵地帯のラヴォー地区。約1000年以上も前からブドウの栽培とワイン造りが行われており、その伝統と歴史が評価され2007年に世界遺産に登録された。リュットリ、ヴィレット、グランヴォー、キュリーなどの小さな村が点在する。

〔アクセス〕ローザンヌ中央駅から鉄道で10分、キュリー駅などで下車

ワイナリーもCHECK!

付録MAP P17C1

レ・フレール・デュボワ

Les Frères Dubois

1927年にワイン造りを始めたデュボワ家

ラヴォー地区のほぼ中心に位置するデザレーなどに畑をもつ。1973年にキュリーの醸造所「ル プティ ヴェルサイユ」を手に入れ、現在は3代目のフレデリック、グレゴワール兄弟が伝統を守る。

DATA
㊋キュリー駅から徒歩1分 ㊟Chemin de Versailles 1 ☎021-799-2222 ㊕試飲・販売は10時～12時30分、15～19時（土曜は10～16時）※試飲CHF.18はサイトの問合せフォームから予約推奨 ㊡日・月曜 URL www.lfd.ch/en-4-contact.html

プチ情報　リュットリやキュリーの波止場からは、広大なブドウ畑を効率よく回ることができるミニトレイン「ラヴォー・エクスプレス」が運行している。

Lala Citta Switzerland

Area 4

チューリヒ

Zürich

商業・金融で栄えるスイス最大の都市。
ここからスイスの旅をスタートする旅行者も多く、
リマト川周辺には中世の歴史的建造物も点在。

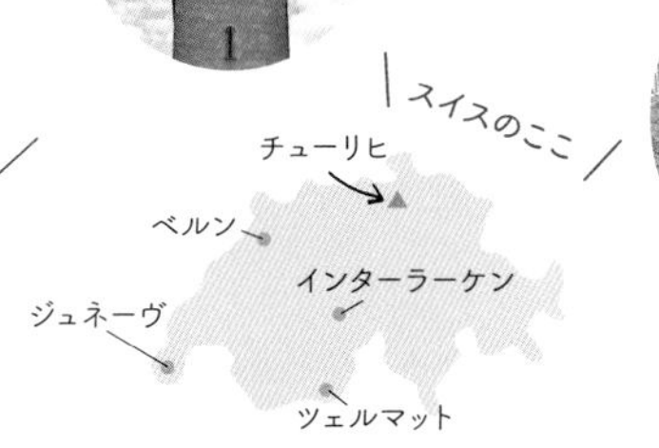

スイス第1の都市！

チューリヒ エリアNAVI

チューリヒは、スイスの最大都市であり、経済・文化・観光の中心地。伝統と革新、都会と自然、旧市街と新街区というさまざまな対比が魅力。

1 チューリヒ・ヴェスト
付録MAP P4A1～B1
Zürich West

ここ10年で進化した新トレンド地区

工業地帯だった西エリアが熱い！工場跡地などに話題のレストランやショップがオープンし、トレンド好きな地元っ子が集まる。新しいものが好きな人におすすめ。

DATA
㊋チューリヒ中央駅から鉄道で5分

1.高架下のショッピングモール、IM VIADUKT　2.スイスで2番目に高いビル、プライム・タワー

2 チューリヒ中央駅周辺
付録MAP P4B2～P5C2
Zürich HB

チューリヒ観光の玄関口

スイス最大の鉄道駅だが、ショッピングモールで食事や買物も楽しめる観光スポットの側面もある。隣にはスイスの歴史や文化がわかるスイス国立博物館があり、駅を起点に目抜き通りのバーンホフ通りが街を貫く。

DATA　㊋チューリヒ中央駅から徒歩すぐ

必見スポット
- スイス国立博物館 →付録MAP P5C2

1.中央駅の北に隣接するスイス国立博物館　2.中央駅の南側出入口。思わず写真を撮りたくなる豪華さ

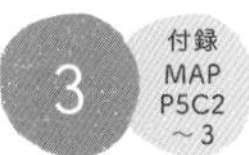

3 バーンホフ通り Bahnhofstrasse

付録MAP P5C2～3

約1.3kmのメインストリート

チューリヒ中央駅から南にあるチューリヒ湖に向かって延びる大通り。有名ブランドのショップやデパートなどが並ぶ市内随一のショッピング街でもある。

DATA ㊋チューリヒ中央駅から徒歩すぐ

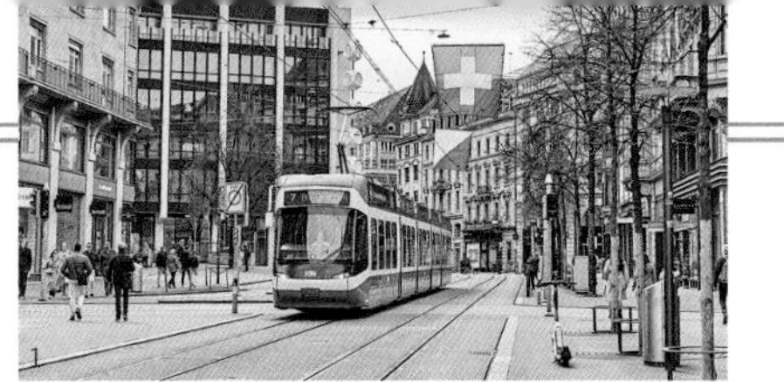

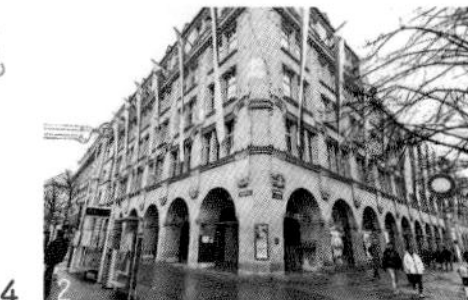

1.通りひっきりなしに行き来するトラム
2.スーパー、コープ(→P119)の大型店舗も

必見スポット

- リンデンホフの丘→P48、P114
- バイヤー時計博物館→P114
- 聖ペーター教会→付録MAP P5C3
- フラウミュンスター(聖母聖堂)→P114

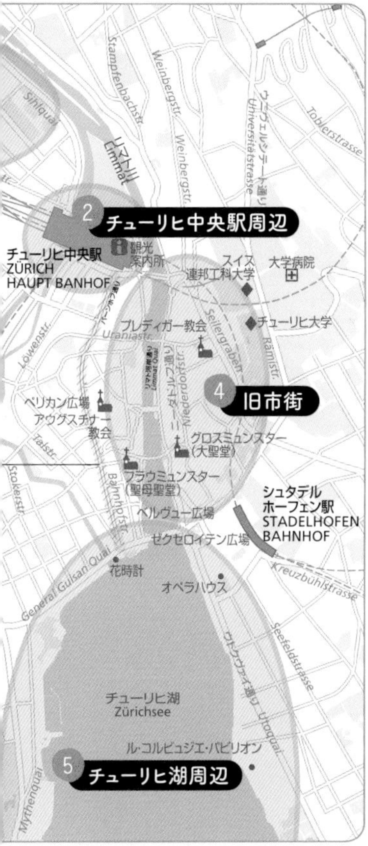

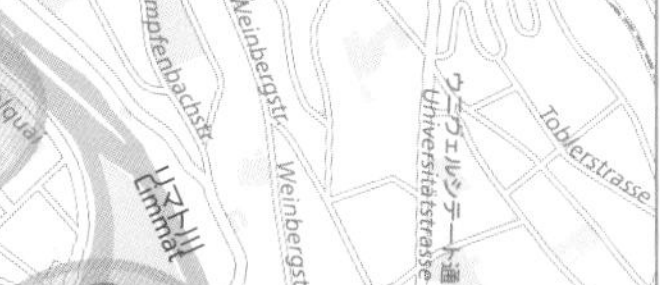

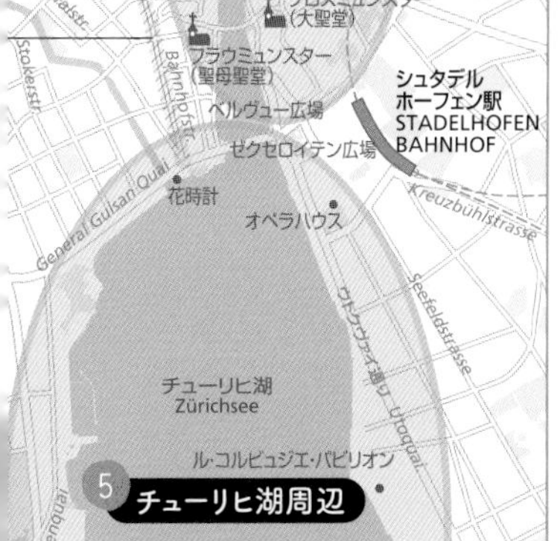

4 旧市街 Altstadt

付録MAP P5C2～3

古きよき街並みを今に残すエリア

旧市街は中心地を縦断するリマト川の両岸あたりを指し、主要な観光スポットがほぼすべて収まる。石畳の道や泉、古きよき建物などそぞろ歩きが楽しく、食事スポットも多い。

DATA ㊋チューリヒ中央駅から徒歩5分

必見スポット

- グロスミュンスター(大聖堂)→付録MAP P5C3

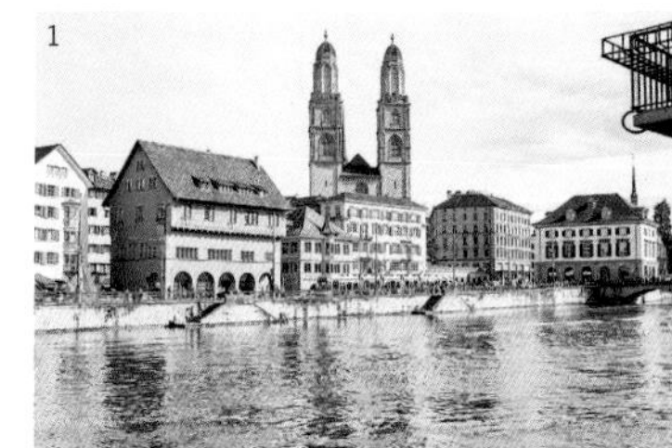

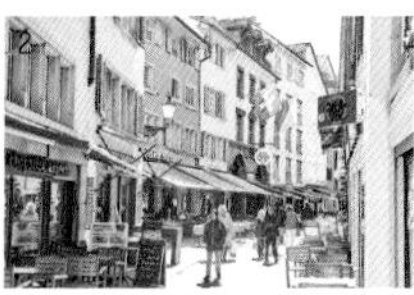

1.旧市街の雰囲気を味わいたいならリマト川の東側へ 2.東側にはお手頃価格の飲食店が並ぶニーダドルフ通りも

5 チューリヒ湖周辺 Zürichsee

付録MAP P5C3～4

開放感のある自然豊かなエリア

中央駅からバーンホフ通りを南下するとチューリヒ湖に到着。湖を巡る湖船に乗ったり、遠くにアルプスの山々を望む景色を公園のベンチから眺めたり、ゆったり過ごせる。

DATA ㊋チューリヒ中央駅からトラムやバスで12分、徒歩20分

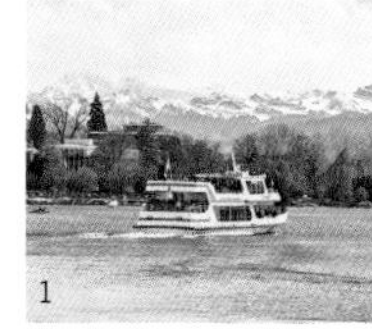

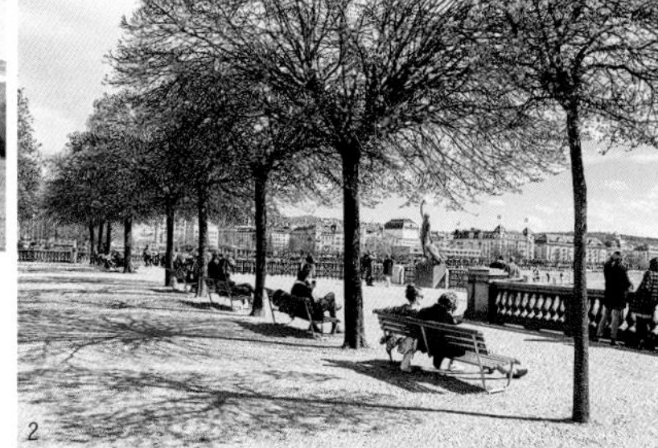

1.チューリヒ湖は定期便やクルーズ船など多くの湖船が行き交う 2.眺めのいい公園もある

必見スポット

- チューリヒ湖クルーズ→付録MAP P5C3
- 花時計→付録MAP P5C3

Zürich

スイス最大の都市

中世の魅力を今に伝える湖畔の緑園都市・チューリヒさんぽ

国際的な金融と商業の中心地。多様なレストランやブランドショップが並び、文化施設も豊富。一方、リマト川沿いには歴史的建造物が点在し、中世の雰囲気が漂っている。

こんな街です

付録MAP P4

DATA
州(カントン)/チューリヒ州
標高/408m
言語/ドイツ語
人口/42万3193人
(2022年8月)

[アクセス]ジュネーヴから 鉄道で約2時間45分、ベルンから鉄道で約1時間～1時間20分

1.リマト川をはさんで東西に街が広がる 2.街の至る所を走るトラムはシンボル的存在

1 リンデンホフの丘

付録MAP P5C2

Lindenho Zürich

春夏は菩提樹(リンデンホフ)の木に葉が茂る

チューリヒ発祥の地

リマト川と右岸の美しい眺望が得られる小高い丘。古代ローマ時代に税関(ツーリクム)があったことが、チューリヒの名前の由来になっている。住民も観光客も集まる憩いの場所。

DATA →P48

徒歩6分

2 バイヤー時計博物館

付録MAP P4B3

Uhrenmuseum Beyer Zürich

スイスで最も古い時計専門店にある

16世紀から現在に至るまでの時計を所蔵した博物館。機械仕掛けになる前の日時計や砂時計、木の歯車時計、からくり時計など、さまざまな品が並ぶ。

DATA ㊋チューリヒ中央駅から徒歩10分 ㊟Bahnhofstr. 31 ☎043-344-6363 ㊡14～18時 ㊡土・日曜 ㊙CHF.10(ドリンク付)※毎月第一月曜は入場無料

1640年作の獅子がモチーフの時計

徒歩5分

3 フラウミュンスター(聖母聖堂)

付録MAP P5C3

Fraumünster

徒歩11分

シャガールによるステンドグラスは必見

グロスミュンスターの対岸に立つ教会。ルートヴィヒ2世により853年に建立された尼僧院が教会の前身。青緑の屋根の尖塔(時計塔)が目印。

DATA ㊋チューリヒ中央駅から徒歩13分 ㊟Münsterhof 2 ☎044-250-6633 ㊡10～18時(11～2月は～17時)※最終入場は15分前 ㊡なし ㊙CHF.5(音声ガイド付、日本語あり)

1.シャガールが制作した美しいステンドグラス 2.印象的な姿の尖塔。内部は簡素で、聖像などはない

プチ情報 チューリヒ美術館旧館は、スイス出身の彫刻家・画家アルベルト・ジャコメッティの作品を展示。世界最大の作品群なので旧館もぜひチェックしてみよう!(入場券共通)

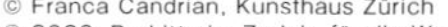

© Franca Candrian, Kunsthaus Zürich
© 2023, ProLitteris, Zurich, für die Werke von Maurice de Vlaminck und Georges Braque

4 付録 MAP P5C3 チューリヒ美術館新館
Kunsthaus Zürich

有名芸術家作品と建築美を堪能

2021年オープンの新館は、武器商人でもあったエミール・G・ビュール氏が収集した絵画を所蔵。建物自体にも注目したい。

DATA ㊡Ⓣ3番KUNSTHAUS下車徒歩すぐ ㊟Heim platz 1 ☎044-253-8484 ㊕10〜18時（木曜は〜20時）㊡月曜 ㊖CHF.24（新館旧館共通）※水曜は常設展入場無料。企画展は別料金が必要

© Franca Candrian, Kunsthaus Zürich

1.部屋ごとに異なる空間を演出。新館旧館合わせて約700点を常設　2.世界的建築家のひとり、デイヴィット・チッパーフィールド氏が設計

どっちに行く？ 両方行く？

トラムで15〜20分

5a 付録 MAP P5C4 ル・コルビュジエ・パヴィリオン
Pavillon Le Corbusier

名建築家が最後に設計した建物

スイス出身の建築家ル・コルビュジエが、公私ともにパートナーだったハイディ・ウェーバーの依頼で設計。現在は、コルビュジエ作品を展示するミュージアムになっている。

DATA ㊡Ⓣ4番HÖSCHGASSEから徒歩5分 ㊟Höschgasse 8 ☎043-446-4468 ㊕12〜18時（木曜は〜20時）㊡月曜（11月下旬〜5月上旬は休館）㊖CHF.12

©ZHdK

©ZHdK

1.コンクリート建築で知られる作品のなかで唯一、スチールとガラスで造られている　2.1階の様子。直線的な設計が印象的

トラムで10〜20分

5b 付録 MAP P4B4 FIFAワールド・サッカー・ミュージアム
FIFA World Football Museum

世界随一のサッカーの殿堂

FIFAの本部があるチューリヒに立つ。FIFAワールドカップのトロフィーや、ユニフォームなどのグッズを1000点以上展示。館内にはFIFAワールドカップのグッズを販売するショップもある。

DATA ㊡Ⓣ6・7・13番のZÜRICH, BAHNHOF ENGEから徒歩1分 ㊟Seestrasse 27 ☎043-388-2500 ㊕10〜18時（季節により異なる）※最終入場は30分前 ㊡なし ㊖CHF.26

©FIFA Museum

©FIFA Museum

1.巨大なスクリーンで映像を視聴することも可能　2.過去大会を振り返るFIFAワールドカップ・ギャラリー

＼Zürich／

観光客でも利用しやすい

チューリヒの必訪レストランで名物グルメを食べ尽くす

人気店でスイス料理が食べてみたい！　でもハードルが高そう…。そんな人におすすめしたい、観光客もウエルカムなお店をご紹介。

カフェ　付録MAP P5C3

カフェ・バー・オデオン
Café Bar ODEON

1911年創業の伝説的カフェ・バー

ムッソリーニ、レーニン、アインシュタインなど歴史に名を残す著名人たちが通った名店。歴史的建造物に指定された店内で、終日食事やお酒を楽しめる。なかでも朝食やブランチは、予約で満席になるほどの人気ぶり。

DATA　㊛チューリヒ中央駅から徒歩17分 ㊟Limmatquai 2 ☎044-251-1650 ㊕7～24時（金曜は～翌2時、土曜は9時～翌2時、日・月曜は9～24時）㊡なし Ⓔ Ⓔ

1.週末に提供されるオデオン・ブレックファストCHF.37。朝食は平日8時～11時30分、週末9～14時、予約推奨　2.プロセッコ入りのオランデーズソースをかけたエッグベネディクト、エッグ・ロイヤルCHF.28　3.店内にはバーカウンターもある

スイス料理　付録MAP P5C3

ツォイクハウスケラー
Zeughauskeller

武器庫を改装したビアレストラン

1487年建設の武器庫は1926年にレストランに変身。旅のエネルギーチャージにぴったりの肉料理やソーセージ料理と自家製ビールを求めて、世界中の人々が訪れる。街屈指の繁盛店だけありスタッフの接客も温かく居心地がいい。

DATA　㊛チューリヒ中央駅から徒歩12分 ㊟Bahnhofstrasse 28A ☎044-220-1515 ㊕11時30分～23時（食事は～22時）㊡なし Ⓔ Ⓔ

1.天井が高く、座席数が多いので気兼ねなく食事を楽しめる　2.スペシャルなハウスビール瓶入りCHF.8.50

薄切りの牛肉とマッシュルームのクリーム煮、ゲシュネッツェルテスにレシュティを添えてCHF.36.50

プチ情報　人気店や混む時間帯は予約がおすすめ。英語での電話予約が難しい人は、前日や当日に直接店に行って対面で予約してみよう。最近では、公式サイトに予約フォームを設置している店も多いので要チェック。

スイス・フランス料理　付録MAP P5C3

ハウス・ツム・リューデン
Haus zum Rüden

かつてのギルドハウスでディナーを奮発
貴族や騎士たちの集会場として利用されていた建物を利用した高級レストラン。店内は木の天井が特徴的な後期ゴシック様式。新鮮素材を使ったフランス料理が中心だが、チューリヒの名物料理ゲシュネツェルテスCHF.47もある。

DATA ㊋チューリヒ中央駅から徒歩12分 ㊟Limmatquai 42 ☎044-261-9566 ㊕11時30分～14時、18～23時（土曜は18～23時）㊡日・月曜

1.アイルランド産の牛肉とフォアグラソースにマッケインポテトを添えてCHF.69　2.窓から眺める河岸の風景も魅力

ラクレットチーズはホワイトワイン・チーズCHF.10.90とトリュフ・チーズCHF.15.90。トッピングはポテトCHF.1とパンCHF.1。さらに追加で目玉焼CHF.3とソーセージCHF.6を注文。合わせるドリンクは白ワインCHF.7

スイス料理　付録MAP P5C2

ラクレット・ファクトリー
Raclette Factory

ラクレットをカジュアルに楽しむ
ラクレット料理の専門店。チーズを2種まで選べ、トッピングも自由に選んで自分好みのひと皿を注文できる。肝心のチーズは、トリュフやヤギなどどれも生産者とともに高品質を目指したものばかり。とろけるチーズをたっぷり味わおう。

DATA ㊋チューリヒ中央駅から徒歩10分 ㊟Rindermarkt 1 ☎044-261-0410 ㊕11時30分～22時（金・土曜は～23時）㊡なし Ⓔ Ⓔ

1.キッチンでラクレットチーズをかけた皿がテーブルへ
2.テラス席も気持ちよさそう

ソーセージ　付録MAP P5C3

シュテルネン・グリル
Sternen Grill

1963年創業の焼きソーセージ店
ザンクト・ガレン州の名物ソーセージ、ブラートブルストにソーセージ料理に欠かせない定番のパン、ビュリーとオリジナルビールを添えて。店オリジナルの悪魔的辛さのマスタードにもトライ。チューリヒ空港にも店舗がある人気店。

まるでフードコートのようなカジュアルな雰囲気

DATA ㊋チューリヒ中央駅から徒歩18分 ㊟Theaterstrasse 22 ☎043-268-2080 ㊕10時30分～24時（日・月曜は～23時）㊡なし Ⓔ Ⓔ

1.ソーセージと一緒に！　シュテルネン・ビールCHF.5.70、自家製マスタードCHF.6　2.ザンクト・ガレン州の伝統的な焼きソーセージのセット、St. Gallen Bratwurst CHF.15.30

Zürich

友だち用に！ 自分用に！

チューリヒだから見つかるスイスのとっておきみやげ

スイス第1の都市には、スイスを代表する名店が勢揃い。おいしいものから愛用品まで、持ち帰りたいアイテムをピックアップ！

バッグ・小物 付録MAP P4A1

フライターグ・フラッグシップ・ストア

FREITAG Flagship Store

世界で大人気！ フライターグの旗艦店へ

トラックタープを再利用してバッグを作るフライターグは、2023年に創業30周年を迎えた。メッセンジャーバッグに始まり、現在ではリサイクル可能な携帯ケースなどアイテムの幅を拡大。旅の記念品をお迎えしに訪れてみて。

DATA ㊫ZÜRICH HARDBRÜCKE駅から徒歩5分 ㊟Geroldstrasse 17 ☎043-366-9520 ㊏11～19時（土曜は10～18時）㊡日曜

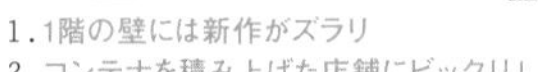

1.1階の壁には新作がズラリ
2.コンテナを積み上げた店舗にビックリ！

ほどよいサイズ感でデイリーユースにおすすめのバッグCHF.240

トートバッグCHF.140はビジネスのサブバッグにも使えそう

ノート大CHF50、小CHF45。小物も充実

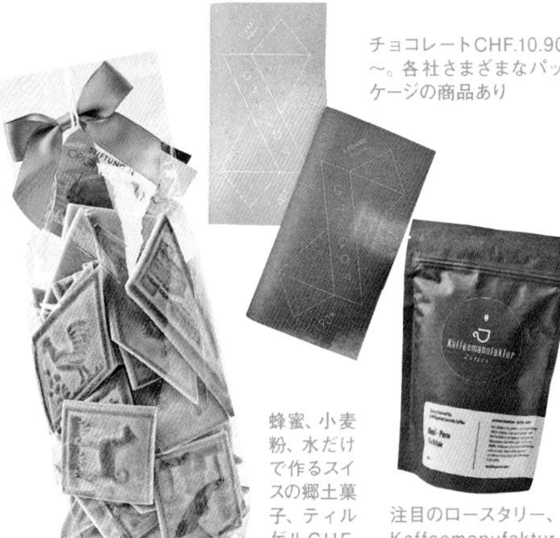

チョコレートCHF.10.90～。各社さまざまなパッケージの商品あり

蜂蜜、小麦粉、水だけで作るスイスの郷土菓子、ティルゲルCHF.10.90

注目のロースタリー、Kaffeemanufaktur ZürichのコーヒーCHF.11

高級食材店 付録MAP P4B1

ベルグ・ウント・タール・ヴィアドゥクト

Berg und Tal Viadukt

スイスのおいしいものが見つかる

チューリヒ・ヴェスト地区にある高架下のショッピングモール、IM VIADUKT内の高級食材店。チューリヒを中心にスイスで持続可能な生産を続ける地元メーカーの食材品が揃う。チョコやコーヒー豆など持ち帰りやすい商品も多いのでグルメ通は要チェック！

DATA ㊫Ⓣ4番LÖWENBRÄU駅から徒歩4分 ㊟Limmatstrasse 231 ☎044-271-2161 ㊏9～20時 ㊡日曜

こぢんまりとした店内に商品がぎっしり

プチ情報 ベルグ・ウント・タールは、チューリヒの中心地に1号店がある。チューリヒ・ヴェスト地区に行かない人は、1号店に立ち寄ってみよう。㊟Niederdorfstrasse 3 ㊏10～19時（土曜は～18時）㊡日曜（付録MAP P5C2）

チョコレート 付録MAP P5C3

シュプリングリ
Sprüngli

チョコレートやケーキといえばここ

1836年創業のチョコレートの老舗。チューリヒ空港や中央駅をはじめ、チューリヒ市内はもちろん、ジュネーヴやルツェルンなど主要都市にも店舗を展開中。カフェやバーも併設している。

DATA ㊛チューリヒ中央駅から徒歩12分 ㊟Bahnhofstrasse 21 ☎044-224-4646 ㊋7時30分～18時30分(土曜は8時30分～) ㊡日曜

チューリヒの金融街、パラデ広場に面して立つ

自慢のチョコレートバーを食べ比べできるアソートCHF.49.90

スイスらしい柄のパッケージがすてきなミルクチョコCHF.15(2枚組)

スイスミルクと芳醇なラズベリーを使用したホワイトチョコCHF.12.35

ギフト 付録MAP P5C2

シュヴァイツァー・ハイマートヴェルク
Schweizer Heimatwerk

スイスの手工芸品みやげを探しに

山岳農家が冬の間に家庭で作ったものを販売することからスタートした人気のみやげチェーン店。この旗艦店は他店舗より広く、種類も豊富。古典からモダンなものまでスイスの良品が見つかる。

DATA ㊛チューリヒ中央駅から徒歩5分 ㊟Uraniastrasse 1 ☎044-222-1955 ㊋10～19時 ㊡日曜

広くて明るい店内なので商品が探しやすい

レトロな雰囲気がかわいいマグネット各CHF.9.90

ぽってりした姿がかわいいスイスクロスが描かれたマグカップCHF.39.90

100年以上前から変わらぬレシピで作られるキャンディーCHF.13.90

スーパー 付録MAP P4B2

コープ
Coop

大規模店舗でお得なおみやげ探し

目抜き通りのバーンホフ通り(→P113)に立つ。生鮮食品のほか、コスメコーナーが充実。ビュッフェ式のフードコートもあり、お得に食事も楽しめる。

DATA ㊛チューリヒ中央駅から徒歩7分 ㊟Bahnhofstrasse 57 ☎044-226-9135 ㊋9～20時 ㊡日曜

百貨店に利用されていたこともある立派な建物

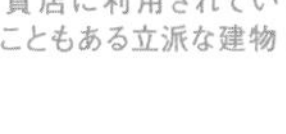

ラクレットチーズCHF.9.95。街なかチーズ店よりお得

コープのビオ食品シリーズnaturaplanのハーブティーCHF.2.95

コープのビオコスメシリーズ+WellのハンドクリームCHF.2.95

ここもCHECK!

チョコ博物館 付録MAP P4B4

リンツ・ホーム・オブ・チョコレート
Lindt Home of Chocolate

リンツチョコレートの博物館

中央駅から列車と徒歩で約25分の場所にある。チョコレートの歴史や製造工程など幅広く学ぶことができ、チョコ好きの必訪スポットに。カフェやショップ、アウトレットも併設。

DATA ㊛KILCHBERG ZH駅から徒歩10分 ㊟Schokoladenplatz 1, Kilchberg ☎044-716-2000 ㊋10～19時 ㊕CHF.17 ㊡なし

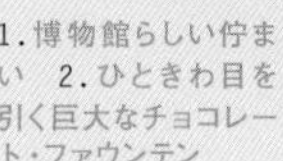

1.博物館らしい佇まい 2.ひときわ目を引く巨大なチョコレート・ファウンテン

Maienfeld

雄大な自然に囲まれて
『アルプスの少女ハイジ』の舞台となったマイエンフェルト

ハイジとヤギたちが駆け回っていた草原、山頂に立つ山小屋、澄んだ空気……。マイエンフェルトには、あの名シーンが蘇る美しい景観が広がっている。

美しいアルプスの山々を背景にしたハイジドルフ

こんな街です

付録MAP P3D2

DATA
州(カントン)／グラウビュンデン州 Graubünden
標高／504m
言語／ドイツ語
人口／3141人(2022年8月)

［アクセス］
チューリヒ中央駅からICで約1時間、サルガンス駅下車、ローカル線に乗り換え7分、マイエンフェルト下車

スイスのここ

1.アニメにも登場した市庁舎前広場　2.ハイキングコースの随所に標識がある　3.ブラートヴルストは郷土料理の一つ

ハイジ誕生物語

児童文学の名作『ハイジ』を世に出したヨハンナ・シュピリ(1827～1901年)は、チューリヒから約25km離れたヒルツェルで生まれた。結婚後チューリヒに移るが、都会の暮らしになじめず、イエニンス村に住む友人を訪ねるようになる。ここでの滞在をきっかけにアルプスの自然を舞台にした小説を描き始める。そして、1880年、ヨハンナが53歳のときにハイジの物語が生まれた。

プチ情報　土・日曜、祝日のみマイエンフェルト駅→ハイジドルフ→ハイジホフ→ハイジの泉→駅と巡る循環バスⒷ14が運行している。㊕片道CHF.3、往復CHF.6。

ハイジハウスはハイジたちの家のモデルであった築300年の農家

ハイジドルフ(ハイジの村)

Heididorf

ハイジの物語を体験できる

ハイジたちが冬の間滞在した村イメージした施設。ハイジハウス、ハイジアルプの山小屋、村の学校、市庁舎厩舎、ヨハンナ・シュピリ博物館やショップがある。

DATA　㊋マイエンフェルト駅から徒歩35分、循環バスⒷ14で約6分、Heididorf下車(土・日曜、祝日のみ)㊟Oberdörfligasse ☎081-330-1912 ㊐10～17時 ㊡11月中旬～3月中旬 ㊚CHF.13.90(ハイジアルプの山小屋、ハイジハウス、ヨハンナ・シュピリ博物館、市庁舎厩舎、村の学校に入場可)

1.2.ハイジハウスの内部は物語の時代の生活を伝える博物館
3.高台にはハイジアルプにある山小屋のレプリカも

COLUMN

放映50周年！　アニメ『アルプスの少女ハイジ』

アルプスの大自然での暮らしを通し、少女ハイジの成長とハイジをとりまく人々や動物たちとのふれあいを描いたアニメ『アルプスの少女ハイジ』。1974年1月6日に初回が放送され、今年で50周年を迎える。演出を高畑勲氏、場面設定・場面構成を宮崎駿氏と、アニメ界の巨匠が担当していることでも有名な同作は、日本初となる海外ロケハンを行い、美しく壮大なアルプスやキャラクターたちの生活が丁寧に表現されている。放送当時はもちろん、50年経った今でも人々を魅了し続け、世界各国で繰り返し放送されている不朽の名作だ。

あらすじ

両親を亡くした少女ハイジは、マイエンフェルトの山に住むおじいさんに引きとられる。偏屈で知られていたおじいさんは、天真爛漫なハイジに徐々に心を開いていく。山羊飼いの少年ペーターとも仲よくなり、アルプスでの生活を楽しんでいたハイジだったが、脚の不自由な少女クララが暮らす都会のお屋敷に住むことに。明るくて優しいハイジが人々に幸せをもたらしていく物語。

\ Maienfeld /

のどかな風景に癒される
ハイジの世界に浸る マイエンフェルトハイキング

「Heidiweg」の標識に従って進んで

マインフェルトの村を起点にハイジゆかりの地を巡るハイキングができる。物語を予習してから訪れると感動が倍増するはず！

ハイジの道ハイキングコース

ハイジの道(Heidiweg) を巡るコースは、所要約2時間。比較的平坦な道のりなので、散策気分で楽しめる。道路は未舗装の部分も多いので、スニーカーなどを履いて歩こう。時間や体力に余裕がある場合は、ハイジアルプまでのコースにトライしてみて。ただし、往復5時間以上かかり上り坂もあるので、軽登山靴以上の靴を忘れずに。

ベストシーズンは6～8月

ハイキングにぴったりのシーズンは高山植物が美しい6～8月。10月は周囲に点在するブドウ畑が収穫期を迎える実りの季節だ。

\ Start /

マイエンフェルト駅
Bahnhof Maienfeld

駅を出ると、ハイジを描いた看板が迎えてくれる。駅周辺にはテラス席のあるレストランやプチホテルが点在する。

↓ 徒歩3分

1 MAP P123 ハイジショップ（ハイジの店）
Heidi Shop

駅からハイジドルフに歩き出すと大きな道路の手前右にある。観光案内所も兼ねていて、観光パンフレット、ハイジのオリジナルグッズが揃う。

DATA ㊟Bahnhofstrasse. 1 ☎081-330-1912 ㊊10～12時、13時30分～17時（季節により異なる） ㊡ 土・日曜（季節により異なる）、12月中旬～3月中旬

1. 観光パンフレットは日本語バージョンもあり無料で配布されている
2. マイエンフェルト駅のすぐそばにある

↗ 徒歩35分

2 MAP P123 ハイジの泉
Heidibrunnen

ハイジの生みの親であるヨハンナ・シュピリを記念して、1953年に造られた石像。ハイキングコースからは200 mほど離れたところにあるが、標識があるので安心。周辺には放牧された牛や羊がいるのんびりした風景が広がる。

周辺には休憩できるベンチやトイレも

↓ 徒歩30分

3 MAP P123 ハイジホフ
Hotel Restaurant Heidihof

小高い丘に立つホテル&レストラン。食事をしながら休憩しよう。

DATA ㊟Bovelweg 16 ☎081-300-4747 ㊊7時30分～22時（食事は11時30分～21時） ㊡クリスマスとニューイヤーシーズン

テラス席からアルプスの景色を一望できる

プチ情報 ハイジドルフのビジターセンター、ドルフラーデンには、スイス一小さい郵便局があり、オリジナルの消印を押してもらえる。

↘ 徒歩10分

4 ハイジドルフ（ハイジの村）

MAP P123

Heididorf

DATA →P121

ハイジコーヒー
CHF.14.40(500g)

1.ハイジとペーターがヤギたちと一緒に迎えてくれる
2.村役場の中にはハイジとペーターが通った学校がある

→ ハイジアルプまで徒歩1時間30分

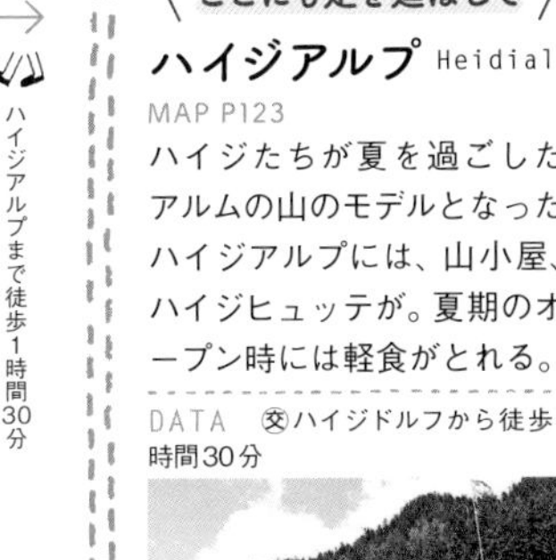

＼ここにも足を延ばして／

ハイジアルプ Heidialp

MAP P123

ハイジたちが夏を過ごしたアルムの山のモデルとなったハイジアルプには、山小屋、ハイジヒュッテが。夏期のオープン時には軽食がとれる。

DATA ㊋ハイジドルフから徒歩1時間30分

↓ 徒歩15分

5 ヤギの水飲み場

MAP P123

石造りのヤギの水飲み場。1984年に造られた水飲み場は憩いの場でもあり、運がよければ草原から戻ったヤギや牛たちが、ここで休憩する姿が見られるかも。

1.水の音を聞いているだけで癒される
2.かわいいヤギに遭遇！

↓ 徒歩30分

＼Goal／ マイエンフェルト駅

Bahnhof Maienfeld

ハイジドルフからハイジアルプまで徒歩1時間30分
約1120m ハイジアルプ

マイエンフェルト駅 約500m
徒歩3分
① ハイジショップ 約500m
徒歩35分
② ハイジの泉 約580m
徒歩30分
③ ハイジホフ 約665m
徒歩10分
④ ハイジドルフ 約650m
徒歩15分
⑤ ヤギの水飲み場 約600m
徒歩30分
マイエンフェルト駅 約500m

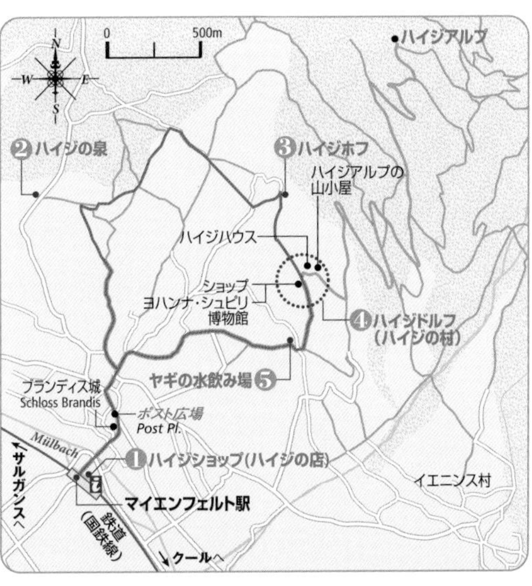

大自然に抱かれて優雅にステイ

一生に一度は泊まってみたい アルプスの絶景ホテル5選

せっかくアルプスを訪れるなら、憧れの山岳リゾートを満喫したいもの。
未体験の感動で包んでくれる、ロケーション抜群の名門ホテルにチェックイン！

付録MAP P8A4

ベルビュー・デス・アルプス

Hotel Bellevue des Alpes

朝焼けのユングフラウ3山に感動！

19世紀の創業以来、ユングフラウ3山を目指す登山家らに親しまれてきた由緒あるホテル。古きよき時代の調度品を随所に配し、当時の趣を残す客室も。刻々と表情を変える山容を眺め、贅沢な時間を過ごせる。

DATA ㊋WABクライネ・シャイデック駅から徒歩1分 ㊟Kleine Scheidegg, 3823 Wengen ☎033-855-1212 ㊖6月下旬〜9月中旬、12月下旬〜4月上旬 ㊕ⓈCHF.365〜 ⓉCHF.500〜 60室 E R

1.ユングフラウヨッホへの乗換え駅に立つ 2.エレガントな内装にうっとり 3.スイス伝統の味を楽しみたい 4.レストランにはテラス席も

付録MAP P14B4

リッフェルアルプ・リゾート2222m

Riffelalp Resort 2222m

マッターホルンを正面に望む5つ星

森林限界の手前、標高2222mの高原に立つ、リッフェルアルプ屈指の高級リゾート。ほとんどの客室から名峰を望み、ヨーロッパ最高所にある屋外温水プールやフィンランド式サウナなどのリラクセーションも充実する。

DATA ㊋GGBリッフェルベルク駅から徒歩8分 ㊟Riffelalp, 3920 Zermatt ☎027-966-0555 ㊖6月下旬〜9月中旬 ㊕ⓈCHF.384〜 ⓉCHF.388〜 70室 E R P F

1.雪を頂くマッターホルンが目の前に！ 2.5つのスイートを含む全70室 3.ウインタースポーツの拠点にも 4.「スイス・デラックス・ホテル」に選出

 ［マークの凡例］ E 英語OK R レストラン P プール F フィットネスジム

3100 クルムホテル・ゴルナーグラート

3100 Kulmhotel Gornergrat

4000m級の名峰に囲まれた別世界

ゴルナーグラートの展望台そば、ヴァリスアルプスの29座を望む贅沢なロケーション。マッターホルンビューやモンテローザビューと名付けられた客室は広々とした造りで、展望レストランからの眺めも素晴らしい。

DATA ㊮GGBゴルナーグラート駅から徒歩1分 ㊟Gornergrat, 3920 Zermatt ☎027-966-6400 ㊎5月中旬～10月下旬、12月中旬～4月下旬 ㊕ⓈCHF.470～ ⓉCHF.570～ 22室 ⒺⓇ

1.人気なので予約は早めに 2.多くの部屋がシャワーとバスタブ付き 3.夕食はレストランのテラス席へ

1

2 ©3100kulmhotel-gornergrat

3 ©3100kulmhotel-gornergrat

リッフェルハウス 1853

Riffelhaus 1853

ゲレンデ直結の山岳リゾートの極み

1853年に小さなゲストハウスとして創業。目の前にマッターホルンがそびえ、夏はハイキング、冬は一面に広がるスキー場でウインタースポーツを満喫できる。客室はシンプルだが落ち着いた空間。サウナや屋外ジャクジーを併設。

DATA ㊮GGBリッフェルベルク駅から徒歩3分 ㊟Riffelberg 2500m, 3920 Zermatt ☎027-966-6500 ㊎6月下旬～9月中旬、12月中旬～4月中旬 ㊕ⓈCHF.385～ ⓉCHF.485～ 25室 ⒺⓇ

1.ジャクジーから眺める山容は格別 2.木のぬくもりを感じる客室 3.「自転車ホテル」に認定されている

1 ©riffelhaus1853

2

3

レフュージュ・ドゥ・モンタンヴェール

Refuge du Montenvers

雄大な山と氷河の共演がお出迎え

モンブラン山群の標高1913mにたたずみ、屏風のような山容のグランド・ジョラスやメール・ド・グラスの氷河を間近に感じられる。プライベートルームからドミトリーまで客室タイプはさまざま。部屋からの眺望も異なる。

DATA ㊮モンタンヴェール鉄道メール・ド・グラス駅から20分、終点下車、徒歩3分 ㊟35 Pl. de la Mer de Glace, 74400 Chamonix Mont-Blanc ☎04-5053-8861 ㊎6～9月 ㊕ⓈⓉCHF.526～ 19室 ⒺⓇ

1.19世紀の建物を利用している 2.木のぬくもりを感じる客室 3.登山電車でのみアクセスできる

1

2

3

©compagniedumontblanc

初めてのスイス旅でも外さない

スイス主要エリアのホテルリスト

2023年に開業した最新ホテルから眺望が自慢の町のランドマーク的存在まで。旅のイメージを膨らませながら、目的や予算に合ったステイ先を選んでみて。

サンモリッツ 付録MAP P23B2

グレース・ラ・マーニャ・サンモリッツ

Grace La Margna St. Moritz

サンモリッツ駅前の新ランドマーク

20世紀初頭の歴史的建築を大胆に改装。サンモリッツ湖が見えるレストランやスパ施設を備え、スタイリッシュな装いのブティックホテルに生まれ変わった。駅から徒歩2分と交通至便で、観光拠点にぴったり。

DATA ㊝サンモリッツ駅から徒歩2分 ㊟Via Serlas 5, 7500 St. Moritz ☎081-832-2210 ㊕ⓈⓉCHF.450～ 74室 ⒺⓇⓅⒻ

2023年9月 New Open

1. アール・ヌーヴォーと現代のセンスが調和する
2. 2つの棟からなる5つ星ホテル

チューリヒ 付録MAP P5C3

マンダリン・オリエンタル・サヴォイ・チューリヒ

Mandarin Oriental Savoy Zurich

前身は市内最古のグランドホテル

チューリヒ中心部のパラデ広場に面し、有名な教会は目と鼻の先。伝統を継承しつつも進化し、機能性を重視したエレガントな客室でワンランク上の滞在ができる。2つのレストランのほか、ルーフトップバーも話題。

DATA ㊝チューリヒ中央駅から徒歩13分 ㊟Poststrasse 12, 8001 Zürich ☎043-588-3888 ㊕ⓈⓉCHF.850～ 80室 ⒺⓇⒻ

2023年12月 New Open

1. 世界的チェーンだけあり設備は申し分なし
2. バーンホフ通り沿いの好立地

グリンデルワルト 付録MAP P9C3

アルピナ

Hotel Alpina

家族経営のアットホームな雰囲気が評判。客室や郷土料理を楽しめるレストランからの眺望も抜群。

DATA ㊝グリンデルワルト駅から徒歩3分 ㊟Kreuzweg 9, 3818 Grindelwald ☎033-854-3344 ㊒5月上旬～10月、12月上旬～4月下旬 ㊕ⓈCHF.160～ ⓉCHF.280～ 32室 ⒺⓇ

©hotel-alpina

ツェルマット 付録MAP P14B2

パルナス

Hotel Parnass

中心部にあり、20室がマッターホルンを望むバルコニー付き。家族経営のフレンドリーなもてなしも魅力。

DATA ㊝ツェルマット駅から徒歩8分 ㊟Vispastr. 4, 3920 Zermatt ☎027-967-1179 ㊒4月下旬～10月中旬、12月中旬～4月中旬 ㊕ⓈCHF.135～ ⓉCHF.285～ 35室 ⒺⓇ

インターラーケン 付録MAP P10B3

ザ・ヘイ・ホテル

The Hey Hotel

エアコンを完備し、ほとんどの客室がバスタブ付き。日本人にうれしい設備が整う。客室タイプが豊富で、長期の滞在には2～4人用のアパートメントがおすすめ。

DATA ㊝ヴェスト駅から徒歩5分 ㊟Höheweg 7, 3800 Interlaken ☎033-827-8787 ㊕ⓈCHF.229～ ⓉCHF.400～ 192室 ⒺⓇ

ヴェンゲン 付録MAP P20B1

アルペンルーエ

Alpenruhe

1908年創業、村はずれの高台にある。全室バルコニー付きで、特にホテル正面側からの眺めがいい。

DATA ㊝ヴェンゲン駅から徒歩8分 ㊟Galliweidli, 3823 Wengen ☎033-856-2400 ㊒5月中旬～10月上旬、12月中旬～3月下旬 ㊕ⓈCHF.121～ ⓉCHF.187～ 24室 ⒺⓇ

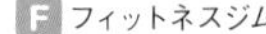
[マークの凡例] Ⓔ英語OK Ⓡレストラン Ⓟプール Ⓕフィットネスジム

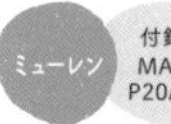

アルペンルー
Alpenruh

シルトホルン行きロープウェイ乗り場そば。崖に張りつくように立ち、視界を遮るものがない。21室がバルコニー付きで、見上げるユングフラウ3山は圧巻。

DATA ㊋BLMミューレン駅から徒歩10分 ㊟Eggli 954B, 3825 Mürren ☎033-856-8800 ㊕ⓈCHF.180～ ⓉCHF.230～ 26室 E R

クリスタル
Crystal

中心街の歩行者専用ゾーンにありどこへ行くにも便利。アルパインスタイルの客室はモダンで心地いい。

DATA ㊋サンモリッツ駅から徒歩13分 ㊟Via Traunter plazzas 1, 7500 St. Moritz ☎081-836-2626 ㊐6月上旬～10月上旬、11月下旬～4月上旬 ㊕ⓈCHF.190～ ⓉCHF.210～ 74室 E R F

ホテル・デス・アルプス
Hotel des Alpes

カペル橋のそばにあり、市街地をゆったりと流れるロイス川の眺めが美しい。夜間はライトアップされロマンティックな雰囲気に。オープンテラスのレストランが人気。

DATA ㊋ルツェルン中央駅から徒歩5分 ㊟Furrengasse 3, 6004 Lucerne ☎041-417-2060 ㊕ⓈCHF.123～ ⓉCHF.198～ 45室 E R

アート・デコ・ホテル・モンタナ
Art Deco Hotel Montana

アール・デコを取り入れ、1920～40年代の雰囲気を表現した館内は気品があふれている。随所からルツェルン湖を望み、ウエディングやハネムーン利用も多い。

DATA ㊋ルツェルン中央駅から徒歩20分 ㊟Adligenswilerstrasse. 22, 6006 Luzern ☎041-419-0000 ㊕ⓈⓉCHF.245～ 66室 E R

ソレール・ホテル・アドー・ベルン
Sorell Hotel Ador Bern

ベルン中央駅に近く、使い勝手のよいチェーンホテル。観光客はもちろんビジネス利用も多く、シングルからトリプルまで客室は多彩。自転車の無料貸し出しあり。

DATA ㊋ベルン中央駅から徒歩6分 ㊟Laupenstrasse. 15, 3001 Bern ☎031-388-0111 ㊕ⓈCHF.175～ ⓉCHF.212～ 59室 E R F

ベル・エポック
Belle Epoque

ベルン旧市街にあり、ベルン中央駅からはバスで5分。アール・ヌーヴォーで内装を統一し、ミュシャやクリムトなど同時代に活躍した画家のオリジナルも展示する。

DATA ㊋ベルン中央駅から徒歩20分 ㊟Gerechtigkeitsgasse 18, 3011 Bern ☎031-311-7171 ㊕ⓈCHF.176～ ⓉCHF.198～ 17室 E R

ブリストル
Hotel Bristol

サウナやハマム、ジャクジーを備えたウェルネスセンターがあり、女性用スイートルームも好評。レマン湖まで徒歩圏内のホテルで、理想の湖畔ステイを楽しめる。

DATA ㊋コルナヴァン駅から徒歩7分 ㊟Rue du Mont-Blanc 10, 1201 Genève ☎022-716-5700 ㊕ⓈⓉCHF.423～ 100室 E R

エーデルワイス・マノテル
Edelweiss Manotel

麗しのレマン湖は目と鼻の先。スイスらしさを全面に打ち出し、木目を生かした山小屋風の造りが目を引く。ヨーデルの演奏やフォンデュの料理教室などイベントも。

DATA ㊋コルナヴァン駅から徒歩10分 ㊟Place de la Navigation 2, 1201 Genève ☎022-544-5151 ㊕ⓈCHF.170～ ⓉCHF.200～ 42室 E R

ザンクト・ゴッタールト
St. Gotthard

1889年に創業。拡張を重ねた現在は5階建て、全139室の中規模ホテルに。人気のバーやレストランを併設する。バーンホフ通り沿いにあり観光に便利。

DATA ㊋チューリヒ中央駅から徒歩2分 ㊟Bahnhofstrasse. 87, 8001 Zürich ☎044-227-7700 ㊕ⓈCHF.209～ ⓉCHF.254～ 139室 E R

ショイブレ
Scheuble

築140余年の建物を改装し、モダンなたたずまい。客室もシンプルな調度品でまとめられ居心地がいい。自家菜園の新鮮食材を使った朝食ビュッフェが評判。

DATA ㊋チューリヒ中央駅から徒歩10分 ㊟Mühlegasse 17, 8001 Zürich ☎044-268-4800 ㊕ⓈCHF.244～ ⓉCHF.318～ 65室 E R

Switzerland Travel Info

入出国の流れ

旅行が決まったら、入出国の流れを
まずチェック！　万全の準備で空港へ

スイス入国

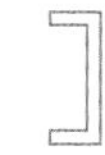

1 到着

チューリヒ空港へは成田国際空港からスイス・インターナショナル・エアラインズの直行便で約14時間25分。飛行機を降りたら表示(Ankunft/Arrival)に従い、入国審査へと進む。

2 入国審査

EU諸国外旅行者(Non EU/ALL Passports)の列に並び、審査官に航空券とパスポートを提示する。出入国カードはなく、航空券とパスポートのチェックが済めば入国審査は終了。英語で入国目的や滞在日数を尋ねられる場合もある。なお、シェンゲン協定加盟国を経由した場合は、スイスでの入国審査はない。

3 荷物受け取り所

入国審査後は、荷物受け取り所(Baggage Claim)へ。自分が乗ってきた便名が表示されたターンテーブルで荷物を受け取る。荷物が見つからない場合は、手荷物受取エリアのサービスカウンターでクレーム・タグ(Claim Tag＝手荷物引換証。搭乗券の裏に貼られることが多い)を提示して探してもらおう。

4 税関

税関の出口は2つに分かれていて、免税範囲内であれば緑のカウンターへ。範囲を超える場合は、赤のカウンターへ進んで審査を受ける。原則として、短期の個人旅行に必要な携行品は免税。

5 到着ロビー

チューリヒ空港にはターミナルが2つあり、4つのゲート(A、B、D、E)がある。到着予定ゲートは事前に確認を。空港から市内への交通については、P130を参照。

スイスの入国条件

○ パスポートの残存有効期限

スイスを含むシェンゲン協定加盟国からの最終出国日から3カ月以上。

○ ビザ

観光目的で、シェンゲン協定加盟国での滞在日数の合計が直近180日間のうち合計90日以内の滞在ならビザは不要。その他は在日スイス大使館サイト(URL www.eda.admin.ch)で要確認。

液体物の機内持込み制限

機内持込み手荷物には液体物の持込み制限がある。100mℓ以下(100mℓを超えない容器に入れる)であれば、ジッパーのついた透明プラスチック製袋に入れれば持込める。詳細は国土交通省航空局のサイト URL www.mlit.go.jp/koku/15_bf_000006.htmlを参照。

入国時の持込み制限

○ 主な免税範囲(1人あたり)

- **酒類**(17歳以上)…アルコール度数18％以上は1ℓ、18％未満は5ℓまで
- **たばこ**(17歳以上)…紙巻たばこ200本、葉巻50本、刻みたばこ250gまでのいずれか1種類
- **食品**…1日相当の消費量
- **その他の物品**…上記以外の品物は総額CHF.300まで。携行品は使用済みの私物のみで、そのまま持ち帰る

○ 主な持込み禁止品

- 一部の植物、模造品、武器など
- EU加盟国と北アイルランド、ノルウェー、アイスランド以外からの動物製品(肉、乳製品など)

ETIASとは？

2025年上半期から、フランスを含むシェンゲン協定加盟国に渡航する際、欧州渡航情報認証制度「ETIAS(エティアス)」の申請が必要となる予定。直近180日のうち、合計90日以内の滞在が認められる。対象国は日本を含む約60カ国、対象年齢は18歳以上、申請費用は€7。申請方法はオンライン URL travel-europe.europa.eu/etias_en

シェンゲン協定とは

ヨーロッパの一部の国家間で締結された検問廃止協定のこと。シェンゲン協定加盟国間の移動は、国境の通行が自由化されている。これにより、日本など加盟国以外から入国する場合は、最初に到着した加盟国の空港でのみ入国手続きを行う。また帰国の際は、最後に出国する加盟国で出国審査を受ける。

シェンゲン協定加盟国(2024年5月現在)

アイスランド、イタリア、エストニア、オーストリア、オランダ、ギリシア、クロアチア、スイス、スウェーデン、スペイン、スロヴァキア、スロベニア、チェコ、デンマーク、ドイツ、ノルウェー、ハンガリー、フィンランド、フランス、ブルガリア、ベルギー、ポーランド、ポルトガル、マルタ、ラトビア、リトアニア、リヒテンシュタイン、ルーマニア、ルクセンブルク

info パスポートの申請についてはパスポートAtoZ(外務省) URL www.mofa.go.jp/mofaj/toko/passport/ を参照。

スイス出国

1 チェックイン

利用する航空会社のカウンターで航空券とパスポートを提示する。機内持込み以外の荷物はここで預け、クレーム・タグ(Claim Tag＝手荷物引換証)と搭乗券を受け取る。航空会社によっては自動チェックイン機を利用できる場合もある。また、免税商品を機内預け荷物(スーツケース等)に入れて持ち帰りたい人は、チェックイン時に申し出て、係員の指示を仰ごう。

2 手荷物検査

機内に持ち込むすべての手荷物をX線検査機に通す。靴やジャケットは脱ぎ、時計や貴金属は外しておくこと。日本出国時同様、液体物や危険物の持込み制限があるので注意。

3 税関

VAT(付加価値税)払い戻しの申告をする人は税関へ行き、書類にスタンプをもらい、専用ポストに投函する。

4 出国審査

パスポートと搭乗券を審査官に提示する。出国の際は、特に問題がない限り質問されることはほとんどない。シェンゲン協定加盟国を経由する場合は、最後に出国する空港で出国審査を受ける。

5 搭乗ゲート

搭乗券に記された搭乗ゲートへ。チェックイン時にゲートが未確定の場合は、掲示板でゲート番号や搭乗時刻を随時確認しよう。

日本帰国時の注意

主な免税範囲(20歳以上、一人当たり)

- **酒類**…3本(1本760mℓ程度)
- **たばこ**…紙巻たばこ200本、または葉巻たばこ50本。加熱式たばこのみの場合、個装等10個(「アイコス」のみ、または「グロー」のみの場合は200本、「プルームテック」は50個まで)。2種類以上の場合は総量が250gを超えないこと。
- **香水**…2オンス(約56mℓ、オードトワレ・コロンは除外)
- **その他**…1品目ごとの海外市価合計額が1万円以下のもの全量、海外市価合計額20万円まで

日本帰国時の税関で、機内や税関前にある「携帯品・別送品申告書」を提出する(家族は代表者のみ)。オンライン申告する場合、紙の申告書は不要

主な輸入禁止品

麻薬、大麻、覚せい剤、鉄砲類、わいせつ物、偽ブランド品など。土、土付きの植物、一部の果実も。

主な輸入規制品

ワシントン条約に該当する物品や加工品。果実、切り花、野菜、卵などは要検疫。乳製品も制限あり。肉・肉製品は基本的に持ち込めない。また、医薬品や化粧品にも数量制限あり(化粧品、医薬品共に1品目24個以内)。

税関申告はオンラインがおすすめ

「Visit Japan Web」で入国審査(外国人入国記録)と税関申告(携帯品・別送品申告)をWeb上で行える。事前にアカウントを作って入国・帰国の予定の情報登録を済ませ、本入国前に「携帯品・別送品申告」の手続きを済ませる。二次元コードが発行されるので、税関で提示するとスムーズに通過できる。
URL services.digital.go.jp/visit-japan-web/

その他の入出国

鉄道

スイスは、ドイツ、オーストリア、イタリア、フランスの4カ国に接しているため各国からアクセスしやすい。隣接する国々とは国際列車で結ばれているので列車での入出国も可能。シェンゲン協定加盟国では入国審査は不要だが、列車により国境を越える際に、パスポートを提示する場合もある。税関検査も原則行われない。

国際列車のユーロシティ
© Swiss Travel System AG, 2021, photographer: Tobias Ryser

車(バスやレンタカー)

鉄道同様に、車でも入出国が可能。シェンゲン協定に加盟しているため、国境を越える際に特別な手続きは不要。スイス以外の国でレンタカーを借りて入国し、高速道路を利用する場合は、通行料が必要となる。

湖船

フランスからレマン湖の湖船で、ドイツからボーデン湖の湖船で入出国が可能。鉄道や車同様に、特別な手続きは不要。

info 日本へ帰国の際、別送品がある場合や免税範囲を超えた税率などの詳細は税関 URL www.customs.go.jp/を参照。

空港から市内への交通

多くの日本人観光客が利用するのがスイスの国際空港、チューリヒ空港とジュネーヴ空港だ。
市内への移動手段は、都合に合ったものを選ぼう。

スイス国際空港

チューリヒ空港(Flughafen Zürich)

チューリヒ市内から約13kmの所に位置する、スイスを代表する国際空港。日本からの直行便が到着する。ゲートはA、B、D、Eの4つ。2つの主要ターミナルにゲートA、B、Dがあり、日本やアメリカなど長距離用の別棟にゲートEがあり、双方を空港内の電車(スカイメトロ) が結んでいる。

ショップやカフェも充実しているチューリヒ空港

空港からチューリヒ市内へ 交通早見表

交通機関	特徴	運行時間	料金(片道)	所要時間
鉄道	空港隣の駅ビルの地下に駅があり、空港駅Zürich Flughafenから中央駅Zürich HBまで乗れば、すぐに市内まで移動できる。安くて早いのがよい。	5時ごろ～翌0時40分ごろ。3～15分間隔で運行	1回券は1等CHF.5.80、2等CHF.3.50。24時間券は1等CHF.11.60、2等CHF.7)	約10分
バス	市内のホテルへは、チェック・イン・オール・ウェイズ社CHECK-IN all-waysが相乗り式のシャトルバスを運行。URL www.checkin-allways.comから事前予約が可能だが、バスゾーン4から30分間隔で空港と市内主要ホテルを結んでいる。不明点は宿泊ホテルに確認してみよう。	6時30分ごろ～23時30分ごろ(30分間隔)、14～17時(60分間隔)。曜日により異なる	1人CHF.32～(ホテルまでの距離により異なる)	約15～20分
タクシー	宿泊先まで直行できるので便利で安心。荷物が多い場合、人数が多い場合には有効。空港タクシーのエアポートタクシー・チューリヒ URL www.airporttaxi-zuerich.ch/enから予約も可能。予約は1時間前まで、予約時点で金額が確定するので安心。	24時間	CHF.60～80	約15～30分

ジュネーヴ空港 (コアントラン空港 Airport Cointrin)

スイスで2番目に大きい国際空港。日本からの直行便はなく、乗継ぎ便での到着となる。スイスの南西にありフランス語圏に位置する。

ジュネーヴ市内から約4km北西に位置する

空港からジュネーヴ市内へ 交通早見表

交通機関	特徴	運行時間	料金(片道)	所要時間
鉄道	空港隣の駅ビルの地下に駅があり、空港駅Genève-Aéroportから中央駅Cornavinまで乗れば、すぐに市内まで移動できる。安くて早いのがよい。	5時ごろ～翌0時10分ごろ。15～30分間隔で運行	1回券は1等CHF.5.40、2等CHF.3。24時間券は1等CHF.11.60、2等CHF.7	約7分
バス	5·10番の市バスが中央駅Cornavinまで運行、もしくはホテル専用のシャトルバスを利用。	5時ごろ～翌0時10分ごろ、10～15分間隔	24時間券9時までCHF.10、10時以降CHF.8	約30分
タクシー	宿泊先まで直行できるので便利で安心。荷物が多い場合、人数が多い場合には有効。	24時間	CHF.30～50	約15分

info スイスはスーパーも含め日曜定休の店が多い。日曜到着便の人は、空港内のスーパーで水など最低限の買出しを済ませると安心。

Switzerland Travel Info

スイスの国内交通

ここでは都市間移動に欠かせない鉄道(スイス国鉄)についてご紹介。駅構内の自動券売機で切符を購入し、乗車するまでの流れを見てみよう。

鉄道

↑チューリヒ中央駅

→鉄道の切符が買える自動券売機

スイス国鉄(SBB)

氷河特急(→P82)などの特別列車でない限り、事前予約や座席指定の必要はない。駅構内の自動券売機でだれでも簡単に購入可能。便利なスイス国鉄アプリ(→P81)での購入もおすすめ。

片道切符を購入

❶ 言語を選ぶ

トップ画面にドイツ語、フランス語、イタリア語、英語の4言語で「ようこそ」と表示されているので、英語の「Welcome」を選択。

❷ 出発・到着駅を入力

画面上段にある「From」に出発駅、「To」に到着駅を入力。最初の数文字を入力すると下に候補の駅名が表示されるので、そのリストから選択する。

❸ 希望の列車を選ぶ

現在時刻、出発時刻、到着時刻で時刻表の検索が可能。候補の時刻表一覧が表示されたら、希望の列車を選択。

❹ 各種オプションを選ぶ

画面左側上から、片道or往復、2等or1等車両、半額or全額などのオプションを選ぶ。スイスハーフフェアカード(→P81)を持っている人は「半額Half Fare」を選択。画面右側で切符の種類と枚数を選択。座席指定や車両等数のアップグレードなどしない場合は、「Point-to-point Ticket」を選び、「Buy tickets」ボタンをタップ。

❺ 支払い

最終確認画面で行き先や合計金額を確認したら、カードや現金で支払う。タッチ式のクレジットやデビットカードがあるとスムーズ。券売機下の取り口から切符を取り出して、購入完了。車内で検札があるのでなくさないように注意したい。

乗車方法

❶ 発車ホームを確認

券売機やホームの近くにある出発時刻案内板(黄色)で自分が乗る列車の発車ホームをチェック。画面左から、列車番号、発車時刻、行き先、ホーム番号が表示されている。遅延などがあった場合は、右端に表示される。白色の案内板は到着時刻を表示。

❷ 列車番号、行き先を車体表示で確認

発車ホームに着いたら、再度、車体に表示された列車番号、行き先を確認しよう。

❸ 車両等数を確認して乗車

車体やドアに「2」=2等、「1」=1等と書かれているので、確認して乗車しよう。列車には、子連れ客にやさしいファミリー車両(クマのマーク)や食堂車両、自転車やバギー、車椅子優先車両などがあり、ドアにアイコンで表示されている。座席指定の表示がなければ、好きな席に座ってOK。

❹ 検札

多くの駅には改札がないため、車内で検札が回ってくる。声をかけられたら、購入した切符を渡そう。スイスハーフフェアカードなどお得な交通パスを持っている場合は、交通パスも提示する。パスポートの提示を求められる場合があるので、鉄道移動の日は携帯しておこう。

❺ 降車

目的地についたら降車。駅には改札がないので、そのまま駅舎を出よう。コインロッカーはホーム内に設置されている場合が多いので、駅を出る前に探してみよう。

info 列車の種類などの基本情報やお得な交通パス、スイス国鉄公式アプリでの切符の購入方法についてはP81をチェック!

トラム・バス

↑ドアに段差がある旧式型「トラム2000」
←バリアフリーな新型車両「コブラ」

チューリヒのトラム（大都市共通）

チューリヒやルツェルンなどの主要都市部では、トラム（路面電車）やバスが縦横無尽に走っているので観光客は動きやすい。チューリヒのトラム乗車を例に、きっぷの購入方法や乗り方をチェックしよう。

トラム・バスきっぷは共通

60分を超えて3回以上乗るなら1日券がお得！

同じゾーンは一律料金

チューリヒの中心地は、ゾーン「110」で料金は一律。チューリヒ空港はゾーン「121」で別料金になるが、自動券売機に「Zurich Airport」のボタンがあるので迷わず購入できる。

1回券（30分有効）…CHF.3 Kurzststrecke/Short-distance

30分以内で1回だけ乗車したい場合などに最適。

1回券（60分有効）…CHF.4.60 Stadt/Single ticket 1h

同じゾーン内で1時間以内なら、ほかのトラムやバスに乗り換えもOK。

1日券（24時間有効）…CHF9.20 Tageskarte/24h-Ticket 24h

同じゾーン内で24時間以内なら、ほかのトラムやバスに乗り換えもOK。券面にある有効期限（Gültig/Valid）を確認。購入した日時の翌日同時刻まで利用可能。

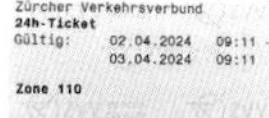

Zürcher Verkehrsverbund
24h-Ticket
Gültig: 02.04.2024 09:11 -
03.04.2024 09:11
Zone 110
2. Kl. Reduziert CHF 6.40
(2.)(TK)(V)(HA) Artikel-Nr.: 62608

乗車方法

❶ 停留所でトラム番号・行き先を確認

地図アプリでルート検索をすると停留所が表示される。停留所に着いたら、トラム番号と行き先をチェック。同じ番号でも反対方向に乗らないよう注意。

❷ トラムに乗車

どのドアから乗車してもOK。降りる人が優先だが、降りる人がいない場合は、ドア付近にある丸いボタンを押すとドアが開く。

❸ 車内で停車駅を確認

車内にある液晶画面で行き先や停車駅を確認。もしも検札に遭遇したら、持っているきっぷを見せる。半額になるなどの交通パス（→P80）を持っている場合は、一緒に提示する。

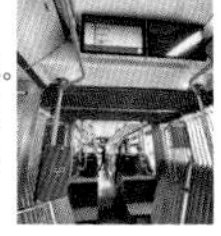

❹ 停車駅を知らせて降車

停車駅が近づいたら、車内の手すりなどにあるボタンを押す。液晶画面に「STOP」の文字が表示される。ドア付近にある同様のボタンを押すとドアが開く。

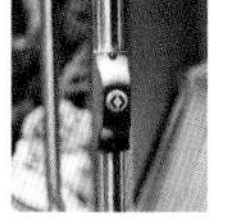

1日券を購入

チューリヒの券売機で1日券を購入する場合。

自動券売機の使い方

❶ ゾーンマップ（トラムやバスで動くエリアが同じゾーンかチェック）
❷ タッチ画面（タップするときっぷ購入画面が表示される）
❸ クレジットカードのタッチ支払い画面（カードによりPINコード＝暗証番号の入力が必要）
❹ コインの挿入口
❺ きっぷの取り出し口
❻ 刻印機（回数券の場合は刻印が必要。車内や駅構内にもオレンジ色の刻印機あり）

きっぷ購入の流れ

〈購入画面の見方〉

自動券売機のスタート画面がこちら。ほしいきっぷを選択すると次の画面が表示される。

❶ 1回券（30分有効）
❷ 1回券（60分有効）
❸ 1日券（24時間有効）
❹ チューリヒ空港駅行き
❺ ゾーンのアップグレード（ゾーン110以外に行くきっぷがほしいとき）
❻ 回数券（6枚綴り）（2人で3回乗る場合など複数名利用の際も◎。刻印をお忘れなく）
❼ スイスパス（お得な交通パス→P80）
❽ チューリヒカード（市内交通や美術館などの入場料がお得になるカード）
❾ 言語の選択（フランス語、イタリア語、ドイツ語）

〈きっぷ購入画面の見方〉

「1日券/24h-Ticket 24h」を選択すると、この画面が表示される。画面の見方を確認しよう。必要なボタンを選択したら、カードかコインで支払いをして完了。

❶ ゾーン（チューリヒ中心部のゾーン110になっている）
❷ きっぷの有効時間
❸ きっぷの種類
❹ 合計金額
❺ スイスハーフフェアカード（→P81）（選択すると半額になる）
❻ 複数枚購入したいとき

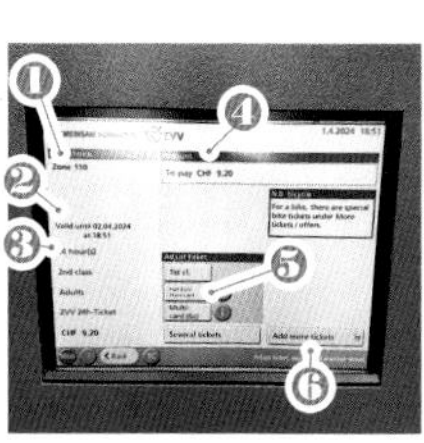

info インターネット環境があれば、Googleマップなどの地図アプリでのルート検索が簡単で便利。停留所の場所はもちろん、行き先や通過駅まで表示してくれ、現在地もわかるので安心。

その他の乗り物

タクシー

スーツケースが多い・重い、同行人数が多い、宿泊施設が遠い場合には、タクシーが有効。特に到着日と帰国日は検討してもいいかも。

料金 メーター制で、基本料金CHF.6.60～、走行1kmにつきCHF.4～加算(曜日や時期で加算額が異なる)チップは乗降車のみなら不要だが、荷物を運んでもらったなどのサービスに応じてCHF.1～2程度。

乗り方 タクシーは車体の色や形が決まっていないので、屋根にある表示で判断しよう。流しのタクシーはなく、駅前や街なかにあるタクシースタンドでつかまえるか、ホテルやレストランで呼んでもらうのが一般的。主要都市では配車アプリ「Uber」の利用も可。

登山鉄道

© Jungfraubahnen AG

山地が多いスイスでは、ラックレール式の登山鉄道が大活躍。登山鉄道の魅力は車窓に広がる雄大な景色。山岳地の駅の多くはパノラマ展望台にも近く、ハイキングの拠点になっている。

路線 ユングフラウ鉄道、リギ鉄道、ピラトゥス鉄道、ゴルナーグラート鉄道、レーティッシュ鉄道など。

きっぷ 駅で購入可。山地を走る登山鉄道のきっぷは比較的割高なので、パスを有効に使おう。

乗り方 登山鉄道の私鉄駅は国鉄駅に隣接している場合が多く、特急列車が乗り入れていることもある。

ロープウェイ&ゴンドラ

© Jungfraubahnen 2019

山の断崖を一気に上ることができるのがロープウェイなどの空中ケーブル。スキー用に敷設されたものも多いが、夏も山岳観光に欠かせない交通機関として活躍。

場所 ツェルマットやサンモリッツなどのリゾート、氷河観光ポイントのサースフェーなど。

きっぷ 空中ケーブルの駅の窓口で購入可。片道と往復があり、ハイキングで下山するなら片道を。

乗り方 空中ケーブルの駅は町はずれにあることが多い。乗り継いでかなり高い場所まで行ける。

ポストバス

元々は鉄道のない山奥の村々に郵便物などを届けるために走っていたポストバス。今ではスイスの隅々までカバーし、アルプスの麓や峠の村々を訪れる格好の足となっている。

路線 インターラーケンやグリンデルワルトなど山岳地方の小さな町や村を結んで走る。

きっぷ 運転手や駅の窓口などで購入。特別料金の路線もあるので窓口で確認しよう。

乗り方 ポストバスが発着するバスターミナルは、たいてい町や村の郵便局や駅の前にある。

ミニSL

© Brienz Rothorn Bahn, 2021, photographer: Hannes Lüthy

昔ながらのSLが現役で活躍する観光路線があり、ブリエンツ・ロートホルン鉄道(→P57)は有名。山頂から眺めるアルプスの眺望とともに、SL乗車を目的にする人も多い。

場所 ブリエンツ・ロートホルン鉄道や、かつて氷河特急が通っていたフルカ峠を登るフルカ山岳蒸気鉄道(→P83)など。

きっぷ 観光鉄道なので人気がある。予約をしない場合は、出発時間30分前にはきっぷ売り場に並ぼう。

乗り方 在来線の駅のすぐ前に乗り場があり、表示もある。きっぷもここで購入することができる。

湖船

観光用だけでなく、今も湖畔の町に住む人々の足として定期船が運航している。時刻表にも記載され、桟橋には時間どおりにやってくる。湖上から見る自然や町の景色も楽しみ。

場所 レマン湖、ルガーノ湖、フィアヴァルトシュテッテ湖(ルツェルン湖)、チューリヒ湖など。

きっぷ 桟橋の窓口で購入できる。往復きっぷの料金は割引されているので、往復するときに便利。

乗り方 桟橋に専用の乗り場がある。時刻表で時間を確認して、10分前には待合室へ行こう。

info 氷河特急やベルニナ特急などの特別列車については、P76～をチェック! 各種乗車料金がお得になる交通パスについては、P80～をチェック!

Switzerland Travel Info

旅のキホン

通貨や季節などキホン情報を事前にチェック！
電話のかけ方やインターネット事情も
覚えておくと便利。

お金のコト

通貨単位はスイスフラン(CHF.)。補助通貨は、フランス語圏ではサンチーム(Ct)、ドイツ語圏ではラッペン(Rp)。CHF.1=100Ct(Rp)。

紙幣・硬貨の種類

CHF.1＝約171円
(2024年5月現在)

一般的に流通している紙幣は6種類、硬貨は7種類で、CHF.1000といった高額紙幣は日常的にはあまり使われていない。2016～19年にかけて新しいデザインの紙幣に変更され、新紙幣が流通している。なお、スイスはEUに加盟していないので、EU統一通貨ユーロ(€)はスイスフランへの両替が必要。シャモニ(→P108)はフランス領のため、通貨はユーロとなるので注意。

CHF.1000紙幣

CHF.200紙幣

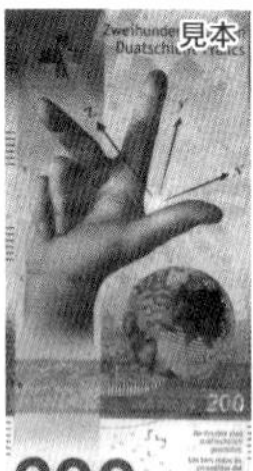

CHF.100紙幣

CHF.5

CHF.2

CHF.1

50Ct

20Ct

10Ct

5Ct

CHF.50紙幣

CHF.20紙幣

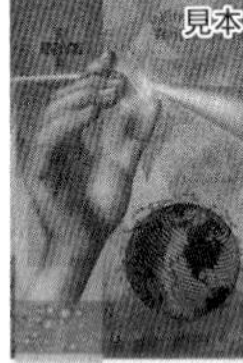

CHF.10紙幣

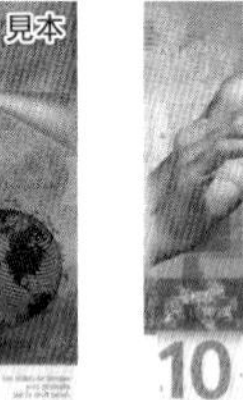

両替

日本円を含む外貨からスイスフラン(CHF.)への両替は、空港や鉄道駅にある公式両替所、銀行、ホテル、旅行代理店などでできる。ただし、銀行以外は公式レートが適用されない場合がある。

両替のオキテ

その1
空港や街の銀行で日本円からスイスフランに両替するのが一般的

その2
駅の両替所は年中無休で営業している

その3
チューリヒ空港などにある自動両替機は24時間利用可

クレジットカード＆ATM

スイスでは、キャシュレス化が加速中。現金払いだった駅構内のトイレ(チップ)やキオスク(売店)などでもカード払いが増えていて、現金で払うとおつりが出ない場合もあるほど。また、カード払いもタッチ式が主流に。ATMは都市部の街なかに設置があり、提携(CirrusやPLUS)の国際カードを持っていれば、日本の銀行口座から直接スイスフランを引き出せる。ビザやマスターなどのクレジットカードからキャッシングも可能。暗証番号が必要なので確認しておこう。

ATMの使い方

❶ カードを挿入
❷ 言語(English)を選択(選択できない場合もある)
❸ 暗証番号を入力し、現金引き出しの場合は「GET CASH」か「Withdrawal CH」を選択
❹ 金額を入力するか、表示された金額(4種類)から選択する
❺ 現金とカード、レシートを受け取る

info クレジットカード払いでタッチ決済ができなかった場合は、カードを挿入し、暗証番号(PIN)を入力すると支払える場合がある。

季節のこと

主な祝祭日

日付	祝祭日
1月1日	元日
4月18日	聖金曜日★
4月21日	復活祭翌日月曜日★
5月29日	昇天祭★
6月8日	聖霊降臨祭★
6月9日	聖霊降臨祭翌日月曜日★
8月1日	建国記念日
12月25日	クリスマス
12月26日	聖シュテファンの日

チューリヒの祝祭日とスイス国内のイベントを記載。★印の祝祭日やイベントは年によって日にちが変わる。上記は2024年7月~2025年6月の予定。イベントは日程が変更になる場合もある。

主なイベント

1月18日	ヘクセンアブファート(ブラッテン・ベラルプ)★
2月1日	ホム・シュトローム(シュクオール)★
3月1日	チャランダマルツ(エンガディン地方)
4月27日	ランツゲマインデ(アッペンツェル)★
4月28日	セクセロイテン(チューリヒ)★
6月中旬~9月上旬	ウィリアム・テル野外劇(インターラーケン)★→P51
6月下旬~7月上旬	ザンクト・ガレン芸術祭(ザンクト・ガレン)★
7月5~20日	モントルー・ジャズフェスティバル★
8月1日	スイス建国記念祭(スイス各地)
9月7~9日	クナーベンシーセン(チューリヒ)★
9月20日	チーズ分配の祭り(ユスティス谷/シグリスヴィール)★
11月25日	ツィーベレメリット(ベルン)★
12月13~15日	エスカラード(ジュネーヴ)★
12月	クリスマス・マーケット(スイス各地)
12月25日	クリスマス(スイス各地)

気候とアドバイス

※日の出・日の入はチューリヒの2024年7月~2025年6月の該当月の15日の時刻を記載

春 3~5月

まだまだ寒さが残る春。日中は気温が上昇するが、朝晩の冷え込みが厳しいなど一日のなかでの寒暖差が激しい。防寒着などの寒さ対策をしっかりとしていこう。

3月の日出目安:6時39分
3月の日入目安:18時32分

夏 6~8月

6月はまだまだ朝晩は寒いので防寒着の用意を忘れずに。ハイキングをする場合は、7~8月でも山の天気は変わりやすいことを心にとどめ、雨具や軽い上着を用意しよう。

6月の日出目安:5時28分
6月の日入目安:21時25分

秋 9~11月

冬に向かってだんだんと日が短くなっていく季節。山には初雪が降る時期なので簡単な防寒着を用意しよう。春先同様に日中は暖かくても、朝晩は冷え込む。

9月の日出目安:7時4分
9月の日入目安:19時37分

冬 12~2月

氷点下になることも多いので防寒対策が必要。朝晩は最低気温が氷点下になる。雪山に登る際は、紫外線対策にサングラスやUVカットの日焼け止めを用意しよう。

12月の日出目安:8時06分
12月の日入目安:16時36分

平均気温&平均降水量

※気温、降水量は理科年表2024の平年値

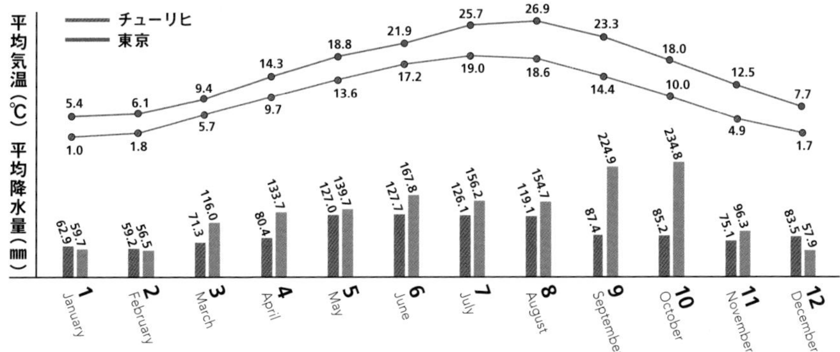

info クリスマスや元日は、美術館やショップなど、ほとんどの施設が閉まるのでこの時期をはさむ旅行は注意。

電話のこと

スイス国内通話

スイスでもスマートフォンの普及により公衆電話は減少傾向にある。スイス国内および海外に通話可能で、基本料金は国内通話がCHF.0.60。クレジットカードでかけるタイプが主流だが、一部の郵便局、鉄道駅、キオスクなどで購入ができるタックスカードTax Card®というテレフォンカード(CHF.5、CHF.10、CHF.20)も利用可能。ホテルの客室電話からかける場合は、通話料に手数料が加算されて割高になることもある。

携帯電話・スマートフォン

使っている携帯電話の機種や契約によって海外での使用方法はいろいろ。事前に確認して、自分にあった設定や海外プランなどに加入しよう。

スイス→日本

国際電話識別番号		日本の国番号		市外局番の最初の0を省く
00	+	81	+	相手の電話番号

＊例えば(03)-1234-5678にかける場合、00-81-3-1234-5678とダイヤルする

日本→スイス

国際電話識別番号		スイスの国番号		市外局番の最初の0を省く
010	+	41	+	相手の電話番号

＊例えば012-345-6789にかける場合、010-41-12-345-6789とダイヤルする

インターネットのこと

街なかで

マクドナルドやスターバックスコーヒー、カフェ、公園や美術館、駅や観光案内所などでは各所にWi-Fiスポットがある。無線LAN対応機器があれば利用可能。接続パスワードが必要な場合は、スタッフに確認を。チューリヒやルツェルンなど無料公共Wi-Fiがある都市もある。

ホテルで

ほとんどのホテルや民泊などの宿泊施設でWi-Fiの接続が可能。パソコン、スマートフォン、タブレットなどのデバイスを持参すれば使える。接続無料の宿泊施設が多いが、高速・大容量の場合は有料になることも。チェックイン時にWi-FiのIDとパスワードを確認しよう。

郵便のこと

はがき・封書

切手は郵便局(DIE POSTやLA POSTE)や街角に設置されている自動販売機、キオスクなどで購入できる。ポストは黄色。日本に送る場合、「JAPAN」と明記すればそれ以外は日本語でOK。はがきと20gまでの封書がCHF.2.50。日本まで約1週間で届く。

小包・宅配便

スイスには日本の宅配会社があり、連絡をすれば集荷に来てくれる(一部、集荷不可の地域もあるので、要事前確認)。日本での着払いや保険も対応可能。ただし日本へ宅配便を送る場合は別送品申告手続が必要。詳細は各宅配会社へ問合せを。

NXスイス(NIPPON EXPRESS (SCHWEIZ) AG)
チューリヒ本社／ジュネーヴ支店
URL www.nipponexpress.ch

info 海外で携帯電話を使う際は利用料金に注意。日本でモバイルWi-Fiルーターをレンタルする、海外用データプランに加入する、現地用eSIM／SIMカードを購入するなどの対策を。

そのほか知りたいこと

飲料水

通常、スイスの水道水は問題なく飲めるが、鉱物質や石灰分が多く含まれた硬水なので、日本の軟水とは味の印象が異なる。ミネラルウォーターは、どこでも手軽に買える。炭酸入り／炭酸なしはMitKohlensäure／Ohne Kohlensäure（ドイツ語）、Gazeuse／Non Gazeuse(フランス語)、Con Gas／Senza Gas(イタリア語)。注文する際、あらかじめ希望を伝えないと炭酸入りが出てくる場合がある。

ビジネスアワー

一般的な営業時間は以下の通り。

レストラン ㊐11～23時 ㊡日曜
※ランチとディナーの間は閉じたり、火を使わないメニューのみになったりする場合あり

ショップ ㊐8時30分～18時30分 ㊡日曜
※12時から1～2時間閉じる店もある。土曜は時短営業の店が多い

デパート ㊐10～20時 ㊡日曜
※土曜は早く開店する場合も

美術館・博物館 ㊐10～18時 ㊡月曜
※木曜は～20時までなど特定の曜日を延長する場合もある

サイズの目安

スイスと日本ではサイズ表示が異なるので比較表を参考に。ただし、メーカーなどにより差があるので試着をしたほうがよい。

トイレ

公衆トイレは少ないので、できるだけレストランやカフェに行ったときに済ませておきたい。デパートや美術館も利用しやすい。列車内のトイレは無料だが、駅構内のトイレはチップ式(タッチ式のカード払い) が多い。CHF.1～1.50ほど。また、登山駅のトイレは無料で利用できるところが多いので、ハイキングの際はスタート地点の駅で行こう。

電圧とプラグ

電圧は230ボルト、周波数は50ヘルツ。日本から電化製品を持っていく場合は変圧器が必要で、変圧器内蔵型の海外両用タイプの製品を持っていくと便利。コンセントの形状も日本とは異なり、アダプターが必要だ。Cタイプ(2穴) かJタイプ(3穴) で、アダプターはCタイプ用で兼用できる。

タバコ事情

公共交通機関、駅や空港、観光施設、ショップやレストラン、ホテルなど建物内の公共スペースでは喫煙禁止。一部、カフェやレストランの囲いのないテラス席では喫煙できる場合もある。空港や主要駅では、日本同様に喫煙スペースがあるところも。

レディスファッション

洋服	日本	7	9	11	13	15
	スイス	36	38	40	42	44
靴	日本	22.5	23	23.5	24	24.5
	スイス	35.5	36	36.5	37	37.5

メンズファッション

洋服	日本	36	37	38	38-40	41
	スイス	26	37	38	39	40
靴	日本	25	25.5	26	27	28
	スイス	40	41	42	43	44

※上記サイズ比較表はあくまでも目安

物価はどのくらい？

ミネラルウォーター(500㎖)
CHF.0.75～

マクドナルドのハンバーガー
CHF.3.10

スターバックスコーヒー
ブレンドコーヒー(T)
CHF.5.20

ビール(300㎖)
CHF.4.50～
※レストランの場合

タクシー初乗り
CHF.6.60～

info スーパーマーケットでセルフサービスのコーヒー1杯とパン1個の合計1000円程度。みやげ物店のマグネットが1個1500円程度。2024年3月時点の目安。

観光

オンライン予約を活用

コロナ禍以降、主要観光スポットではオンライン予約が進んでいる。美術館や博物館などはオンラインで予約をするほうが入場時もスムーズ。公式サイトで調べてみよう。

写真撮影の注意点

美術館や博物館、教会などでは撮影禁止のところもある。撮影OKでも、フラッシュや三脚が禁止の場合もあるので注意。またスマートフォンでの撮影に夢中になっての怪我や周囲とのトラブルも注意したい。店内や料理などを撮影したいときは、スタッフに確認するのがトラブル回避のコツであり、マナーでもある。

グルメ

店の種類

●Restaurant(レストラン)…店名にレストランと付くところは、ある程度高級と思っていい。
●Brasserie(ブラッセリー)…レストランよりカジュアルな雰囲気。お酒を飲みながら食事ができる。
●Kelle(ケラー)…独自にワイン蔵をもち、自家製ワインとドイツ風の料理が味わえるのが特徴。
●Zunfthaus(ツンフトハウス)…中世のギルドハウスをレストランに改装した店のこと。アンティークなインテリアと伝統的な料理が味わえると人気。
●Grotto(グロット)…地下蔵にある居酒屋兼食堂で、地元の郷土料理を出す。

チップ

レストランではサービス料が含まれているので、基本的には不要。気持ちのいいサービスを受けた時は、CHF.1〜5程度渡すとよい。最近では、クレジットカードの支払い機の画面にチップ額が3段階+チップなしが表示され、選択する場合も増えている。

マナーと注意点

店に着いたら勝手に席に座らず、入口で案内されるのを待つこと。食事中はスープのすする音やゲップをすることは下品とされるので慎むように。鼻をすする音も嫌がられるので、きちんと鼻はかもう。また、ディナーにアルコール飲料を頼まない人は、最低限ミネラルウォーターと食後のカフェ(または紅茶)は頼むようにしたい。

ショッピング

付加価値税の払い戻し

スイスの商品価格には、8.1%のVAT(付加価値税)が含まれている。

●払い戻しの条件

スイス国外の居住者が「TAX FREE SHOPPING」の加盟店で、1日1店舗あたり合計でCHF.300以上の買物をした場合、税の一部が払い戻される。ただし、出国時は未使用の状態であることが条件。税関の手続きは、商品購入日から90日以内にすること。
※スイスはEU加盟国ではないので、税関手続きは必ずスイスで行うこと

●お店で

購入時に免税書類を発行してもらい、店員に必要事項を記入してもらう。

●空港で

免税書類に承認印を押してもらう。書類のほか、パスポート、航空券または搭乗券、未使用の購入品、レシート(クレジットカードの控えは不可)が必要。還付金の受け取りは、現金、クレジットカード、銀行小切手から選べる。現金の場合は現地空港の払い戻しカウンターへ免税書類を提出する。クレジットカード、銀行小切手の場合は、購入店でもらった封筒に免税書類を入れ、専用のポストに投函する。詳しくは、グローバルブルー・カスタマーサポートのサイトを確認。
URL www.globalblue.com/ja

ホテル

ランク(星)について

スイス・ホテル協会(SHA)に加盟しているホテルは、規準に基づいて5つ星から星なしまで、6段階にランク分けされている。星は少なくても、家族経営で清潔感があり、居心地のよいプチホテルなども多くある。英語の話せる従業員を1人以上置くことも条件とされている。

チューリヒの5つ星ホテル、マンダリン・オリエンタル・サヴォイ・チューリヒ

info ショップに入るとき、窓口で尋ねるとき、列車で相席になるときなど、まずは笑顔で「グーテンターク(独)」「ボンジュール(仏)」「ボンジョルノ(伊)」「ハロー(英)」などあいさつを。これだけで相手の対応が格段に変わるもの。

トラブル対処法

病気になったら

海外旅行中に病気にかかった場合は、全額自己負担になることが多い。まずは加入している保険会社の日本語緊急アシスタントサービスに連絡し、提携病院を紹介してもらおう。ほとんどの保険会社が、24時間年中無休で対応してくれる。大型ホテルには、ホテルの契約ドクターがいる場合が多いので、フロントに確認してみよう。

紛失・盗難の場合

パスポート

紛失したパスポートを失効させ、新規受給を受けることになる。警察で発行してもらった紛失(盗難)証明書や戸籍謄本などを持参して、日本国大使館または領事事務所で失効手続き後、新規旅券または帰国のための渡航書の申請をする。通常、再発行には7開館日かかるが、帰国のための渡航書は旅行日程に合わせて発給される。

クレジットカード

不正使用を避けるため、まずは利用カード会社の現地支店に連絡し、クレジットカード番号や有効期限を伝え、カードの使用停止と再発行手続きを行う。次に警察にも届け出て、紛失(盗難)証明書を発行してもらう。早ければ、1~2週間で再発行される(会社によって異なる)。出発前に、利用カード会社の現地連絡先をメモしておくとよい。

荷物

現地の警察に届け出て、紛失(盗難)証明書を発行してもらう。ホテル内で盗難、紛失に遭った場合はホテルからも証明書をもらう。海外旅行傷害保険に加入していて、携行品特約を受けている場合は、帰国後速やかに保険会社へ連絡し、手続きを行う。保険金の請求には、現地の警察が発行した紛失(盗難)証明書が必要。

紛失・盗難対策

スマートフォンは、ネックストラップやショルダーストラップをつけて携帯するのがおすすめ。置き忘れや盗難防止にもなり、機内で寝ている間に落とす心配もない。またスマートトラッカーも有効。飛行機での移動時はスーツケースに入れておけばロストバゲージ対策になり、滞在中は貴重品が入ったバッグに入れておけば多少安心。

安全対策

街なか

スイスは治安がよく、ヨーロッパのなかでも安全な国といえるが、スリや置き引きなどには注意が必要。3人組などグループ犯によるスリにも注意したい。また夜遅くのひとり歩きも避けたい。どうしても外出をする場合には、往復にタクシーを使うなどするよう心がけたい。

ホテル

ホテルの客室にいるときには必ず内側から鍵をかけ、相手が確認できるまではドアを開けないこと。外出時はホテルの客室でもセーフティボックスを利用するか、フロントに預けるようにしよう。

登山

単独行動を慎み、必要に応じて専門のガイドを頼むようにしたい。

旅の便利帳

スイス

在スイス日本国大使館(ベルン)

㊟ Engestrasse 53, 3012 Bern ㊍9時~11時30分、14時~16時30分 ㊡土・日曜、祝日(日本・スイスともに)、休館日
MAP 付録P22A1

在ジュネーブ領事事務所

㊟ Rue de Lausanne 82, 1202 Genève ㊍9~12時、14~17時 ㊡土・日曜、祝日(日本・スイスともに)、休館日
MAP 付録P18A2

警察 ☎117　**消防署** ☎118
救急 ☎144

日本

在日スイス大使館

スイス政府観光局

外務省海外安全ホームページ

外務省海外旅行登録「たびレジ」

旅行前に登録すれば、渡航先の最新安全情報や緊急時の現地大使館・総領事館からの安否確認、必要な支援を受けることができる。

info 盗難などの被害を最小限にするため、クレジットカードや現金は分散して管理する。いざというときのために、滞在先ホテルの連絡先や保険会社の連絡先をメモしておこう。狙われないために華美な服装を避けるのも一案。

Index

スイスアルプス

□行きたい場所に✓を入れましょう　■行った場所をぬりつぶしましょう

物件名	ジャンル	エリア	本誌ページ	付録MAP
□ダービー	スイス料理	グリンデルワルト	P 28	P9C3
□ダービー	スイス・イタリア料理	ツェルマット	P 46	P14B2
□大聖堂	教会	ベルン	P 67	P22B3
□タヴェルネ	スイス料理	インターラーケン	P 53	P11C2
□タブレトリー	カフェ	ルツェルン	P 62	P21A3
□チレン	チョコレート	ベルン	P 69	P22B3
□ツァー・ヘーシュユッテ	チーズ	ベルン	P 69	P22B3
□ディアヴォレッツァ	展望台	サンモリッツ近郊	P 71	P23D3
□ディエチ・ジェラート＆カフェ	カフェ	ルツェルン	P 62	P21A3
□デッラ・カーサ	スイス料理	ベルン	P 68	P22A3
□時計塔	名所	ベルン	P 66	P22A3
□トップ・オブ・ヨーロッパ	複合施設	ユングフラウ	P 36	P7C1
□トップ・オブ・ヨーロッパ・フラッグシップストア	ギフト	インターラーケン	P 55	P10B3
□トリュンメルバッハの滝	滝	ラウターブルネン	P 59	P20B3
□日本人橋	ビューポイント	ツェルマット	P 45	P14B3
□ハイマートヴェルク	ギフト	インターラーケン	P 55	P10B2
□ハイムヴェーフルー	展望台	インターラーケン	P 51	P10A4
□ハウザー	カフェ・レストラン	サンモリッツ	P 72	P23B4
□パスタ＆モア	パスタ料理	ヴェンゲン	P 58	P20B1
□バッハアルプゼー	湖	グリンデルワルト	P 27	P9D1
□バッハマン	チョコレート	ルツェルン	P 63	P21B3
□パノラマウェグ・シーニゲ・プラッテ	ハイキングコース	ブリエンツ湖	P 57	本誌P56
□パノラマブリュケ・ジグリスヴィル	橋	シグリスヴィル	P 49	P2B2
□ハルダークルム	展望台	インターラーケン	P 51	P11C1
□バレンベルク野外博物館	博物館	ブリエンツ湖	P 57	本誌P56
□ハンゼルマン	チョコレート	サンモリッツ	P 73	P23D3
□ピッツ・ネイル	展望台	サンモリッツ近郊	P 71	P23A1
□ピッツェリア・カルーゾ	イタリア料理	サンモリッツ	P 72	P23A3
□ピッツェリア・ピッツ・パッツ	イタリア料理	インターラーケン	P 53	P10B3
□ビュルゲンシュトック・シャトル周遊	クルーズ	ルツェルン	P 61	P21B3
□ピラトゥス	山	ルツェルン	P 64	P3C2
□ヒルシェン	スイス料理	インターラーケン	P 52	P11C4
□ファンキー・チョコレート・クラブ・スイス	チョコレート	インターラーケン	P 54	P10B3
□フィルスト	山頂	グリンデルワルト	P 49	P2B3
□フィルスト・クリフ・ウォーク	遊歩道	グリンデルワルト	P 26	P9D1
□フィルスト・ゴンドラ	ゴンドラ	グリンデルワルト	P 26	P9C3
□フェルトリナーケラー	イタリア料理	サンモリッツ	P 73	P23A3
□ブヘラー	時計・ギフト	ルツェルン	P 63	P21B3
□プラトー・テラス	アトラクション	ユングフラウ	P 37	P7C1
□ブリエンツ・ロートホルン鉄道	鉄道	ブリエンツ湖	P 57	本誌P56
□ブリエンツ湖クルーズ	クルーズ	ブリエンツ湖	P 16・56	本誌P56
□ベック・グラッツ・コンフィズール	スイーツ	ベルン	P 69	P22A3
□ベッケライ・フックス	カフェベーカリー	ツェルマット	P 47	P14B2
□ホイッサー・スーベニアショップ＆キオスク	ギフト	グリンデルワルト	P 31	P9C3
□ホーヘ通り	名所	インターラーケン	P 50	P10B2
□ホーヘマッテ	公園	インターラーケン	P 50	P10B3
□マウント・クッション	クッション	グリンデルワルト	P 27	P9C3
□マッターホルン	山	マッターホルン	P 12・40	P13D1
□マッターホルン・グレッシャー・パラダイス	展望台	マッターホルン	P 41	P13C1
□マッターホルン・フライシュ	チーズ	ツェルマット	P 47	P14B2
□マッターホルン博物館	博物館	ツェルマット	P 44	P14A3
□ミヒャエル・ベック	ベーカリーカフェ	インターラーケン	P 54	P10A3
□ムーゼック城壁	名所	ルツェルン	P 61	P21A3
□メルカート	イタリア料理	グリンデルワルト	P 27	P9C3
□メンヒ	山	ユングフラウ	P 32	P6B1
□メンリッヒェン→クライネ・シャイデック	ハイキングコース	ユングフラウ	P 38	P6B2～7C2
□モルケライ・ゲーチ	チーズ	グリンデルワルト	P 30	P8B3
□モルゲンロートが見られるビューポイント	ビューポイント	ツェルマット	P 44	P14A3
□モンテローザ	山	マッターホルン	P 40	P12A1
□ユングフラウ	山	ユングフラウ	P 32	P7C1
□ユングフラウ鉄道	鉄道	グリンデルワルト	P 11・35	P6B2
□ライオン記念碑	名所	ルツェルン	P 60	P21B2
□ラウベン	アーケード	ベルン	P 67	P22B3
□ランタン	スイス料理	インターラーケン	P 52	P11D3
□リギ	山	ルツェルン	P 65	P3C2
□リスカム	山	マッターホルン	P 40	P12B1
□リッフェルベルク→リッフェルアルプ	ハイキングコース	マッターホルン	P 43	P12B2～3
□リンゲンベルク	ベーカリーカフェ	グリンデルワルト	P 29	P9C3
□ルツェルンの市	マーケット	ルツェルン	P 63	P21A～B3
□レストラン・エーデルワイス・シュチューベ	スイス料理	グリンデルワルト	P 24	P9C3
□レストラン・エレメンツ	スイス料理	グリンデルワルト	P 24	P9C2

	物件名	ジャンル	エリア	本誌ページ	付録MAP
スイスアルプス	□レストラン・バリーズ	スイス料理	グリンデルワルト	P 29	P9C3
	□レストラン・ベルヴェデーレ	スイス料理	グリンデルワルト	P 25	P8B3
	□レストラン・ローゼンガルテン	スイス・地中海料理	ベルン	P 68	P22B2
	□連邦議会議事堂	名所	ベルン	P 66	P22A3
	□牢獄塔	名所	ベルン	P 66	P22A3
	□ローテンボーデン→リッフェルベルク	ハイキングコース	マッターホルン	P 42	P12B2
	□ロートホルン・パラダイス	展望台	マッターホルン	P 41	P12B3
	□ローブ	デパート	ベルン	P 69	P22A3
	□ロミンガー	民芸品	サンモリッツ	P 73	P23B4
スイスの鉄道	□ゴールデンパス・ライン	鉄道	―	P 77・78・86	P2B3
	□ゴッタルド・パノラマ・エクスプレス	鉄道	―	P 77・78・87	P3C3
	□氷河特急	鉄道	―	P 14・76・78・82	P3C2
	□ベルニナ特急	鉄道	―	P 77・78・84	P3D3
ジュネーブ・レマン湖	□アトモスフェール	フランス料理	シャモニ	P108	P15A2
	□アリマンタリウム	博物館	ヴヴェイ	P100	P17C1
	□アルプティチュード・オリジナル・スイス・ソヴニール	ギフト	ジュネーヴ中央駅(コルナヴァン駅)周辺	P97	P19B2
	□アンデポンダンス公園	公園	モルジュ	P103	P16B1
	□ヴィラ"ル・ラック"ル・コルビュジエ	博物館	ヴヴェイ	P100	P17C1
	□エーデルワイス	スイス料理	レマン湖周辺	P95	P19B1
	□エギーユ・デュ・ミディ	展望台	シャモニ	P23・P106	P17C4
	□エギーユ・デュ・ミディ	展望台	モンブラン	P105・106	P2A4
	□オー・ピエ・ドゥ・コション	スイス料理	旧市街	P94	P19B4
	□オー・プチ・グルマン	カフェ・レストラン	シャモニ	P109	P15A3
	□オーエール	チョコレート	ローヌ通り周辺	P97	P19B3
	□オーベルジュ・ドゥ・サヴィエーズ	スイス料理	ジュネーヴ中央駅(コルナヴァン駅)周辺	P94	P19B1
	□オフィス・ドゥ・ツーリスム・ドゥ・シャモニ・モンブラン	観光案内所	シャモニ	P108	P15A2
	□オリンピック博物館	博物館	ローザンヌ	P99	本誌P99
	□カフェ・レストラン ザ・トランプ	カフェ・レストラン	ヴヴェイ	P101	P17C1
	□ギヨーム・ビシェ	チョコレート	ローヌ通り周辺	P96	P19A2
	□クイーン・スタジオ・エクスペリエンス	名所	モントルー	P102	P17C1
	□グランド・ジョラス	山	モンブラン	P104	P17C4
	□クレープリー・ラ・シャンドゥラー	クレープ	ローザンヌ	P99	本誌P99
	□グロブス・デリカテッサ	デパート	ローヌ通り周辺	P96	P19B3
	□壊れた椅子	名所	ONU地区	P92	P18A1
	□サン・ピエール大聖堂	教会	旧市街	P93	P19B3
	□山岳博物館	博物館	シャモニ	P108	P15B2
	□ジェッドー(大噴水)	名所	レマン湖周辺	P92	P18B3
	□宗教改革記念碑	名所	ジュネーヴ市街	P93	P19A4
	□ジュネーヴ空港	空港	ジュネーヴ市街	P130	P2A3
	□シヨン城	城	モントルー	P102	P17C2
	□スイス・カメラ博物館	博物館	ヴヴェイ	P100	P17C1
	□大聖堂	教会	ローザンヌ	P99	本誌P99
	□タヴェル館	博物館	旧市街	P92	P19B3
	□ダン・デュ・ジェアン	山	モンブラン	P104	P17C4
	□チャップリン・ワールド	名所	ヴヴェイ	P101	P17C1
	□デュリ・ショコラティエ	チョコレート	ローザンヌ	P99	本誌P99
	□ニヨン城	城(博物館)	ニヨン	P103	P16B2
	□パレ・デ・ナシオン(国連ヨーロッパ本部)	名所	ONU地区	P92	P18A1
	□バルマ広場	広場	シャモニ	P108	P15B2
	□美術・歴史博物館	博物館	ジュネーヴ市街	P93	P19B4
	□ブラシャール	文房具	ジュネーヴ市街	P97	P19A3
	□プラットフォーム10	美術館	ローザンヌ	P99	本誌P99
	□プランパレ蚤の市	蚤の市	ジュネーヴ市街	P97	P19A4
	□プロムナード・ドゥ・ラ・トレイユ	遊歩道	ジュネーヴ市街	P93	P19A4
	□マノーラ・レストラン	フードコート	ジュネーヴ中央駅(コルナヴァン駅)周辺	P95	P19A2
	□マムート・ストア・シャモニ	登山用品	シャモニ	P109	P15A3
	□モルジュ城	城(博物館)	モルジュ	P103	P16B1
	□モンタンヴェール	展望台	モンブラン	P105	P17C4
	□モンブラン	山	モンブラン	P104	P17C4
	□ラヴォー 地区	ワイン産地	レマン湖周辺	P110	P16C1
	□ル・カステル	フランス料理	シャモニ	P109	P17C4
	□ル・コントワール・アルプ	イタリア・フランス料理	シャモニ	P109	P15A3
	□ル・コントワール・ウッドワード	カフェ	ローヌ通り周辺	P95	P19B3
	□ル・ブレヴァン	展望台	シャモニ	P105	P17C4
	□レ・プラ教会	教会	シャモニ	P109	P17C4
	□レ・フレール・デュボワ	ワイナリー	レマン湖周辺	P110	P16C1
	□レストラン・ドゥ・ラ・プラージュ	スイス・フランス料理	レマン湖周辺	P95	P18B3
	□レマン湖	湖	レマン湖周辺	P98	P2A3
	□レマン湖クルーズ(CGN)	クルーズ	レマン湖周辺	P13・98	P19B2

□行きたい場所に✓を入れましょう ■行った場所をぬりつぶしましょう

ララチッタ

スイス

Switzerland

2024年6月15日	初版印刷
2024年7月1日	初版発行

編集人	福本由美香
発行人	盛崎宏行
発行所	JTBパブリッシング 〒135-8165 東京都江東区豊洲5-6-36 豊洲プライムスクエア11階

企画・編集	情報メディア編集部
編集デスク	矢﨑歩
取材・執筆・撮影	editorial team Flone (山田裕子／河部紀子／木村秋子／斉藤純平) 佐々木 惠／アトリエshiRo (山下あつこ) 衣袋道子
本文デザイン	BEAM
表紙デザイン・ シリーズロゴ	ローグクリエイティブ (馬場貴裕／西浦隆大)
袋とじデザイン	池内綾乃
編集・取材・写真協力	グリンデルワルト日本語観光案内所 グリンデルワルト日本語観光案内所 (安東一郎) グルーポ・ピコ／小林写函／ブルーム／ランズ 入江啓祐／Cynet Photo／123RF／PIXTA
地図制作	アトリエ・プラン
印刷所	佐川印刷

編集内容や、乱丁、落丁のお問合せはこちら

JTBパブリッシング お問合せ

https://jtbpublishing.co.jp/contact/service/

Printed in Japan
244102 759540
ISBN978-4-533-16058-5 C2026

ここからはがせます♪

Lala Citta Switzerland
Area Map

スイス
付録MAP

MAP凡例

●観光スポット ●レストラン・カフェ ●ショップ
●ビューティスポット Hホテル

スイス全図

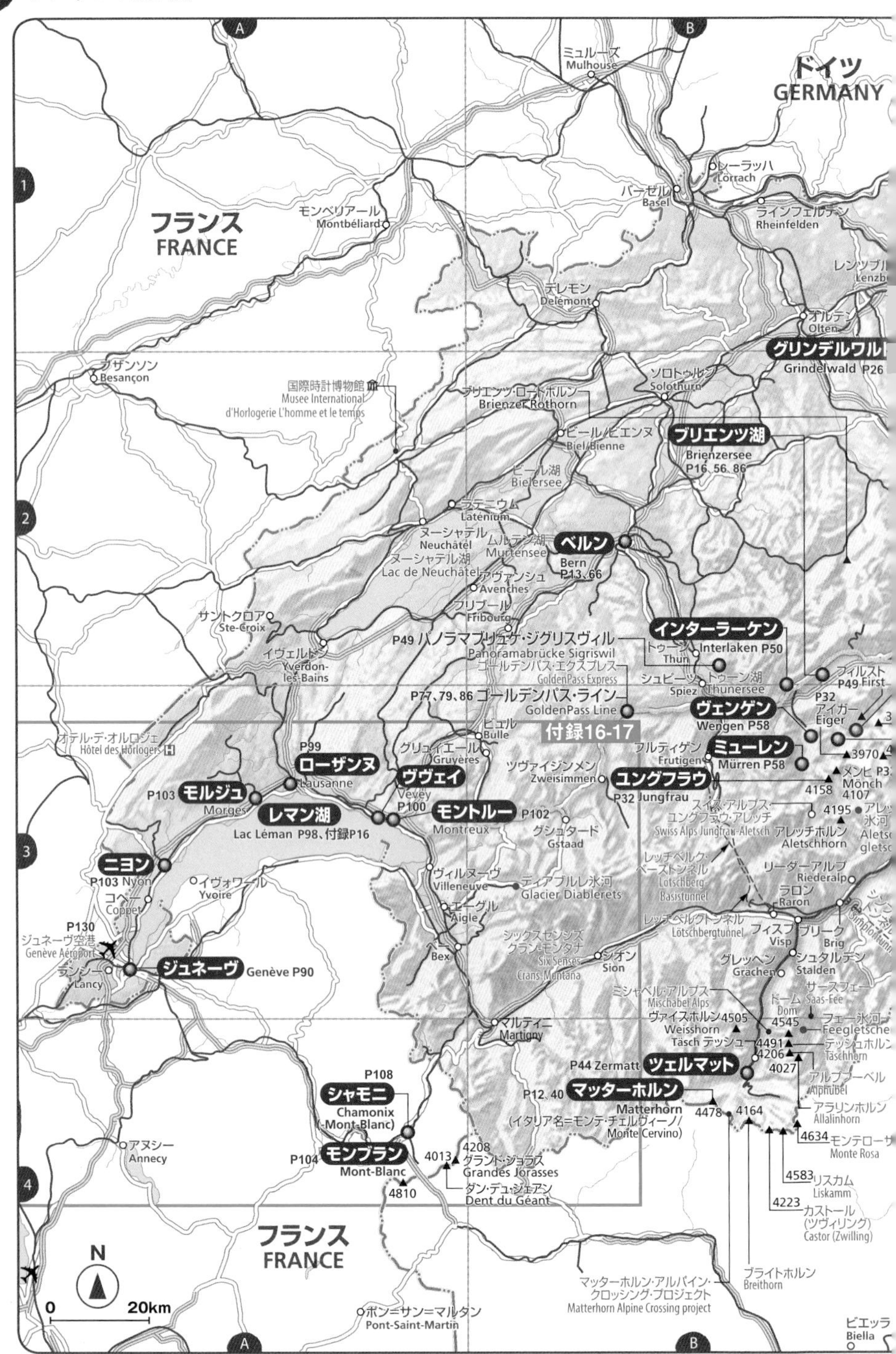

エリア Navi

フランス、ドイツ、オーストリア、イタリアに囲まれた立地のスイス。
レマン湖南岸や、モンブランはフランスとなる。

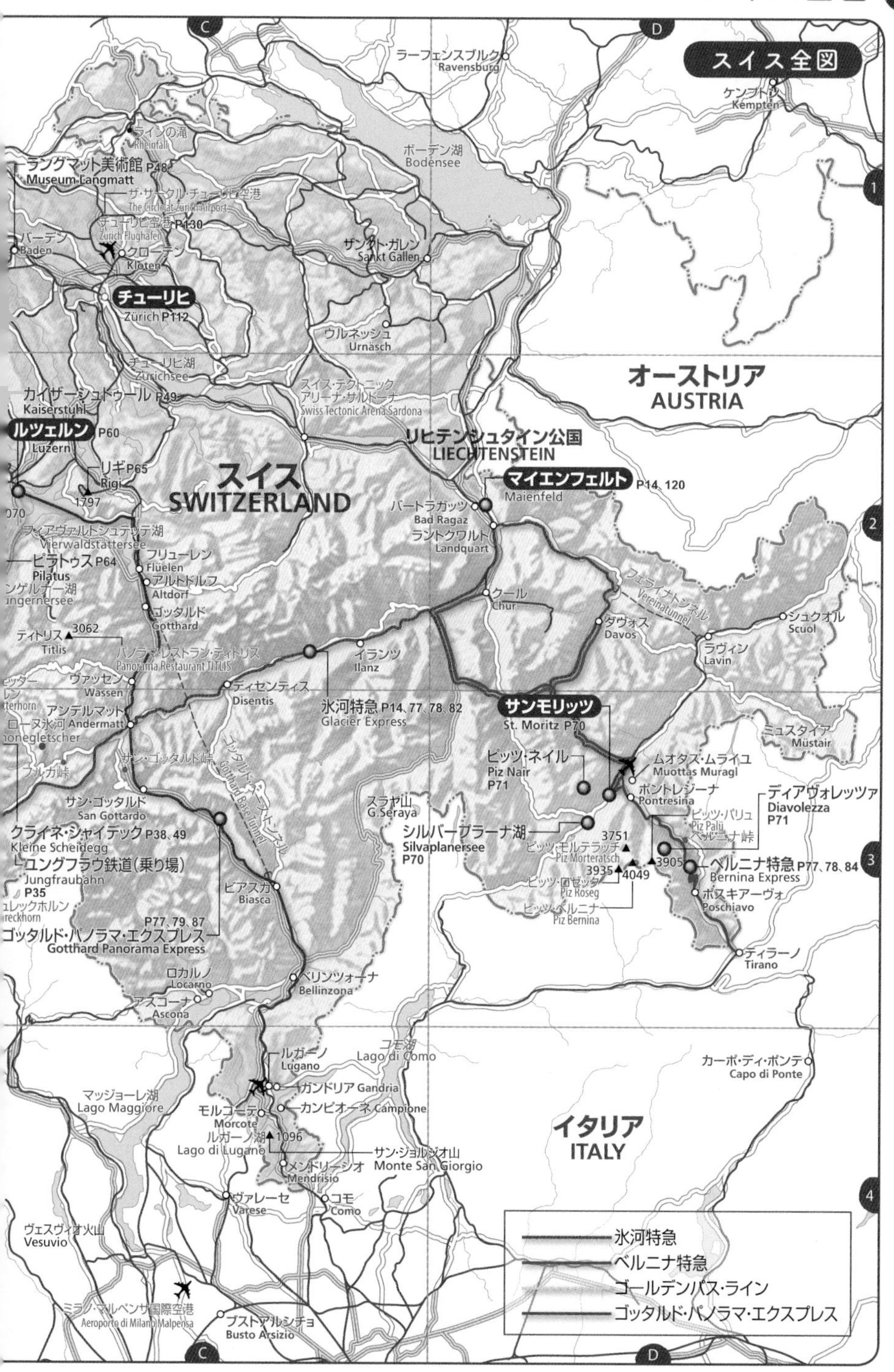

スイス全図
ラーフェンスブルク Ravensburg
ケンプテン Kempten
ラインの滝 Rheinfall
ボーデン湖 Bodensee
ラングマット美術館 P48 Museum Langmatt
ザ・サークル・チューリヒ空港 The Circle at Zurich Airport
チューリヒ空港 P130 Zürich Flughafen
バーデン Baden
クローテン Kloten
ザンクト・ガレン Sankt Gallen
チューリヒ Zürich P112
ウルネッシュ Urnäsch
チューリヒ湖 Zürichsee
スイス・テクトニック アリーナ・サルドーナ Swiss Tectonic Arena Sardona
オーストリア AUSTRIA
カイザーシュトゥール P49 Kaiserstuhl
ルツェルン P60 Luzern
リヒテンシュタイン公国 LIECHTENSTEIN
リギ P65 Rigi 1797
スイス SWITZERLAND
マイエンフェルト P14、120 Maienfeld
バートラガッツ Bad Ragaz
ラントクワルト Landquart
フィアヴァルトシュテッテ湖 Vierwaldstättersee
フリューレン Flüelen
ピラトゥス P64 Pilatus
アルトドルフ Altdorf
クール Chur
フェライナトンネル Vereinatunnel
ゴッタルド Gotthard
ティトリス 3062 Titlis
ダヴォス Davos
シュクオル Scuol
パノラマ・レストラン・ティトリス Panorama Restaurant TITLIS
イランツ Ilanz
ラヴィン Lavin
ヴァッセン Wassen
ディセンティス Disentis
アンデルマット Andermatt
氷河特急 P14、77、78、82 Glacier Express
サンモリッツ St. Moritz P70
ミュスタイア Müstair
ローヌ氷河 Rhonegletscher
フルカ峠
サン・ゴッタルド峠
ゴッタルド・ベーストンネル Gotthard Base Tunnel
ピッツ・ネイル Piz Nair P71
ムオタス・ムライユ Muottas Muragl
ポントレジーナ Pontresina
ディアヴォレッツァ Diavolezza P71
サン・ゴッタルド San Gottardo
スラヤ山 G.Seraya
ピッツ・パリュ Piz Palü
ベルニナ峠
クライネ・シャイデック P38、49 Kleine Scheidegg
シルバープラーナ湖 Silvaplanersee P70
3751
ピッツ・モルテラッチ Piz Morteratsch
ユングフラウ鉄道(乗り場) Jungfraubahn P35
3935 4049 3905
ベルニナ特急 P77、78、84 Bernina Express
ビアスカ Biasca
ピッツ・ロゼッグ Piz Roseg
ポスキアーヴォ Poschiavo
ピッツ・ベルニナ Piz Bernina
P77、79、87
ゴッタルド・パノラマ・エクスプレス Gotthard Panorama Express
ティラーノ Tirano
ロカルノ Locarno
ベリンツォーナ Bellinzona
アスコーナ Ascona
コモ湖 Lago di Como
ルガーノ Lugano
カーポ・ディ・ポンテ Capo di Ponte
マッジョーレ湖 Lago Maggiore
ガンドリア Gandria
モルコーテ Morcote
カンピオーネ Campione
イタリア ITALY
ルガーノ湖 Lago di Lugano
1096
サン・ジョルジオ山 Monte San Giorgio
メンドリーシオ Mendrisio
ヴァレーセ Varese
コモ Como
ヴェスヴィオ火山 Vesuvio
ミラノ・マルペンサ国際空港 Aeroporto di Milano Malpensa
ブストアルシチョ Busto Arsizio
氷河特急
ベルニナ特急
ゴールデンパス・ライン
ゴッタルド・パノラマ・エクスプレス

チューリヒ市街図

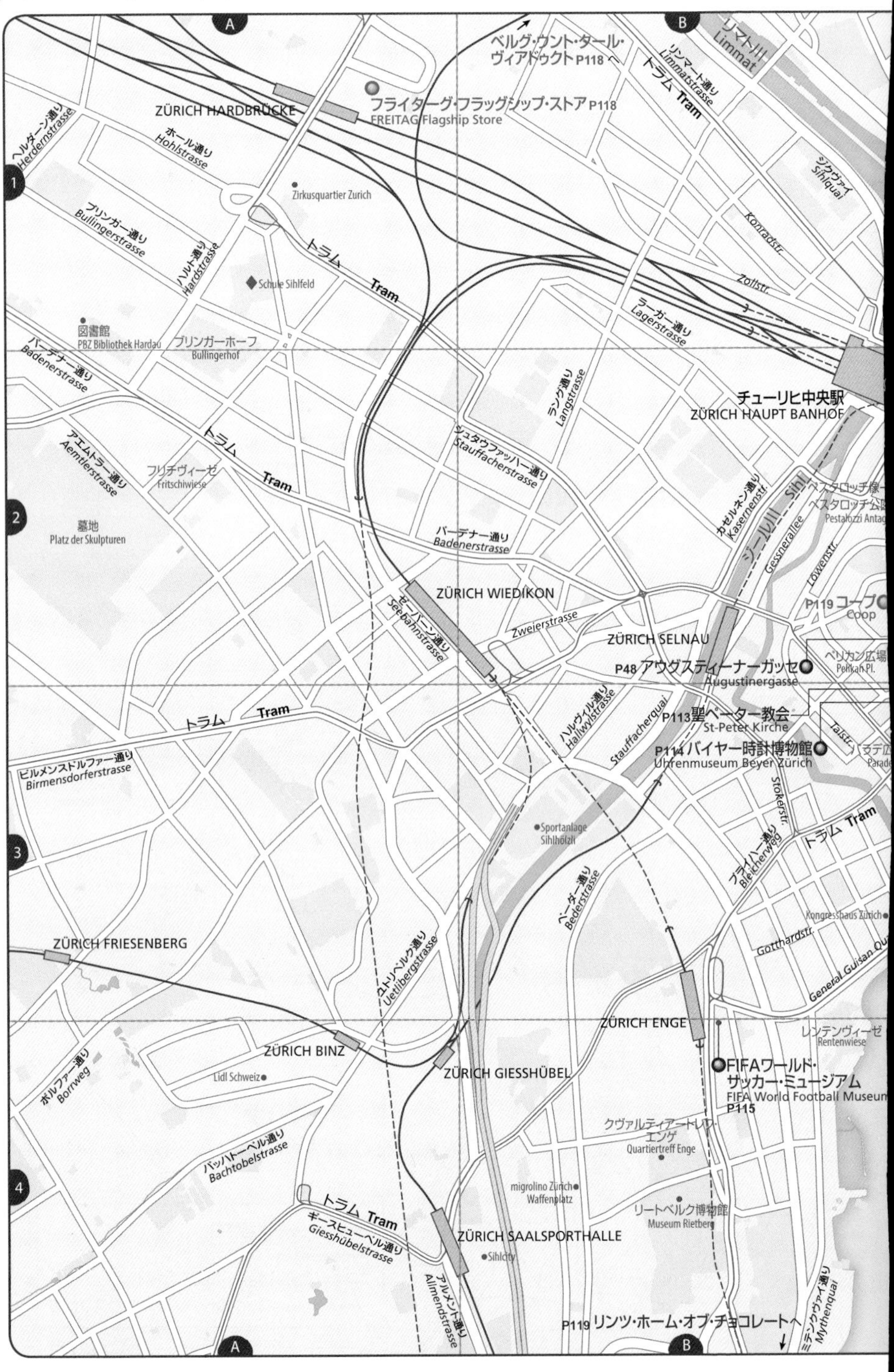

A
B
ベルグ・ウント・タール・ヴィアドゥクト P118へ
リマト川 Limmat
リンマート通り Limmatstrasse
トラム Tram
フライターグ・フラッグシップ・ストア P118
FREITAG Flagship Store
ZÜRICH HARDBRÜCKE
ヘルダーン通り Herdernstrasse
ホール通り Hohlstrasse
ジルクヴァイ Sihlquai
1
Zirkusquartier Zurich
ブリンガー通り Bullingerstrasse
ハルト通り Hardstrasse
Konradstr.
Schule Sihlfeld
トラム Tram
Zollstr.
図書館
PBZ Bibliothek Hardau
ブリンガーホーフ
Bullingerhof
ラーガー通り Lagerstrasse
バーデナー通り Badenerstrasse
ラング通り Langstrasse
チューリヒ中央駅
ZÜRICH HAUPT BANHOF
トラム Tram
シュタウファッハー通り Stauffacherstrasse
アエムトラー通り Aemtlerstrasse
フリチヴィーゼ
Fritschiwiese
カセルネン通り Kasernenstr.
ペスタロッチ像
ペスタロッチ公園
Pestalozzi Antage
2
墓地
Platz der Skulpturen
バーデナー通り Badenerstrasse
ジール川 Sihl
Gessnerallee
Löwenstr.
ZÜRICH WIEDIKON
P119 コープ
Coop
ゼーバーン通り Seebahnstrasse
Zweierstrasse
ZÜRICH SELNAU
ペリカン広場
Pelikan Pl.
P48 アウグスティーナーガッセ
Augustinergasse
ハルヴィル通り Hallwylstrasse
トラム Tram
P113 聖ペーター教会
St-Peter Kirche
Talstr.
ビルメンスドルファー通り Birmensdorferstrasse
Stauffacherquai
P114 バイヤー時計博物館
Uhrenmuseum Beyer Zürich
パラデ広
Parade
Stokerstr.
トラム Tram
Sportanlage
Sihlhölzli
3
ブライハー通り Bleicherweg
ベーダー通り Bederstrasse
Kongresshaus Zürich
Gotthardstr.
ユトリベルク通り Uetlibergstrasse
General Guisan Qu
ZÜRICH FRIESENBERG
ZÜRICH ENGE
レンテンヴィーゼ
Rentenwiese
ZÜRICH BINZ
ボルファー通り Borrweg
Lidl Schweiz
ZÜRICH GIESSHÜBEL
FIFAワールド・サッカー・ミュージアム
FIFA World Football Museum
P115
クヴァルティアートレフ・エンゲ
Quartiertreff Enge
バッハトーベル通り Bachtobelstrasse
4
migrolino Zürich
Waffenplatz
リートベルク博物館
Museum Rietberg
トラム Tram
ギースヒューベル通り Giesshübelstrasse
ZÜRICH SAALSPORTHALLE
Sihlcity
アルメンド通り Allmendstrasse
ミテンクヴァイ通り Mythenquai
P119 リンツ・ホーム・オブ・チョコレートへ
A
B

観光の中心は、チューリヒ中央駅からリマト川に沿ってチューリヒ湖までの旧市街エリア。チューリヒ中央駅から、ブランドショップや銀行などが建ち並ぶバーンホフ通りを歩いて、湖岸の船着場まで徒歩約 30 分。

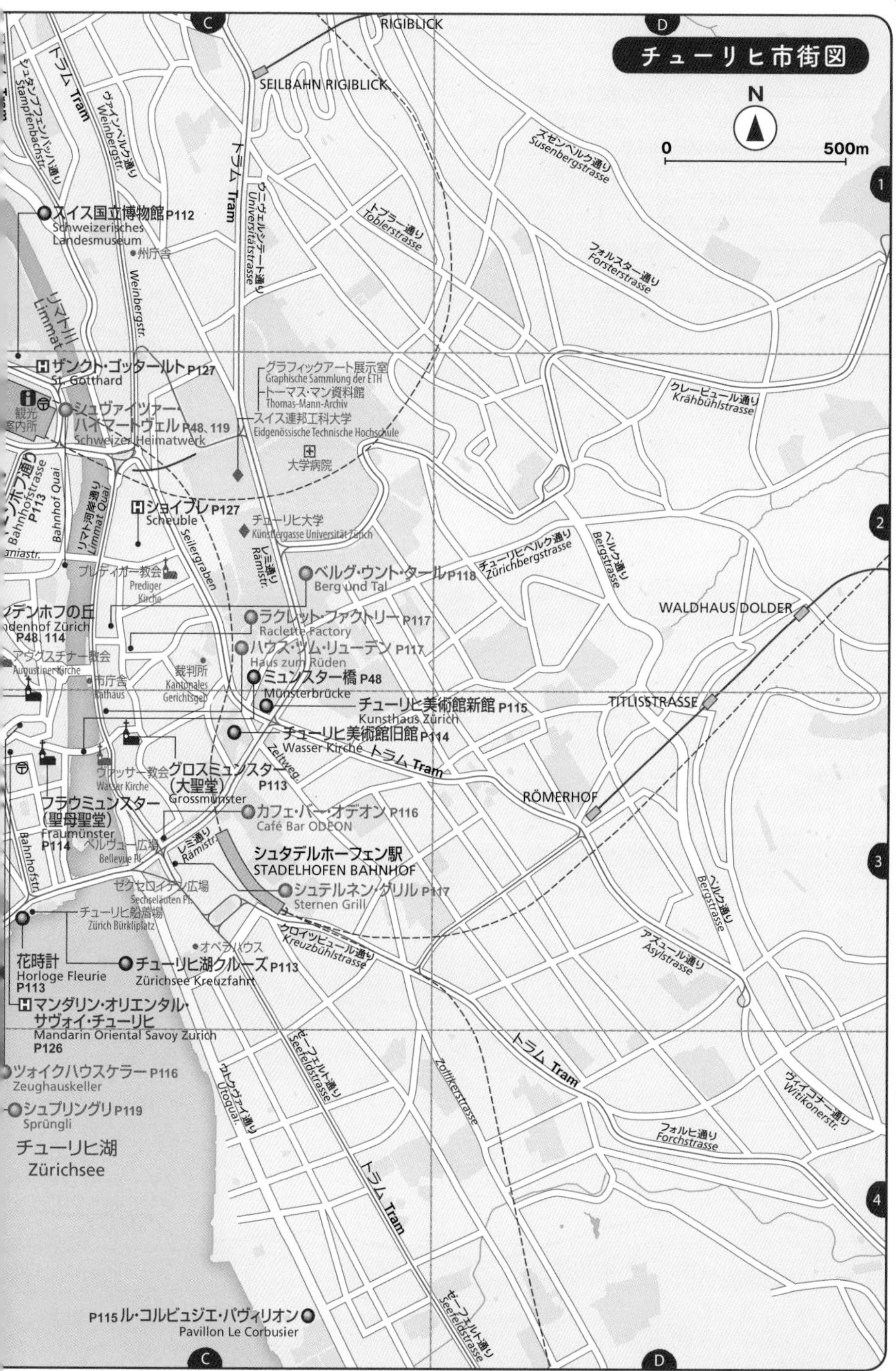
チューリヒ市街図
N
0
500m
RIGIBLICK
SEILBAHN RIGIBLICK
ズーゼンベルク通り Susenbergstrasse
トブラー通り Toblerstrasse
フォルスター通り Forsterstrasse
クレービュール通り Krähbühlstrasse
チューリヒベルク通り Zürichbergstrasse
ベルク通り Bergstrasse
WALDHAUS DOLDER
TITLISSTRASSE
RÖMERHOF
アズール通り Asylstrasse
ヴィティコナー通り Witikonerstr.
フォルヒ通り Forchstrasse
Zollikerstrasse
トラム Tram
ゼーフェルト通り Seefeldstrasse
ウトクヴァイ通り Utoquai
シュタンプフェンバッハ通り Stampfenbachstr.
ヴァインベルク通り Weinbergstr.
ウニヴェルジテート通り Universitätstrasse
スイス国立博物館 P112 Schweizerisches Landesmuseum
州庁舎
Weinbergstr.
リマト川 Limmat
ザンクト・ゴッタールト P127 St. Gotthard
観光案内所
シュヴァイツァー・ハイマートヴェル P48、119 Schweizer Heimatwerk
グラフィックアート展示室 Graphische Sammlung der ETH
トーマス・マン資料館 Thomas-Mann-Archiv
スイス連邦工科大学 Eidgenössische Technische Hochschule
大学病院
バーンホフ通り Bahnhofstrasse P113
リマト河岸通り Limmat Quai
Bahnhof Quai
ショイブレ P127 Scheuble
Seilergraben
チューリヒ大学 Künstlergasse Universität Zürich
レミ通り Rämistr.
プレディガー教会 Prediger Kirche
ベルグ・ウント・タール P118 Berg und Tal
リンデンホフの丘 Lindenhof Zürich P48、114
ラクレット・ファクトリー P117 Raclette Factory
ハウス・ツム・リューデン P117 Haus zum Rüden
アウグスチナー教会 Augustiner Kirche
市庁舎 Rathaus
裁判所 Kantonales Gerichtsgeb
ミュンスター橋 P48 Münsterbrücke
チューリヒ美術館新館 P115 Kunsthaus Zürich
チューリヒ美術館旧館 P114 Wasser Kirche
Zeltweg.
ヴァッサー教会 Wasser Kirche
グロスミュンスター（大聖堂） P113 Grossmünster
フラウミュンスター（聖母聖堂） Fraumünster P114
カフェ・バー・オデオン P116 Café Bar ODEON
ベルヴュー広場 Bellevue Pl.
レミ通り Rämistr.
シュタデルホーフェン駅 STADELHOFEN BAHNHOF
シュテルネン・グリル P117 Sternen Grill
ゼクセロイテン広場 Sechseläuten Pl.
チューリヒ船着場 Zürich Bürkliplatz
クロイツビュール通り Kreuzbühlstrasse
オペラハウス
花時計 Horloge Fleurie P113
チューリヒ湖クルーズ P113 Zürichsee Kreuzfahrt
マンダリン・オリエンタル・サヴォイ・チューリヒ Mandarin Oriental Savoy Zurich P126
ツォイクハウスケラー P116 Zeughauskeller
シュプリングリ P119 Sprüngli
チューリヒ湖 Zürichsee
P115 ル・コルビュジエ・パヴィリオン Pavillon Le Corbusier
C
D
1
2
3
4

ユングフラウ山岳図

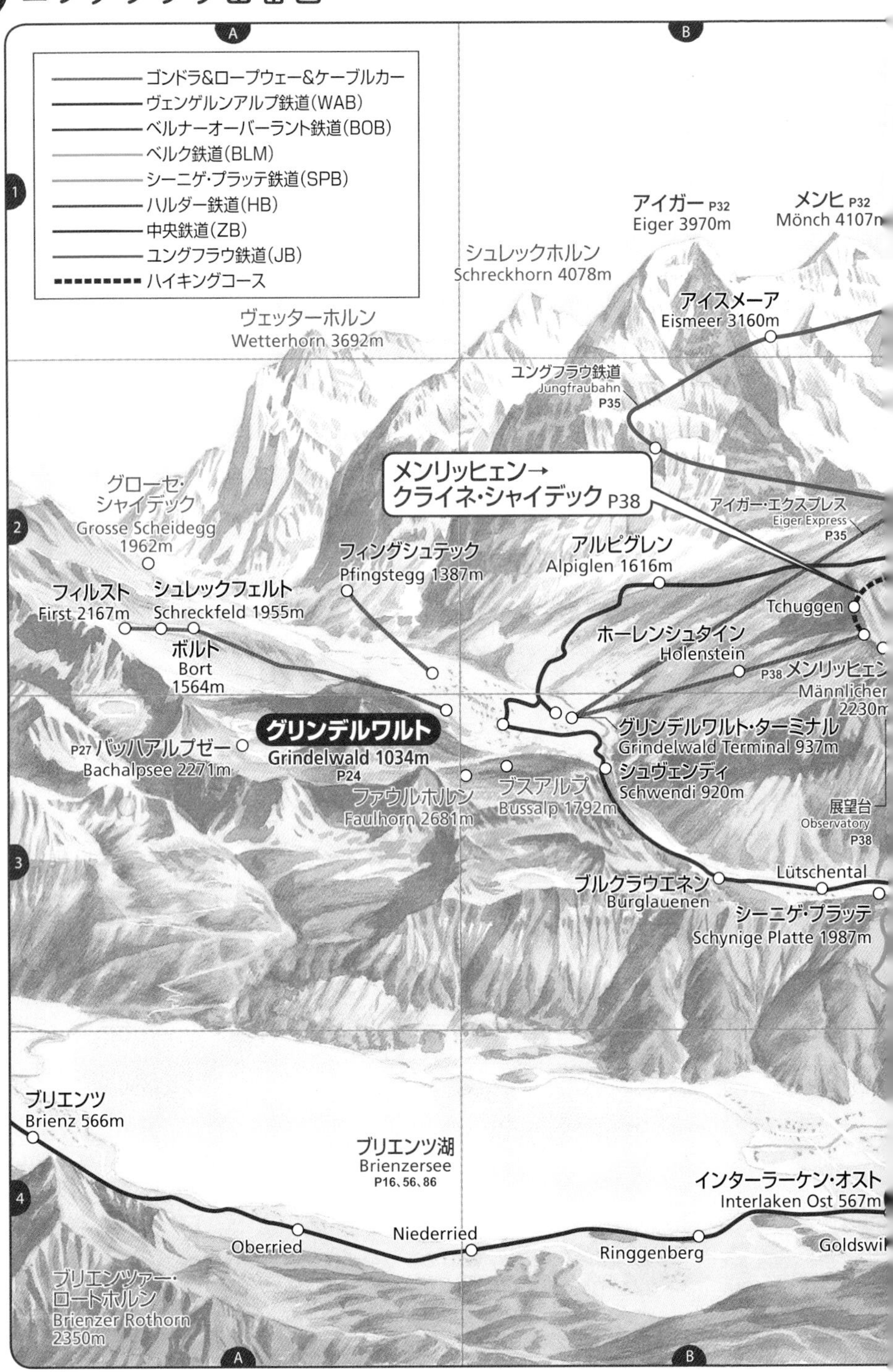

エリア Navi

ブリエンツ湖とトゥーン湖に挟まれたインターラーケン方向からユングフラウの山々を望む山岳マップ。方位としては、南北が逆で、インターラーケンの南側にユングフラウ、アイガー、メンヒがそびえる。

C
D
ユングフラウ
ユングフラウ P32
Jungfrau 4158m
ユングフラウヨッホ
Jungfraujoch 3454m
P22、36
スフィンクス展望台 P22、36
Sphinx Observatory
トップ・オブ・ヨーロッパ P36
Top of Europe
ブライトホルン
Breithorn 3785m
シルトホルン
Schilthorn 2967m
アイガーグレッチャー P39
igergletscher 2320m
シルトホルン
Schilthorn
アイガーグレッチャー→
クライネ・シャイデック P39
ビルク
Birg
ヴェンゲルンアルプ
Wengernalp 1874m
クライネ・シャイデック P38、49
leine Scheidegg
061m
ギンメルヴァルト
Gimmelwald
アルメント
Allmend
アルメントフーベル
Allmendhubel 1907m
シュテッヘルベルク
Stechelberg 875m
ウィンターエック
Winteregg
ミューレン
P58
Mürren 1638m
ヴェンゲン
Wengen 1274m
P58
トリュンメルバッハの滝
Trümmelbachfalle
グリュッチアルプ
Grütschalp 1481m
ラウターブルンネン
Lauterbrunnen 797m
ツヴァイリュッチネン
Zweilütschinen 652m
Leissigen
Krattigen
Därligen
ヴィルダースヴィル
Wilderswil584m
トゥーン湖
Thunersee
Spiez, Thun
インターラーケン
Interlaken 566m
P50
インターラーケン・ヴェスト
Interlaken West 564m
Beatenberg
Vorsass
Niederhorn
ハルダークルム
Harder Kulm 1301m
1
2
3
4

グリンデルワルト

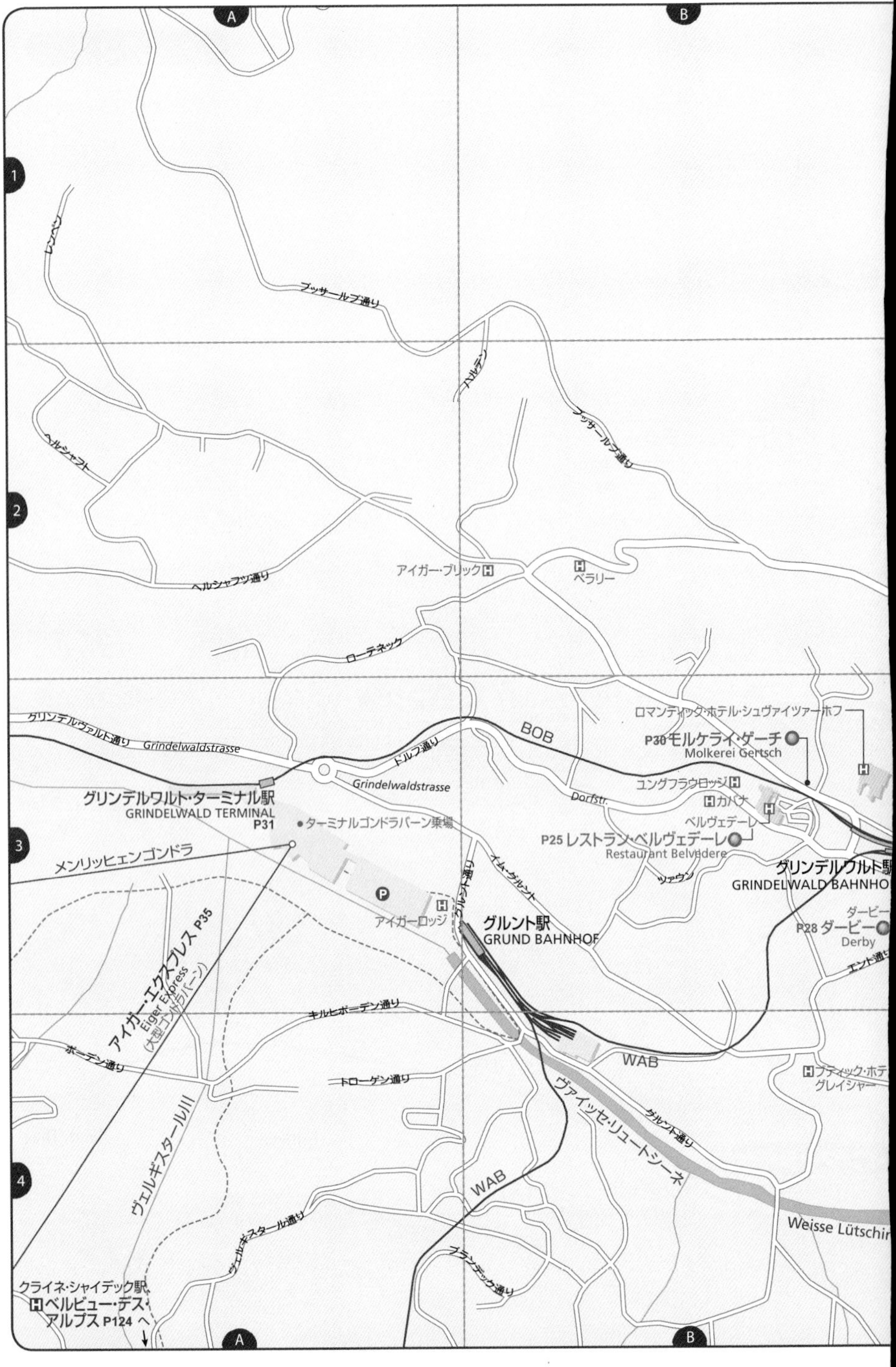

A
B
1
2
3
4
レンベン
ブッサールブ通り
ホルテン
ヘルシャフト
ブッサールブ通り
アイガー・ブリック
ベラリー
ヘルシャフツ通り
ローテネック
グリンデルヴァルト通り Grindelwaldstrasse
BOB
ドルフ通り
Grindelwaldstrasse
ロマンティック・ホテル・シュヴァイツァーホフ
P30 モルケライ・ゲーチ
Molkerei Gertsch
ユングフラウロッジ
カパナ
Dorfstr.
ベルヴェデーレ
P25 レストラン・ベルヴェデーレ
Restaurant Belvedere
グリンデルワルト・ターミナル駅
GRINDELWALD TERMINAL
P31
ターミナルゴンドラバーン乗場
メンリッヒェンゴンドラ
イム・グルント
グルント通り
ツァウン
グリンデルワルト駅
GRINDELWALD BAHNHOF
ダービー
P28 ダービー
Derby
アイガーロッジ
グルント駅
GRUND BAHNHOF
エント通り
アイガー・エクスプレス P35
Eiger Express
(大型ゴンドラバーン)
キルヒボーデン通り
ボーデン通り
WAB
ブティック・ホテル・グレイシャー
トローゲン通り
ヴァイッセ・リュートシーネ
グルント通り
ヴェルギスタールIII
WAB
Weisse Lütschine
ヴェルギスタール通り
ブランデック通り
クライネ・シャイデック駅、
ベルビュー・デス・アルプス P124 へ

山の南麓に東西に延びるドルフ通りに沿って、ホテルやレストランが続き、グリンデルワルト駅周辺が一番賑わうエリア。アイガー・エクスプレスが発着するグリンデルワルト・ターミナル駅からグリンデルワルト博物館まで歩いても 30 分ほど。

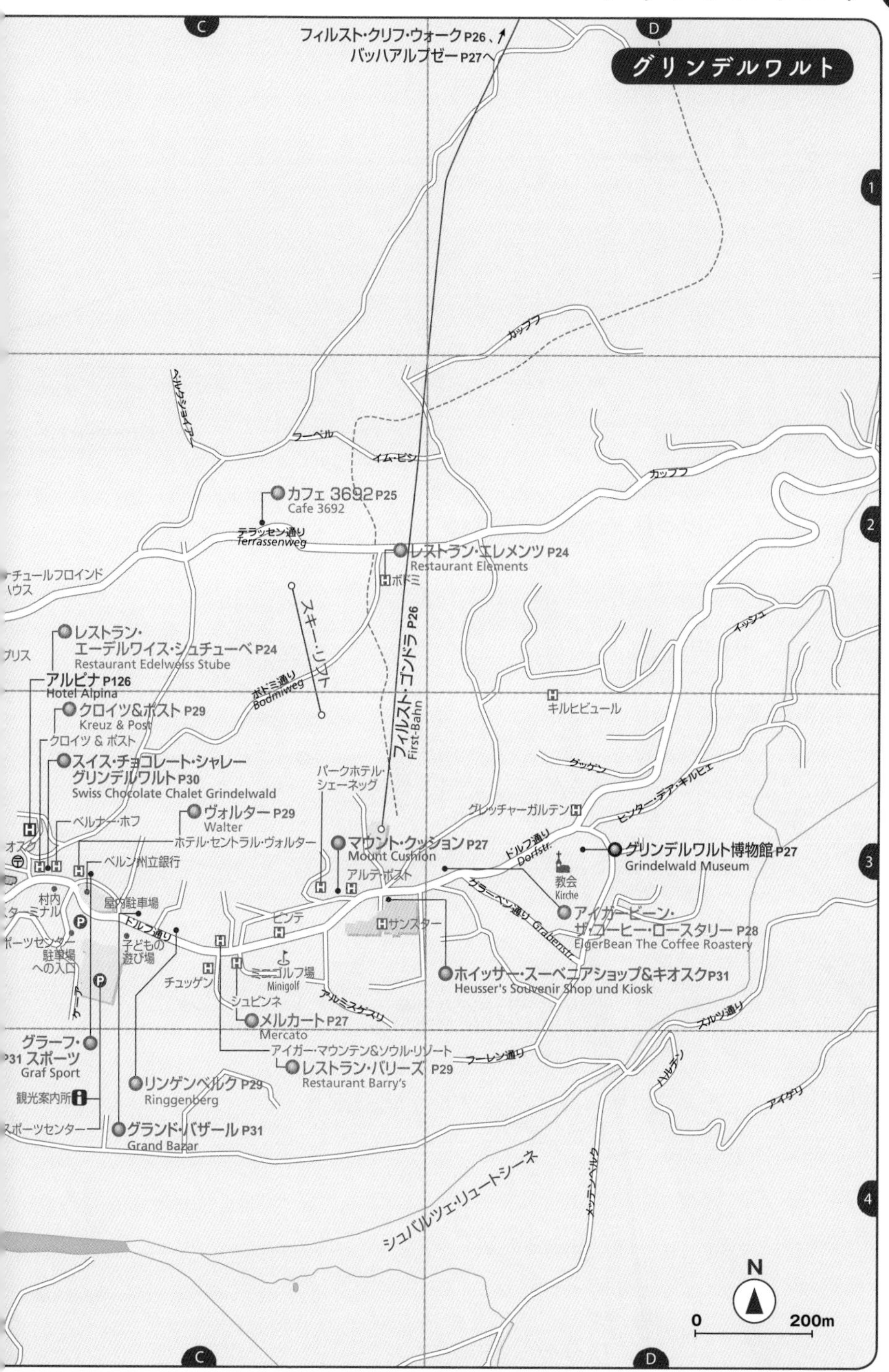

観光スポット　レストラン・カフェ　ショップ　ビューティスポット　ホテル

インターラーケン

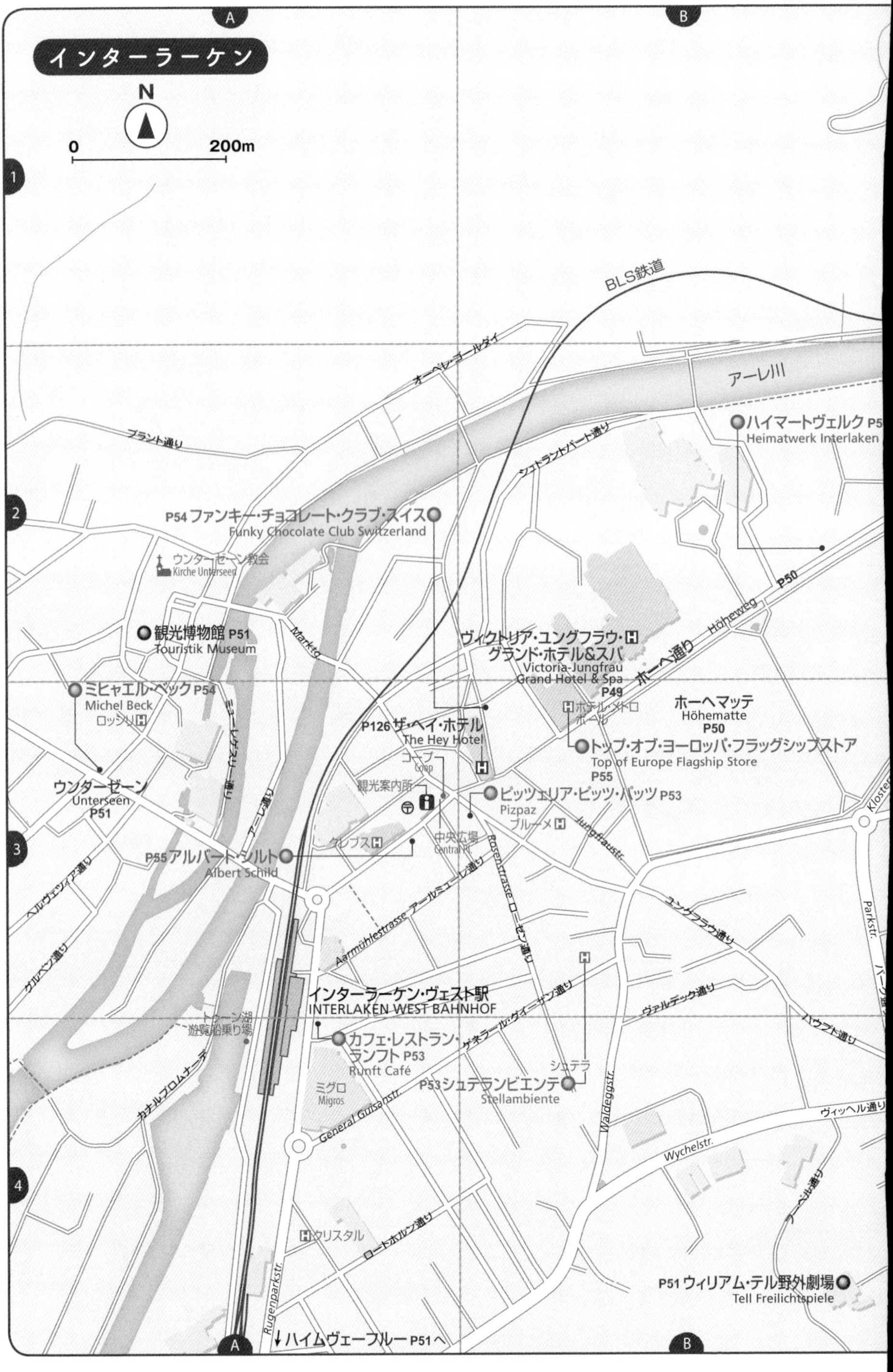

インターラーケン

N

0 200m

A B

1 2 3 4

BLS鉄道

オーベレ・ゴールダイ

アーレ川

ブラント通り

シュトラントバート通り

ハイマートヴェルク P50
Heimatwerk Interlaken

P54 ファンキー・チョコレート・クラブ・スイス
Funky Chocolate Club Switzerland

ウンターゼーン教会
Kirche Unterseen

観光博物館 P51
Touristik Museum

Marktg.

ミヒャエル・ベック P54
Michel Beck

ロッシリ

ミューレゲスリ通り

ウンターゼーン
Unterseen
P51

アーレ通り

ヴィクトリア・ユングフラウ・グランド・ホテル&スパ
Victoria-Jungfrau Grand Hotel & Spa
P49

P126 ザ・ヘイ・ホテル
The Hey Hotel

ホーへ通り Höheweg P50

ホテル・メトロポール

ホーヘマッテ
Höhematte
P50

トップ・オブ・ヨーロッパ・フラッグシップストア
Top of Europe Flagship Store
P55

コープ
Coop

観光案内所

ピッツェリア・ピッツ・パッツ P53
Pizpaz

ブルーメ

中央広場
Central Pl.

クレブス

P55 アルバート・シルト
Albert Schild

Jungfraustr.

Rosenstrasse ローゼン通り

Klosterstr.

ベルヴェディア通り

Aarmühlestrasse アールミューレ通り

ユングフラウ通り

Parkstr. パーク通り

ガルテン通り

インターラーケン・ヴェスト駅
INTERLAKEN WEST BAHNHOF

トゥーン湖遊覧船乗り場

カフェ・レストラン・ランフト P53
Runft Café

ゲネラール・グイザーン通り

ヴァルデック通り

ハウプト通り

シュテラ

P53 シュテランビエンテ
Stellambiente

ミグロ
Migros

General Guisanstr.

カナルプロムナーデ

Waldeggstr.

ヴィッヘル通り

Wychelstr.

クリスタル

ロートホルン通り

ラーベル通り

P51 ウィリアム・テル野外劇場
Tell Freilichtspiele

Rugenparkstr.

↓ハイムヴェーフルー P51へ

街の中心は、インターラーケン・ヴェスト（西）駅の東側。登山鉄道が発着するインターラーケン・オスト（東）駅までは、ホーへ通りを歩いても20分ほど。インターラーケン・オスト駅の北側には、ブリエンツ湖クルーズの船乗り場もある。

ハルダークルム P51へ
ブリエンツ湖
クルーズ船乗り場
P56
アイエン通り
アーレ川
インターラーケン・オスト駅
INTERLAKEN OST BAHNHOF
カンミ通り
自然動物公園
Alpenwildpark
Interlaken
ケーブルカー
乗り場
デュ・ラック
BOB鉄道
ボリヴァーゲ橋
Beauivage Brücke
Aare
ウンターレ・ベーニヒ通り
グランド・ホテル・
ボー・リヴァージュ
カールトン・
ヨーロッパ
アルメンド通り
ヘーエ通り
ホテル・ロイヤル・サン・
ジョルジュ・インターラーケンMギャラリー・バイ・ソフィテル
ヴィース・スーベニア・インターラーケン P55
Wyss Souvenirs Interlaken
インターラーケン
タヴェルネ P53
Taverne
シュロス通り
Allmendstr.
リンデンアレー
シュロス教会
Schlosskirche
Lindenallee
フライエ通り
Freiestr.
インターラーケン
Interlaken
アルトス
Alpenstr.
ランタン P52
Laterne
ビュール通り
オーベレ・ベーニヒ通り
クロスターゲスリ
ヒルゲン通り
エレ通り
ウンタードルフ通り
Unterdorfstr.
リュティ通り
ウップファーガッセ
ヒルシェン P52
ホテルヒルシェン
Hirschen
ハウプト通り
マッテン・バイ・インターラーケン
Matten bei Interlaken
ゾンネ
ヘルツィクゲスリ
ユハイゲスリ
ブルンガッセ

マッターホルン山岳図

A
B
1
2
3
4

ハイキングコース

モンテローザ (P40)
Monte Rosa 4634m

リスカム (P40)
Liskamm 4527m

カストール
Castor 4228m

ポリュックス
Pollux 4092m

リッフェルベルク (P
Riffelberg 2582

グレンツ氷河
Grenzgletscher

シュトックホルン
Stockhorn 3532m

ゴルナー氷河
Gornergletscher

ローテンボーデン→
リッフェルベルク P42

ホーテーリ
Hohtälli 3285m

リッフェル湖
Riffelsee

リンプフィシュホルン
Rimpfischhorn 4199m

ゴルナーグラート (P20、41)
Gornergrat 3089m

3100クルムホテル·ゴルナーグラート
3100 Kulmhotel Gornergrat
P125

ローテンボーデン (P42)
Rotenboden 2815m

フィンデル氷河
Findelgletscher

リッフェルベルク→
リッフェルアルプ P43

ガント
Gant 2216m

オーバーロートホルン
Oberrothorn 3415m

リッフェルアルプ (P43)
Riffelalp 2222m

ロートホルン·パラダイス (P41)
Rothorn Paradise 3103m

(ロープウェー)

ブラウヘルト
Blauherd 2601m

フィン
Findel

ドーム
Dom 4545m

スネガ·パラダイス (P41)
Sunnegga Paradise
2300m

Sunnegga Expre
スネガ·エクスプレ
(ケーブルカー)

A
B

マッターホルンを中心とした山岳マップ。マッターホルン観光の基地、ツェルマットは山の南側、マッター谷に位置する。この山岳図は、上が南、下が北、南北が逆になっているので注意。

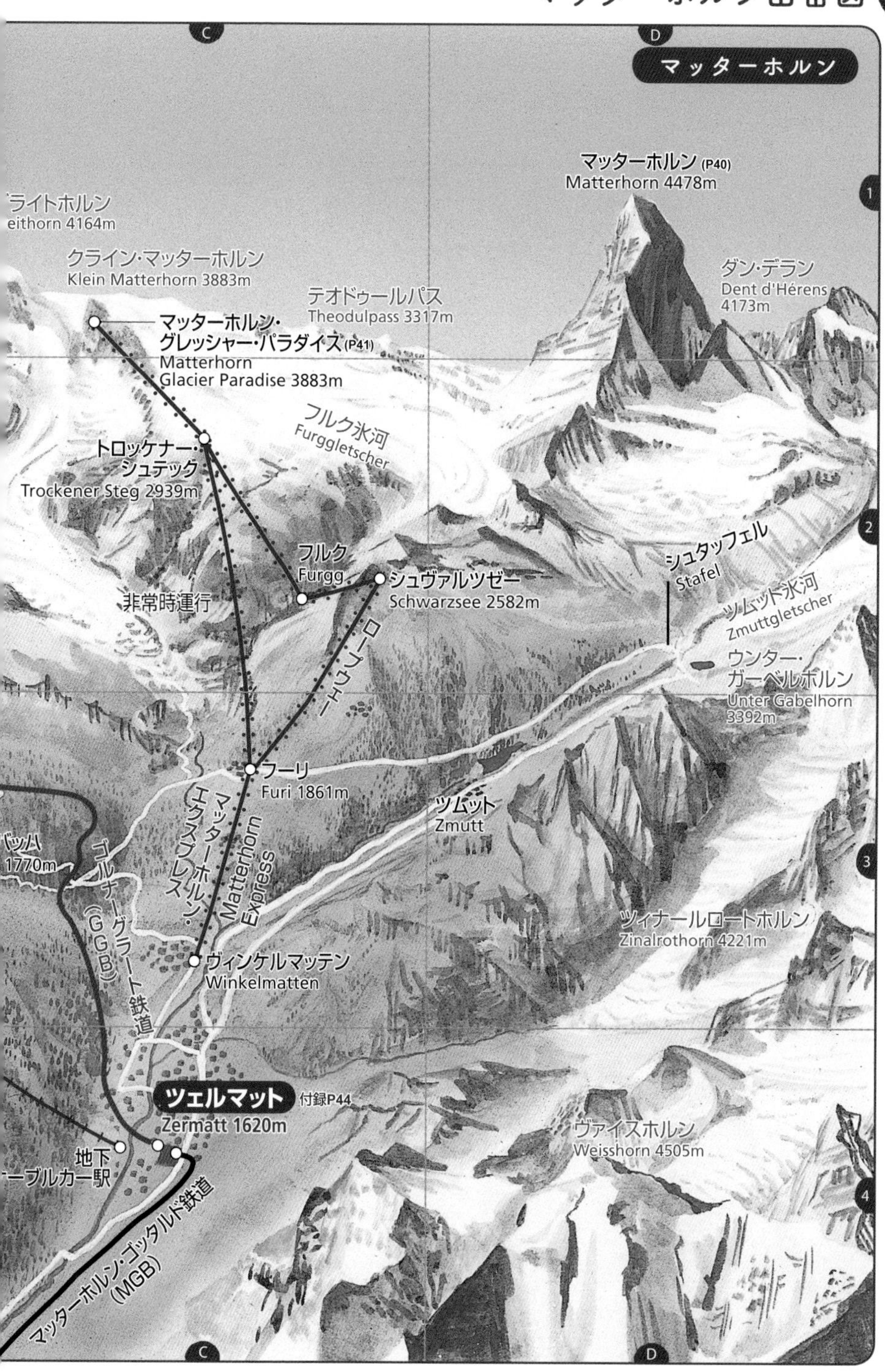
C
D
マッターホルン
マッターホルン (P40)
Matterhorn 4478m
ライトホルン
eithorn 4164m
クライン・マッターホルン
Klein Matterhorn 3883m
ダン・デラン
Dent d'Hérens
4173m
テオドゥールパス
Theodulpass 3317m
マッターホルン・
グレッシャー・パラダイス (P41)
Matterhorn
Glacier Paradise 3883m
フルク氷河
Furggletscher
トロッケナー・
シュテッグ
Trockener Steg 2939m
シュタッフェル
Stafel
フルク
Furgg
シュヴァルツゼー
Schwarzsee 2582m
非常時運行
ツムット氷河
Zmuttgletscher
ロープウェー
ウンター・
ガーベルホルン
Unter Gabelhorn
3392m
フーリ
Furi 1861m
ツムット
Zmutt
ツムット
ツムット
1770m
ゴルナーグラート鉄道
(GGB)
マッターホルン・エクスプレス
Matterhorn Express
ツィナールロートホルン
Zinalrothorn 4221m
ヴィンケルマッテン
Winkelmatten
ツェルマット
付録P44
Zermatt 1620m
ヴァイスホルン
Weisshorn 4505m
地下
ーブルカー駅
マッターホルン・ゴッタルド鉄道
(MGB)
1
2
3
4

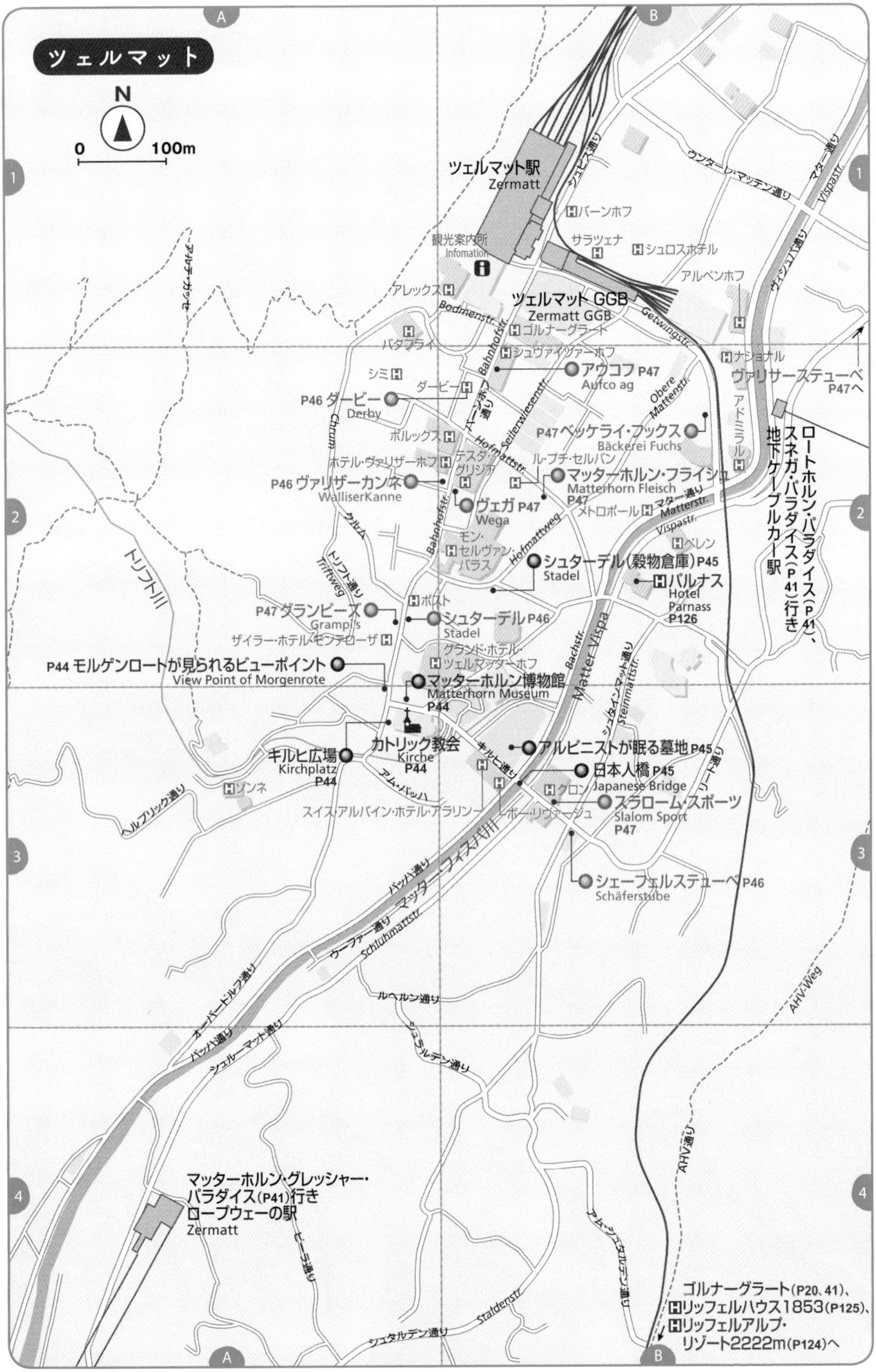

ツェルマット

ツェルマット

N
0 100m

ツェルマット駅
Zermatt

観光案内所
Infomation

ツェルマット GGB
Zermatt GGB

バーンホフ
サラツェナ
シュロスホテル
アルペンホフ
アレックス
ゴルナーグラート
バタフライ
シュヴァイツァーホフ
ナショナル
シミ
ダービー
ポルックス
ホテル・ヴァリザーホフ
テスタ・グリジア
ル・プチ・セルバン
メトロポール
モン・セルヴァン・パラス
ペレン
ポスト
ザイラー・ホテル・モンテローザ
グランド・ホテル・ツェルマッターホフ
ソンネ
クロン
スイス・アルパイン・ホテル・アラリン
ボー・リヴァージュ
アドミラル

アウコフ P47
Aufco ag

P46 ダービー
Derby

P47 ベッケライ・フックス
Bäckerei Fuchs

マッターホルン・フライシュ
Matterhorn Fleisch
P47

P46 ヴァリザーカンネ
WalliserKanne

ヴェガ P47
Wega

シュターデル（穀物倉庫）P45
Stadel

パルナス
Hotel Parnass
P126

P47 グランピーズ
Grampi's

シュターデル P46
Stadel

P44 モルゲンロートが見られるビューポイント
View Point of Morgenrote

マッターホルン博物館
Matterhorn Museum
P44

カトリック教会
Kirche
P44

キルヒ広場
Kirchplatz
P44

アルピニストが眠る墓地 P45

日本人橋 P45
Japanese Bridge

スラローム・スポーツ
Slalom Sport
P47

シェーフェルステューベ P46
Schäferstube

ヴァリサーステューベ
P47へ

ロートホルン・パラダイス（P41）、スネガ・パラダイス（P41）行き地下ケーブルカー駅

マッターホルン・グレッシャー・パラダイス（P41）行きロープウェーの駅
Zermatt

ゴルナーグラート（P20、41）、
リッフェルハウス1853（P125）、
リッフェルアルプ・リゾート2222m（P124）へ

シュピス通り
ウンターレ・マッテン通り
マター通り
Vispastr.
ヴィシュパ通り
Bodmenstr.
Getwingstr.
Bahnhofstr.
バーンホフ通り
Seilerwiesenstr.
Hofmattstr.
Obere Mattenstr.
Matterstr.
Hofmattweg
Chrum
クルム
トリフト通り
Triftweg
アルテ・ガッセ
トリフト川
Bachstr.
Matter Vispa
シュタインマット通り
Steinmattstr.
キルヒ通り
リート通り
アム・バッハ
ヘルブリック通り
バッハ通り
マッター・フィスパ川
ウーファー通り
Schluhmattstr.
オーバードルフ通り
シュルーマット通り
ルヘルン通り
シュラルデン通り
AHV-Weg
AHV通り
ビーラ通り
アム・シュタルデン通り
Staldenstr.
シュタルデン通り

ツェルマット駅の南、ショップやホテルが続くバーンホフ通り沿いを、マッターホルンを展望する日本人橋まで徒歩10分。シャモニのメインストリートは、パカール通り。モンブランはシャモニの南にあり、街の南にロープウェー駅がある。

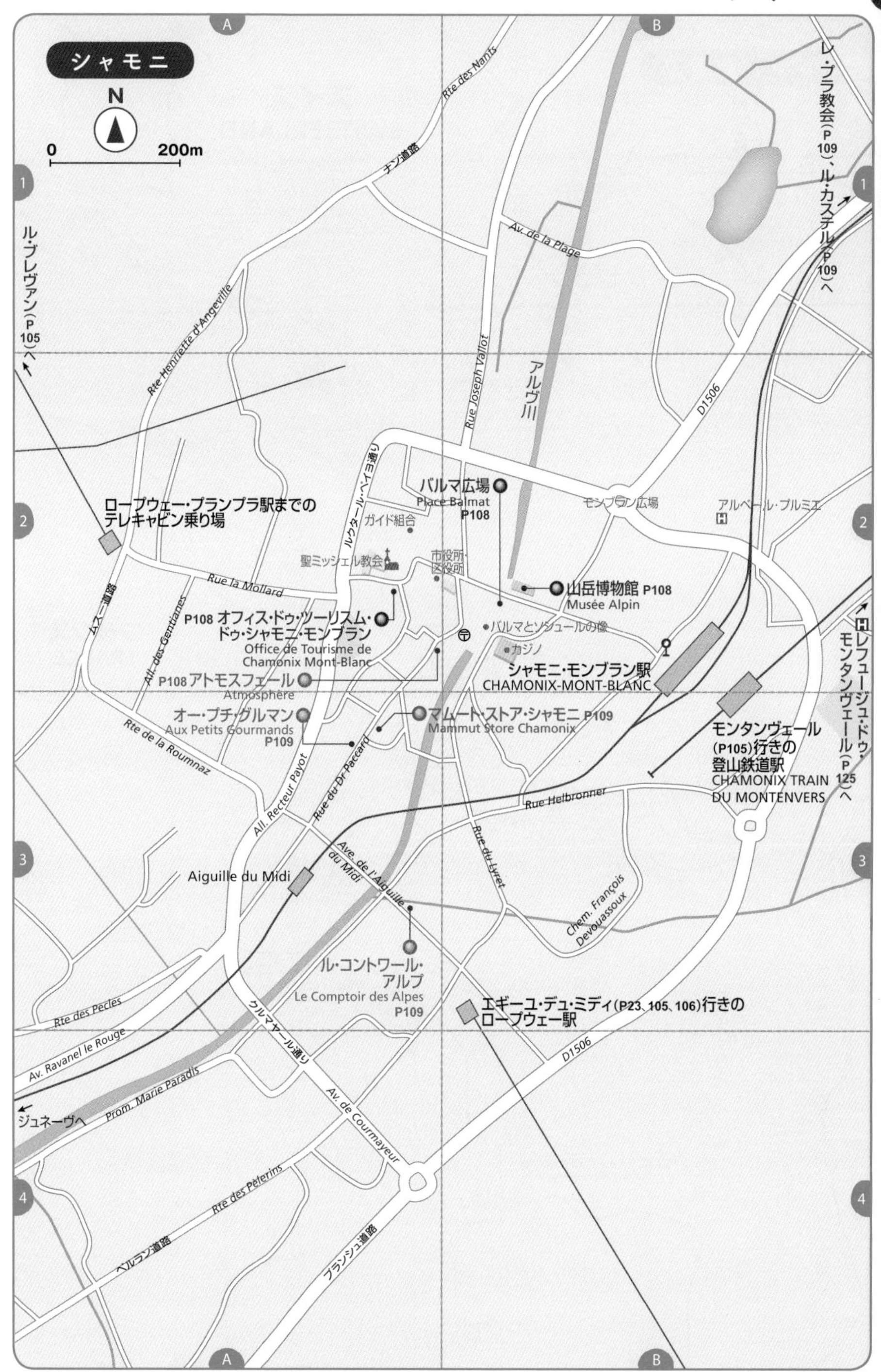
シャモニ
N
0
200m
ル・ブレヴァン（P105）へ
ロープウェー・プランプラ駅までのテレキャビン乗り場
バルマ広場
Place Balmat
P108
モンブラン広場
アルベール・プルミエ
ガイド組合
聖ミッシェル教会
市役所・区役所
山岳博物館 P108
Musée Alpin
P108 オフィス・ドゥ・ツーリスム・ドゥ・シャモニ・モンブラン
Office de Tourisme de Chamonix Mont-Blanc
バルマとソシュールの像
カジノ
シャモニ・モンブラン駅
CHAMONIX-MONT-BLANC
P108 アトモスフェール
Atmosphère
オー・プチ・グルマン
Aux Petits Gourmands
P109
マムート・ストア・シャモニ P109
Mammut Store Chamonix
モンタンヴェール（P105）行きの登山鉄道駅
CHAMONIX TRAIN DU MONTENVERS
レフュージュ・ドゥ・モンタンヴェール（P125）へ
レ・プラ教会（P109）、ル・カステル（P109）へ
Aiguille du Midi
ル・コントワール・アルプ
Le Comptoir des Alpes
P109
エギーユ・デュ・ミディ（P23、105、106）行きのロープウェー駅
ジュネーヴへ
アルヴ川
Rte des Nants
ナン道路
Av. de la Plage
Rte Henriette d'Angeville
Rue Joseph Vallot
D1506
ルクタール・ペイヨ通り
Rue la Mollard
ムスー道路
All. des Gentianes
Rte de la Roumnaz
All. Recteur Payot
Rue du Dr Paccard
Rue Helbronner
Rte du Lyret
Ave. de l'Aiguille du Midi
Chem. François Devouassoux
Rte des Pecles
Av. Ravanel le Rouge
Prom. Marie Paradis
クルマヤール通り
Av. de Courmayeur
Rte des Pèlerins
ペルラン道路
ブランシュ道路

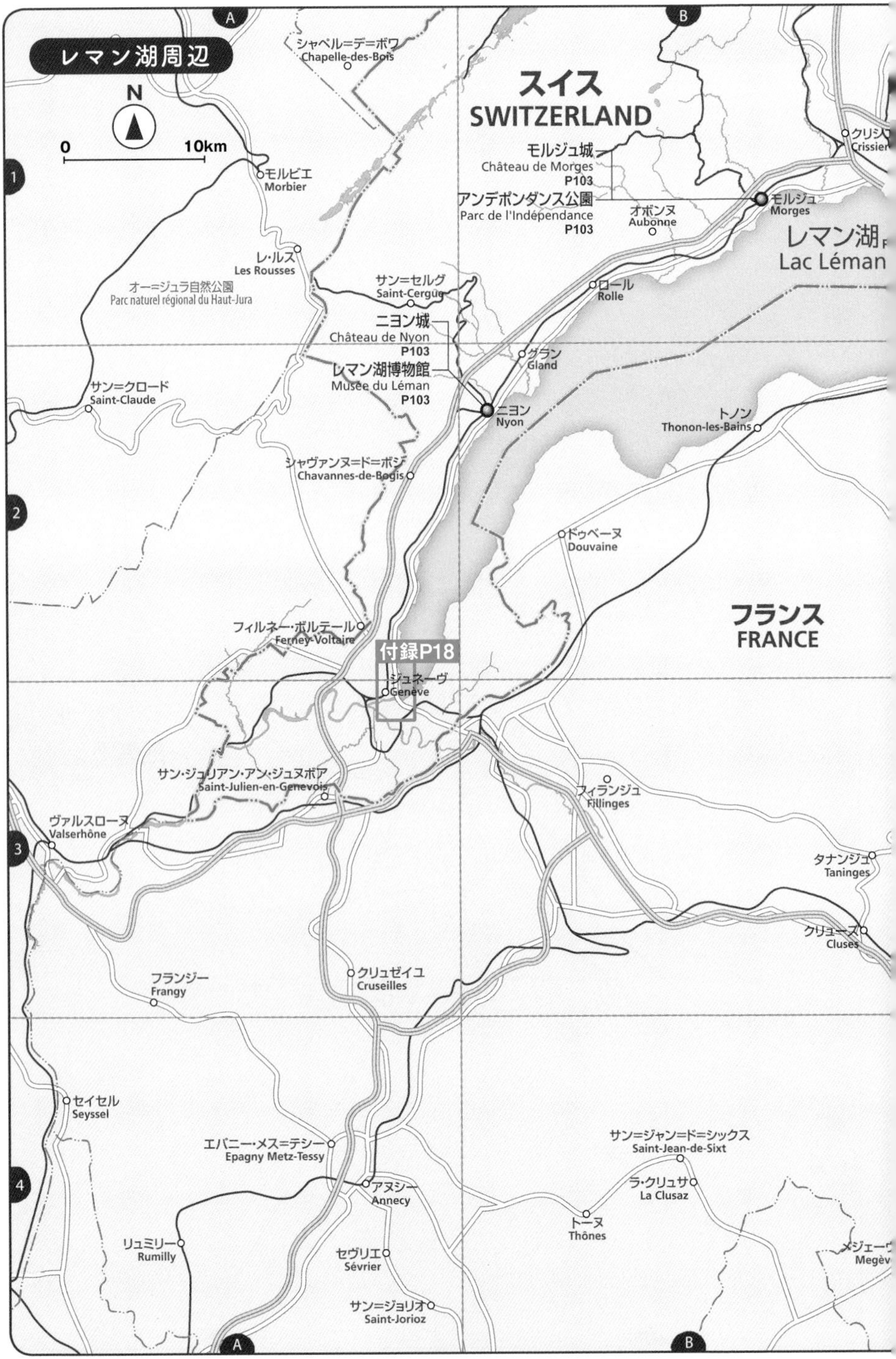

レマン湖周辺

レマン湖周辺

N
0 10km

スイス
SWITZERLAND

フランス
FRANCE

シャペル=デ=ボワ
Chapelle-des-Bois

モルビエ
Morbier

レ・ルス
Les Rousses

オー=ジュラ自然公園
Parc naturel régional du Haut-Jura

サン=セルグ
Saint-Cergue

ニヨン城
Château de Nyon
P103

レマン湖博物館
Musée du Léman
P103

サン=クロード
Saint-Claude

シャヴァンヌ=ド=ボジ
Chavannes-de-Bogis

フィルネー・ボルテール
Ferney-Voltaire

付録P18

ジュネーヴ
Genève

サン・ジュリアン・アン・ジュヌボア
Saint-Julien-en-Genevois

ヴァルスローヌ
Valserhône

フランジー
Frangy

クリュゼイユ
Cruseilles

セイセル
Seyssel

エパニー・メス=テシー
Epagny Metz-Tessy

アヌシー
Annecy

リュミリー
Rumilly

セヴリエ
Sévrier

サン=ジョリオ
Saint-Jorioz

モルジュ城
Château de Morges
P103

アンデポンダンス公園
Parc de l'Indépendance
P103

オボンヌ
Aubonne

モルジュ
Morges

クリシエ
Crissier

レマン湖
Lac Léman

ロール
Rolle

グラン
Gland

ニヨン
Nyon

トノン
Thonon-les-Bains

ドゥベーヌ
Douvaine

フィランジュ
Fillinges

タナンジュ
Taninges

クリューズ
Cluses

サン=ジャン=ド=シックス
Saint-Jean-de-Sixt

ラ・クリュサ
La Clusaz

トーヌ
Thônes

メジェーヴ
Megève

三日月型のレマン湖の西の端にジュネーヴ、東の端には古城シヨン城があり、世界遺産のワインのブドウ畑ラヴォー地区もレマン湖北岸。南に位置する、レマン湖南岸、シャモニ、モンブランはフランス領。

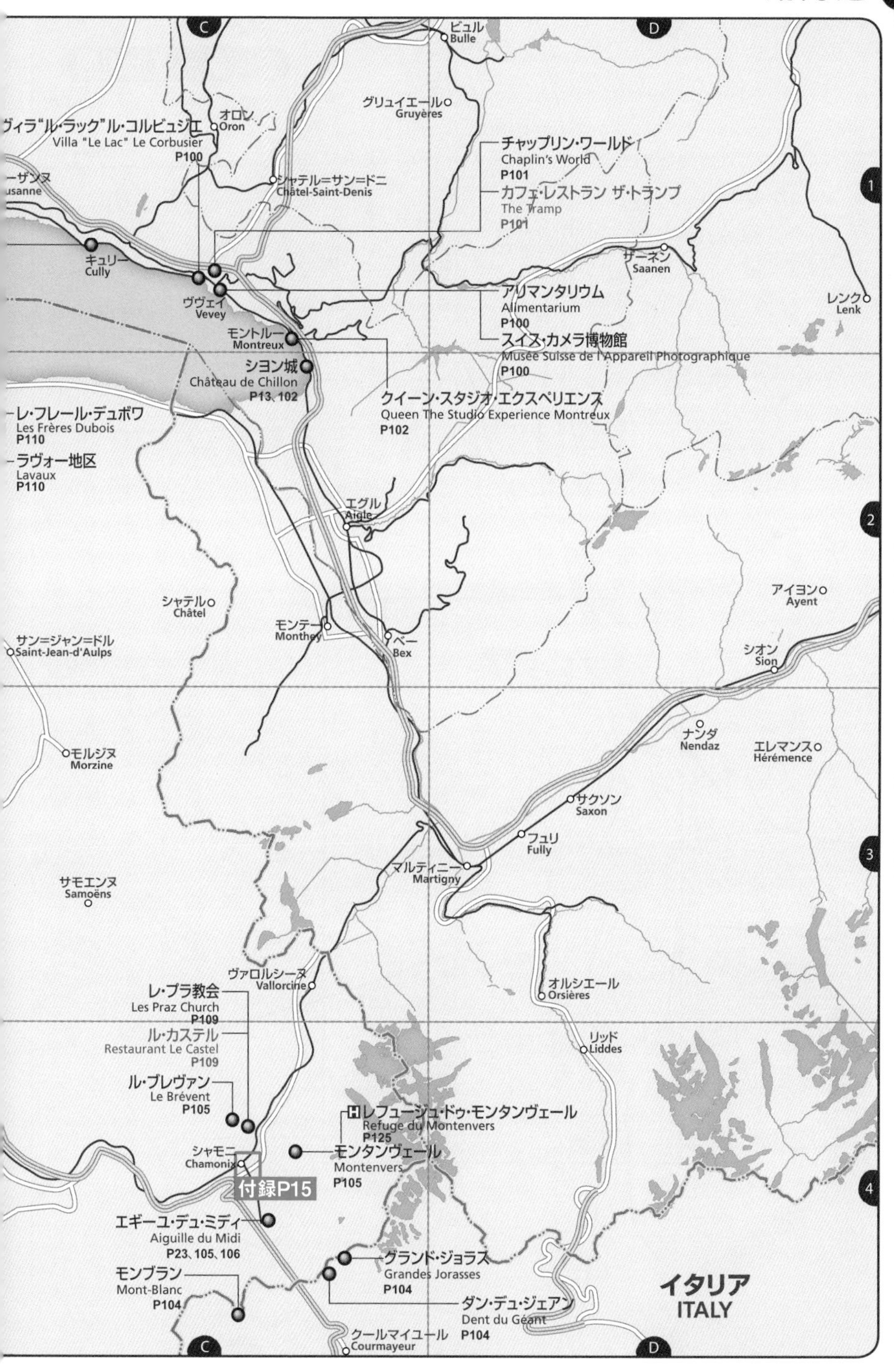

観光スポット　レストラン・カフェ　ショップ　ビューティスポット　ホテル

ジュネーヴ市街図

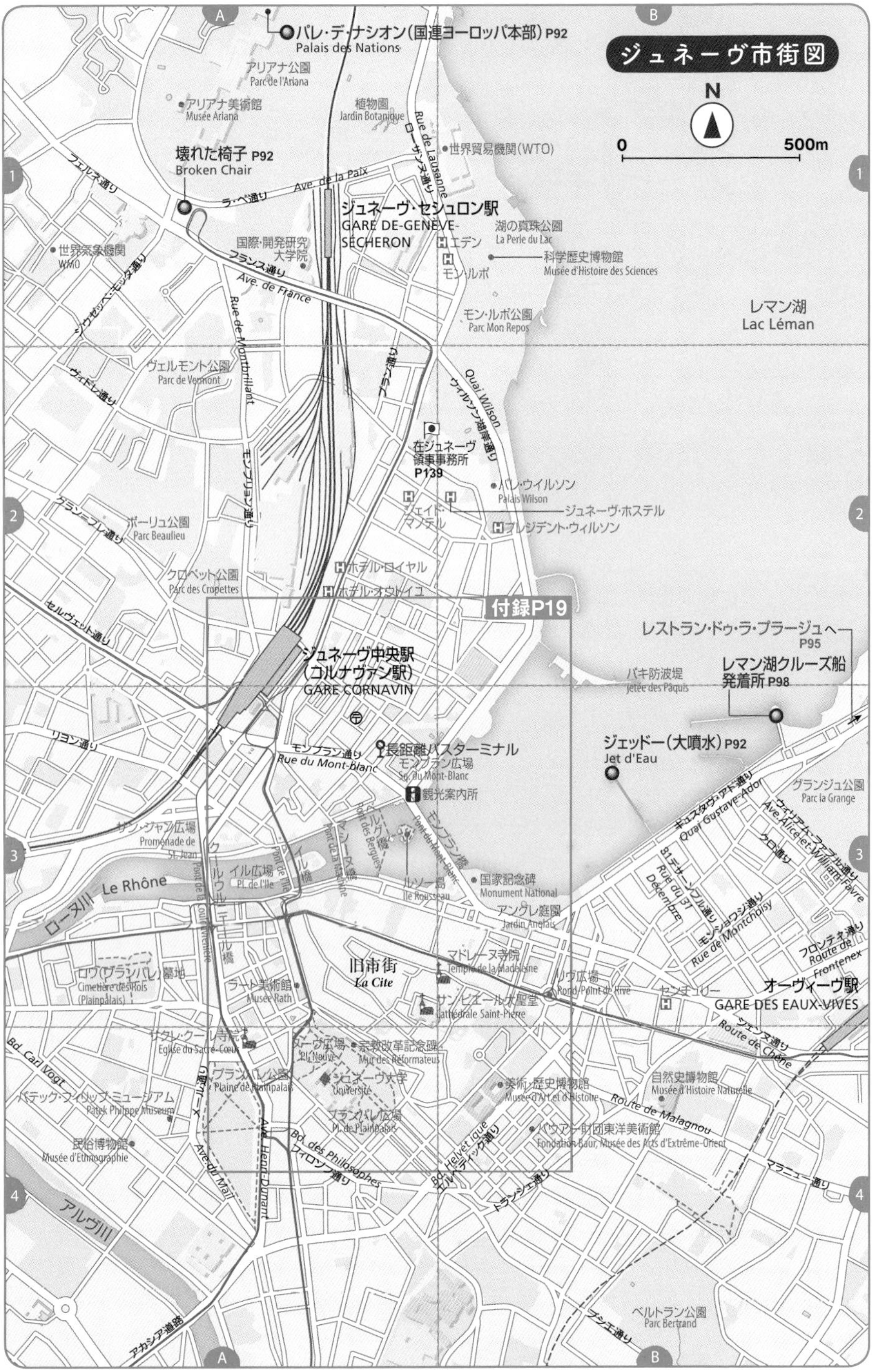

ジュネーヴ市街図

N

0 500m

パレ・デ・ナシオン（国連ヨーロッパ本部）P92
Palais des Nations

アリアナ公園
Parc de l'Ariana

アリアナ美術館
Musée Ariana

植物園
Jardin Botanique

世界貿易機関（WTO）

壊れた椅子 P92
Broken Chair

フェルネ通り

ラ・ペ通り
Ave. de la Paix

Rue de Lausanne
ローザンヌ通り

ジュネーヴ・セシュロン駅
GARE DE-GENÈVE-SÉCHERON

湖の真珠公園
La Perle du Lac

エデン

モン・ルポ

科学歴史博物館
Musée d'Histoire des Sciences

国際・開発研究大学院

世界気象機関
WMO

フランス通り
Ave. de France

ジュゼッペ・モッタ通り

Rue de Montbrillant
モンブリヨン通り

モン・ルポ公園
Parc Mon Repos

レマン湖
Lac Léman

ヴェルモント公園
Parc de Vermont

ヴィドレ通り

フランス通り

Quai Wilson
ウィルソン湖岸通り

在ジュネーヴ領事事務所
P139

パレ・ウイルソン
Palais Wilson

ジェイド・マノテル

ジュネーヴ・ホステル

プレジデント・ウィルソン

グランジ＝フレ通り

ボーリュ公園
Parc Beaulieu

クロペット公園
Parc des Cropettes

ホテル・ロイヤル

ホテル・オウトイユ

付録P19

セルヴェット通り

ジュネーヴ中央駅（コルナヴァン駅）
GARE CORNAVIN

レストラン・ドゥ・ラ・プラージュへ
P95

パキ防波堤
Jetée des Pâquis

レマン湖クルーズ船発着所 P98

リヨン通り

モンブラン通り
Rue du Mont-Blanc

長距離バスターミナル

モンブラン広場
Sq. du Mont-Blanc

ジェッドー（大噴水）P92
Jet d'Eau

観光案内所

グランジュ公園
Parc la Grange

ギュスターヴ・アドール通り
Quai Gustave-Ador

ウィリアム・ファーブル通り
Ave. Alice-et-William-Favre

クロ通り

サン・ジャン広場
Promenade de St. Jean

ベルグ橋
Pont des Bergues

マシーヌ橋
Pont de la Machine

モンブラン橋
Pont du Mont-Blanc

クールヴェル橋

イル広場
Pl. de l'Ile

イル橋

ルソー島
Ile Rousseau

国家記念碑
Monument National

31デサーンブル通り
Rue du 31 Décembre

ローヌ川 Le Rhône

アングレ庭園
Jardin Anglais

モンショワジ通り
Rue de Montchoisy

フロンテネ通り
Route de Frontenex

ロワ(プランパレ)墓地
Cimetière des Rois (Plainpalais)

旧市街
La Cite

マドレーヌ寺院
Temple de la Madeleine

リヴ広場
Rond-Point de Rive

センチュリー

オーヴィーヴ駅
GARE DES EAUX-VIVES

ラート美術館
Musée Rath

サン・ピエール大聖堂
Cathédrale Saint-Pierre

シェヌ通り
Route de Chêne

サクレ・クール寺院
Eglise du Sacré-Coeur

ヌーヴ広場
Pl. Neuve

宗教改革記念碑
Mur des Réformateurs

Bd. Carl Vogt

プランパレ公園
Plaine de Plainpalais

ジュネーヴ大学
Université

美術・歴史博物館
Musée d'Art et d'Histoire

自然史博物館
Musée d'Histoire Naturelle

パテック・フィリップ・ミュージアム
Patek Philippe Museum

プランパレ広場
Pl. de Plainpalais

Route de Malagnou

バウアー財団東洋美術館
Fondation Baur, Musée des Arts d'Extrême-Orient

民俗博物館
Musée d'Ethnographie

Ave. du Mail

Ave. Henri-Dunant

Bd. des Philosophes
フィロゾフ通り

Bd. Helvétique
エルヴェティック通り

トランシェ通り

マラニュー通り

アルヴ川

ベルトラン公園
Parc Bertrand

フロリッサン通り

アカシア道路

ジュネーヴ中央駅から南へ、レマン湖に通じるローヌ川を渡った高台にあるサンピエール大聖堂周辺が旧市街。
湖側のローヌ通りは、ハイブランドが並ぶショッピング街。

ジュネーヴ中心図
ジュネーヴ中央駅（コルナヴァン駅）
GARE CORNAVIN
P95 エーデルワイス
Edelweiss
P127 エーデルワイス・マノテル
Edelweiss Manotel
P94 オーベルジュ・ドゥ・サヴィエーズ
Auberge de Savièse
レマン湖クルーズ船発着所
P98
長距離バスターミナル
ブリストル
Hotel Bristol
P127
P95 マノーラ・レストラン
Manora Restaurant
アルプティチュード・オリジナル・スイス・ソヴニール
Alptitude Original Swiss Souvenirs
P97
レマン湖
Lac Léman
ルソー島
Île Rousseau
ローヌ川
Le Rhône
ギヨーム・ビシェ
Guillaume Bichet
P96
P96 グロブス・デリカテッサ
Globus Delicatessa
花時計 P92
Horloge Fleurie
P97 ブラシャール
Brachard
ル・コントワール・ウッドワード
Le Comptoir Woodward
P95
旧市街
La Cité
P97 オーエール
Auer
P92 タヴェル館
Maison Tavel
サン・ピエール大聖堂 P93
Cathédrale Saint-Pierre
オー・ピエ・ドゥ・コション P94
Au Pied de Cochon
P93 宗教改革記念碑
Mur des Réformateurs
プロムナード・ドゥ・ラ・トレイユ
Promenade de la Treille
P93
美術・歴史博物館 P93
Musée d'Art et d'Histoire
プランパレ蚤の市 P97
Marché de Plainpalais
200m

ヴェンゲン～ミューレン

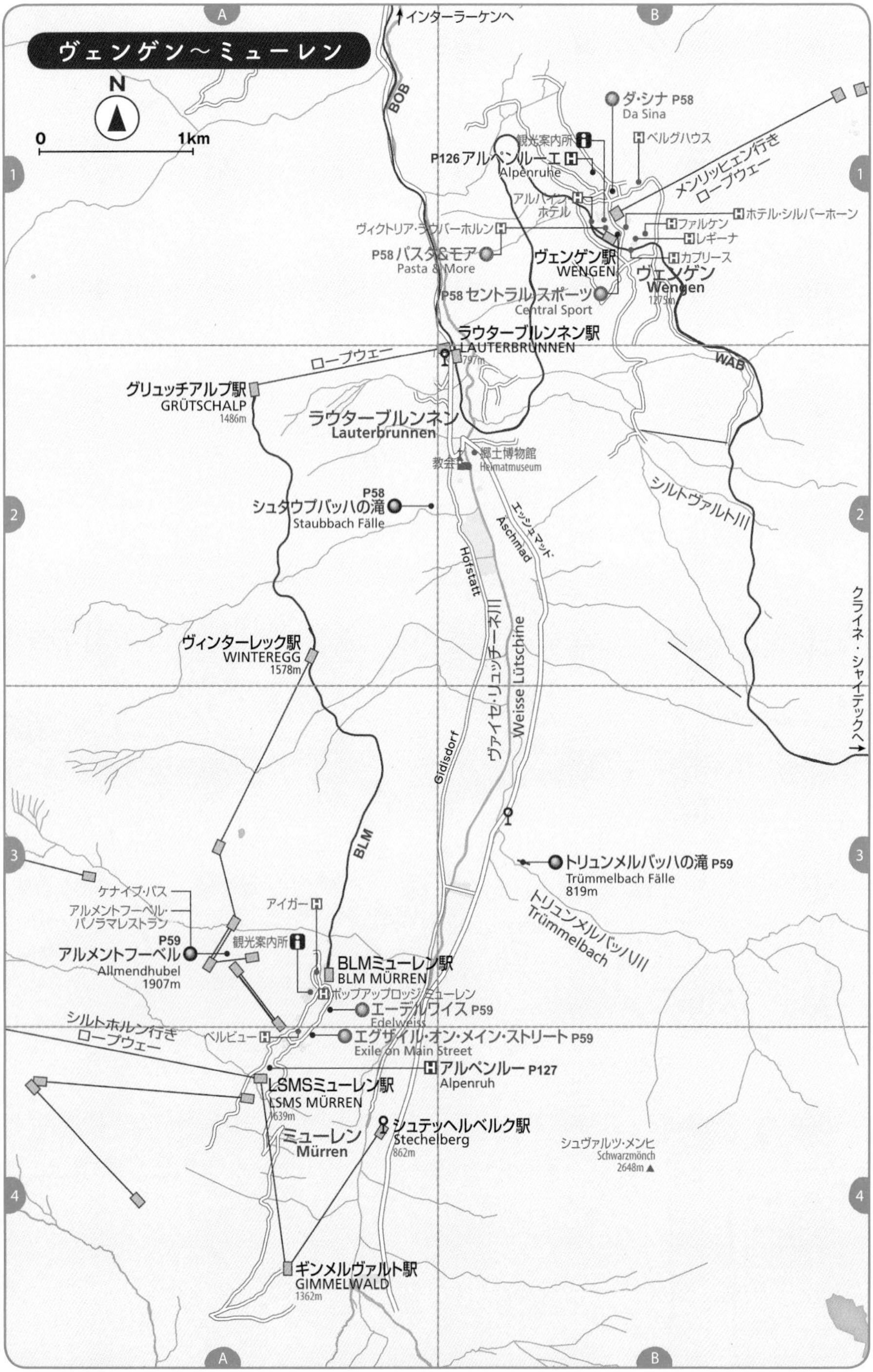

ヴェンゲン～ミューレン

N

0 1km

A B

1 2 3 4

↑インターラーケンへ

BOB

ダ・シナ P58
Da Sina

観光案内所

ベルグハウス

P126 アルペンルーエ
Alpenruhe

メンリッヒェン行き
ロープウェー

アルパイン・ホテル

ホテル・シルバーホーン

ヴィクトリア・ラウバーホルン

ファルケン

レギーナ

P58 パスタ&モア
Pasta & More

カプリース

ヴェンゲン駅
WENGEN

ヴェンゲン
Wengen
1275m

P58 セントラルスポーツ
Central Sport

ラウターブルンネン駅
LAUTERBRUNNEN
797m

ロープウェー

WAB

グリュッチアルプ駅
GRÜTSCHALP
1486m

ラウターブルンネン
Lauterbrunnen

郷土博物館
Heimatmuseum

教会

P58
シュタウプバッハの滝
Staubbach Fälle

シルトヴァルト川

エッシュマッド
Äschmad

Hofstatt

ヴァイセ・リュッチーネ川
Weisse Lütschine

クライネ・シャイデックへ→

ヴィンターレック駅
WINTEREGG
1578m

Gidisdorf

BLM

トリュンメルバッハの滝 P59
Trümmelbach Fälle
819m

トリュンメルバッハ川
Trümmelbach

ケナイプ・パス

アルメントフーベル・パノラマレストラン

アイガー

P59
アルメントフーベル
Allmendhubel
1907m

観光案内所

BLMミューレン駅
BLM MÜRREN

ポップアップロッジ・ミューレン

エーデルワイス P59
Edelweiss

シルトホルン行き
ロープウェー

ベルビュー

エグザイル・オン・メイン・ストリート P59
Exile on Main Street

アルペンルー P127
Alpenruh

LSMSミューレン駅
LSMS MÜRREN
1639m

ミューレン
Mürren

シュテッヘルベルク駅
Stechelberg
862m

シュヴァルツ・メンヒ
Schwarzmönch
2648m ▲

ギンメルヴァルト駅
GIMMELWALD
1362m

ルツェルン中央駅からロイス川を渡ったところが旧市街で、城壁までの狭いエリアに、みどころが多い。
駅のある西側は、教会や文化施設が点在する新市街となっている。

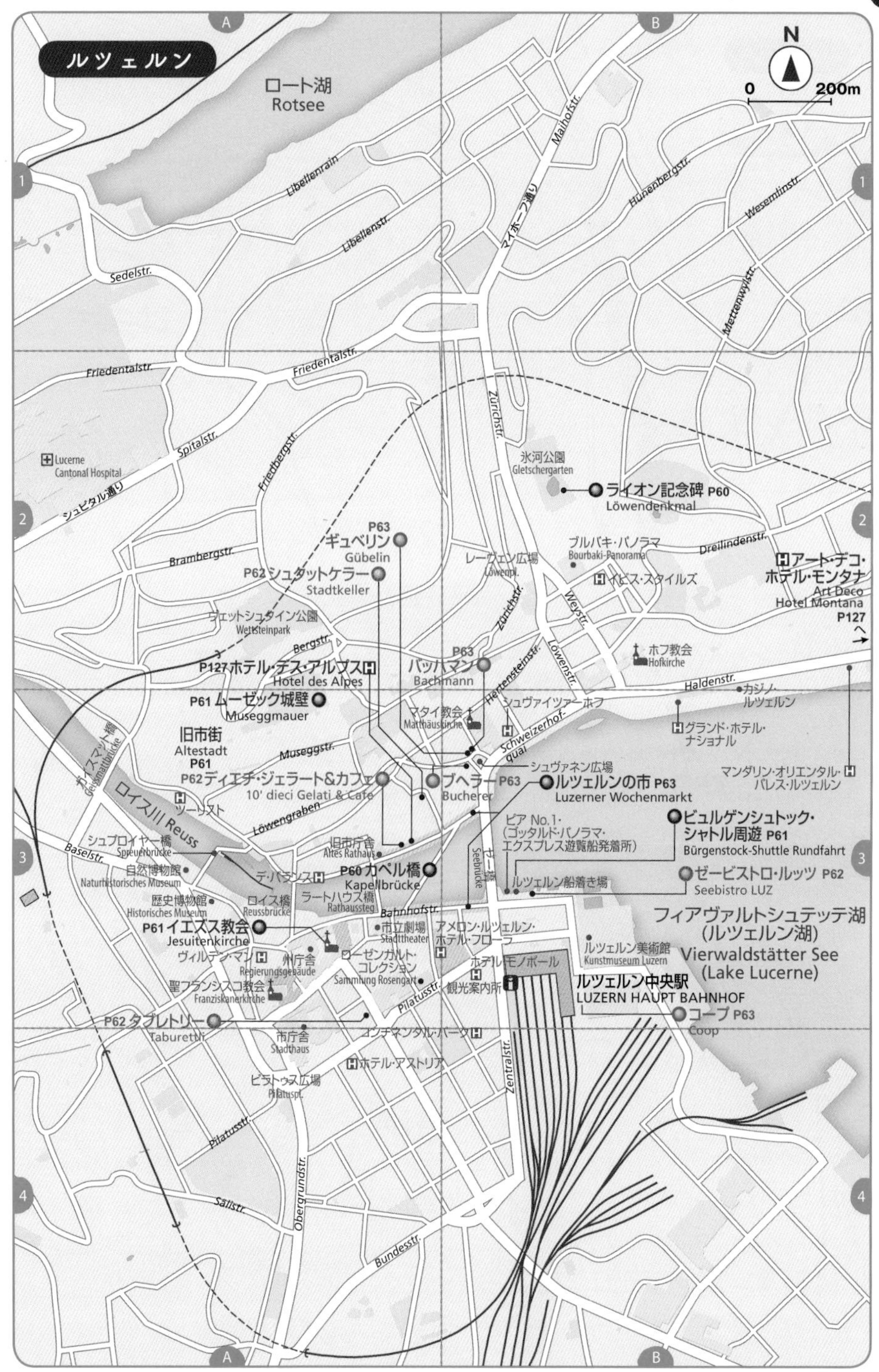

ルツェルン
ロート湖
Rotsee
Libellenrain
Libellenstr.
Sedelstr.
マイホーフ通り
Maihofstr.
Hünenbergstr.
Wesemlinstr.
Mettenwylstr.
Friedentalstr.
Spitalstr.
Friedbergstr.
Lucerne Cantonal Hospital
シュピタル通り
Brambergstr.
Zürichstr.
氷河公園
Gletschergarten
ライオン記念碑 P60
Löwendenkmal
P63 ギュベリン
Gübelin
P62 シュタットケラー
Stadtkeller
ブルバキ・パノラマ
Bourbaki-Panorama
Dreilindenstr.
レーヴェン広場
Löwenpl.
イビス・スタイルズ
アート・デコ・ホテル・モンタナ
Art Deco Hotel Montana
P127へ
ヴェットシュタイン公園
Wettsteinpark
Bergstr.
P63 バッハマン
Bachmann
Weystr.
Löwenstr.
ホフ教会
Hofkirche
P127 ホテル・デス・アルプス
Hotel des Alpes
Haldenstr.
カジノ・ルツェルン
P61 ムーゼック城壁
Museggmauer
マタイ教会
Matthäuskirche
シュヴァイツァーホフ
Schweizerhof-quai
グランド・ホテル・ナショナル
旧市街
Altestadt
P61
Museggstr.
シュヴァネン広場
マンダリン・オリエンタル・パレス・ルツェルン
P62 ディエチ・ジェラート&カフェ
10' dieci Gelati & Cafe
ブヘラー P63
Bucherer
ルツェルンの市 P63
Luzerner Wochenmarkt
ガイスマット橋
Geissmattbrücke
ロイス川 Reuss
ツーリスト
Löwengraben
ピア No.1・(ゴッタルド・パノラマ・エクスプレス遊覧船発着所)
ビュルゲンシュトック・シャトル周遊 P61
Bürgenstock-Shuttle Rundfahrt
シュプロイヤー橋
Spreuerbrücke
Baselstr.
旧市庁舎
Altes Rathaus
自然博物館
Naturhistorisches Museum
デ・バランス
P60 カペル橋
Kapellbrücke
ゼー橋
Seebrücke
ルツェルン船着き場
ゼービストロ・ルッツ P62
Seebistro LUZ
歴史博物館
Historisches Museum
ロイス橋
Reussbrücke
ラートハウス橋
Rathaussteg
Bahnhofstr.
フィアヴァルトシュテッテ湖(ルツェルン湖)
Vierwaldstätter See (Lake Lucerne)
P61 イエズス教会
Jesuitenkirche
市立劇場
Stadttheater
アメロン・ルツェルン・ホテル・フローラ
ヴィルデン・マン
州庁舎
Regierungsgebäude
ローゼンガルト・コレクション
Sammlung Rosengart
ルツェルン美術館
Kunstmuseum Luzern
ホテル・モノポール
聖フランシスコ教会
Franziskanerkirche
Pilatusstr.
観光案内所
ルツェルン中央駅
LUZERN HAUPT BAHNHOF
P62 タブレトリー
Taburettli
コープ P63
Coop
市庁舎
Stadthaus
コンチネンタル・パーク
ホテル・アストリア
ピラトゥス広場
Pilatuspl.
Zentralstr.
Pilatusstr.
Obergrundstr.
Sälistr.
Bundesstr.
N
0 200m

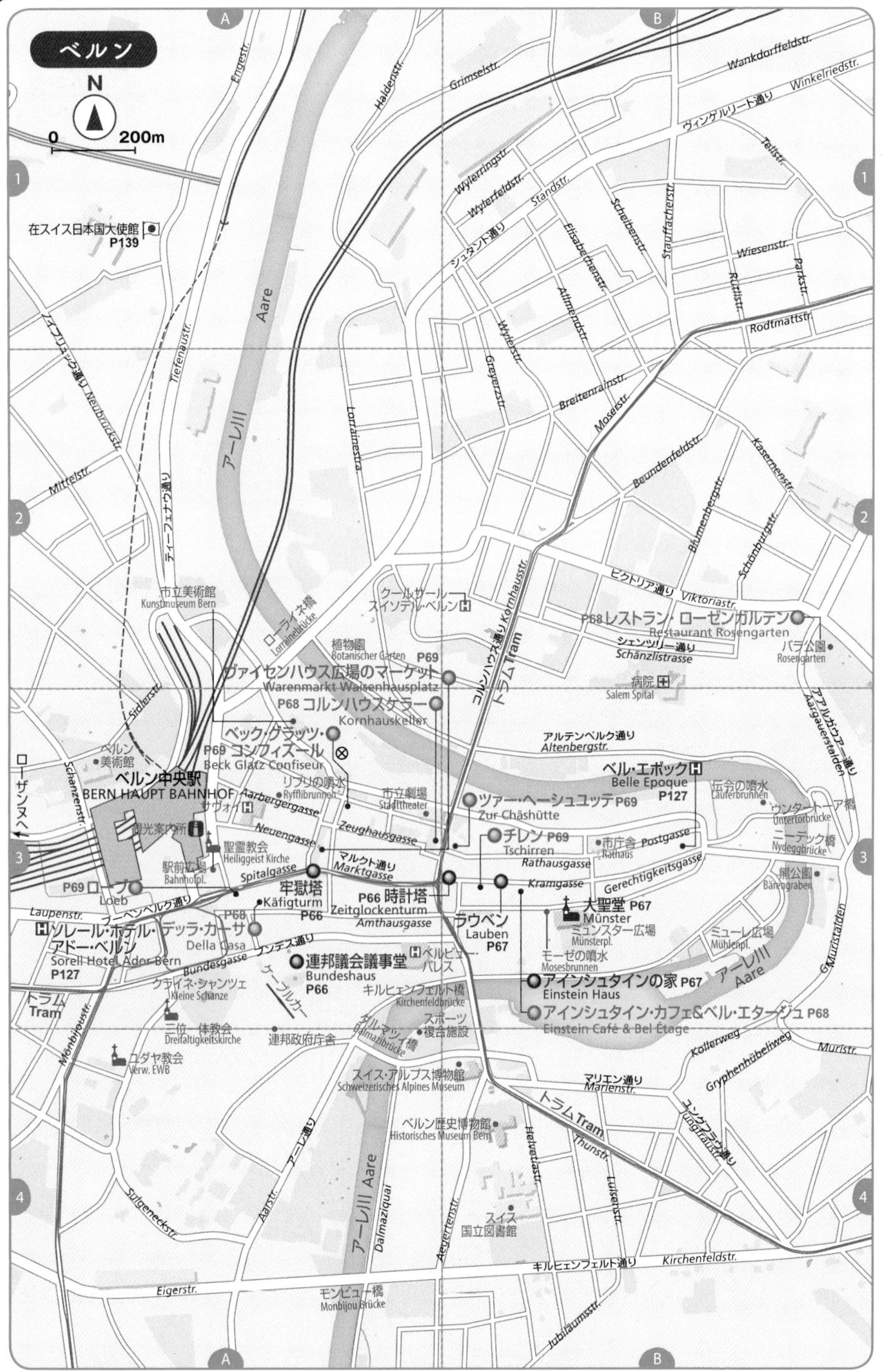

エリア Navi ベルン中央駅の南、東西に延びるマルクト通り周辺がベルンで最も古いエリアで、みどころも多い。サンモリッツ駅の西 500m ほどのドルフエリアが町の中心。展望台ピッツ・ネイルへのケーブルカー駅はドルフエリアの北側。

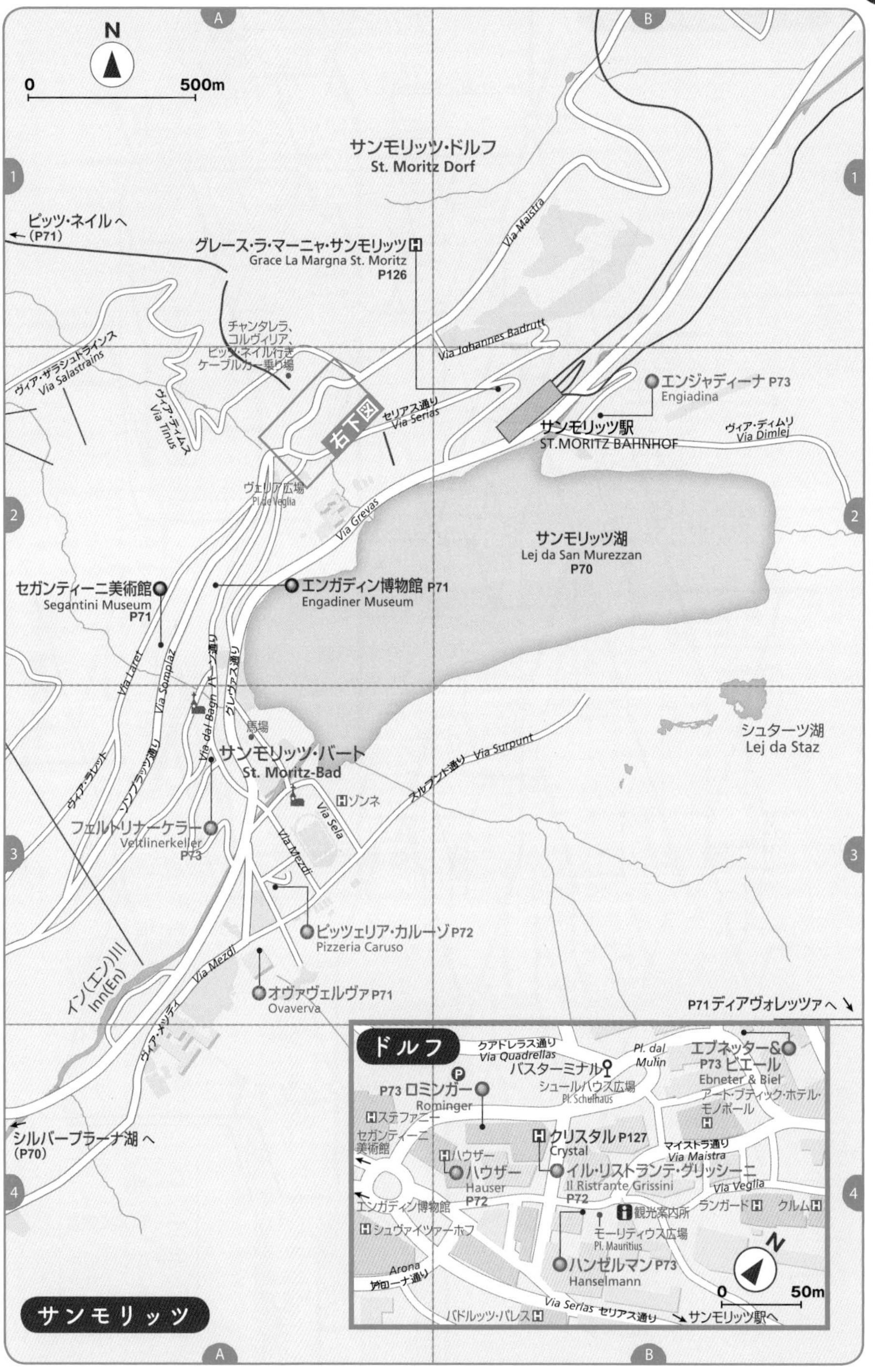

●観光スポット ●レストラン・カフェ ●ショップ ●ビューティスポット Hホテル

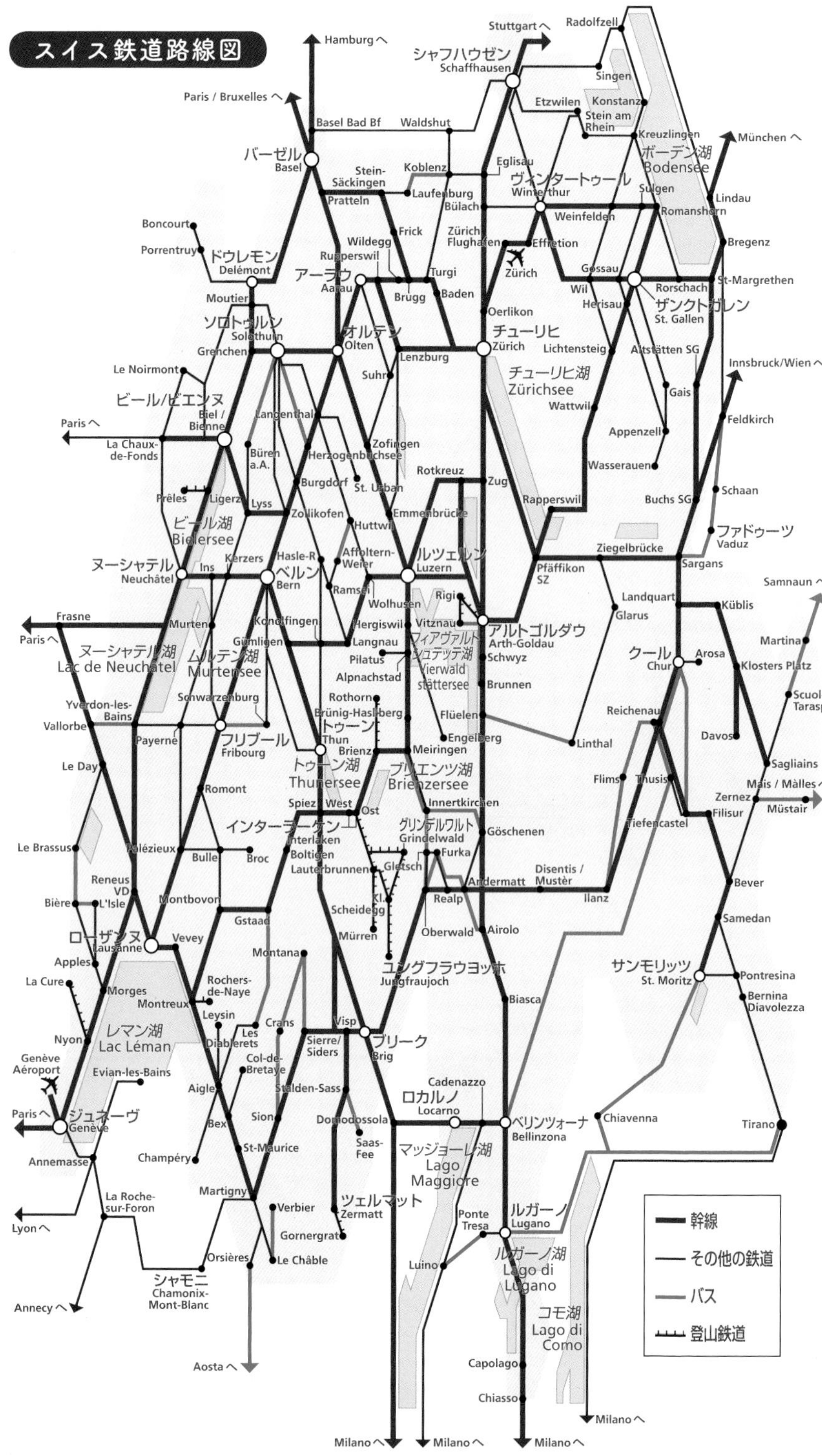

スイス鉄道路線図
Hamburg へ
Stuttgart へ
Radolfzell
シャフハウゼン
Schaffhausen
Singen
Paris / Bruxelles へ
Etzwilen
Konstanz
Stein am Rhein
Basel Bad Bf
Waldshut
Kreuzlingen
München へ
バーゼル
Basel
ボーデン湖
Bodensee
Stein-Säckingen
Koblenz
Eglisau
ヴィンタートゥール
Winterthur
Sulgen
Lindau
Pratteln
Laufenburg
Bülach
Weinfelden
Romanshorn
Boncourt
Frick
Zürich Flughafen
Effretion
Bregenz
Porrentruy
ドウレモン
Delémont
Wildegg
Rupperswil
Zürich
アーラウ
Aarau
Brugg
Turgi
Baden
Gossau
Wil
Herisau
Rorschach
St-Margrethen
ザンクトガレン
St. Gallen
Moutier
Oerlikon
ソロトゥルン
Solothurn
オルテン
Olten
チューリヒ
Zürich
Grenchen
Lenzburg
Lichtensteig
Altstätten SG
Le Noirmont
Suhr
チューリヒ湖
Zürichsee
Innsbruck/Wien へ
ビール/ビエンヌ
Biel / Bienne
Langenthal
Gais
Wattwil
Paris へ
La Chaux-de-Fonds
Büren a.A.
Zofingen
Herzogenbuchsee
Appenzell
Feldkirch
Rotkreuz
Wasserauen
Prêles
Ligerz
Lyss
Burgdorf
St. Urban
Zug
Schaan
ビール湖
Bielersee
Zollikofen
Emmenbrücke
Huttwil
Rapperswil
Buchs SG
ファドゥーツ
Vaduz
ヌーシャテル
Neuchâtel
Ins
Kerzers
Hasle-R
ベルン
Bern
Affoltern-Weier
ルツェルン
Luzern
Pfäffikon SZ
Ziegelbrücke
Sargans
Frasne
Paris へ
Ramsei
Wolhusen
Rigi
Vitznau
アルトゴルダウ
Arth-Goldau
Landquart
Glarus
Samnaun へ
Murten
Konolfingen
Hergiswil
Küblis
ヌーシャテル湖
Lac de Neuchâtel
ムルテン湖
Murtensee
Gümligen
Langnau
フィアヴァルトシュテッテ湖
Vierwaldstättersee
Schwyz
クール
Chur
Arosa
Martina
Pilatus
Alpnachstad
Brunnen
Klosters Platz
Yverdon-les-Bains
Schwarzenburg
Rothorn
Brünig-Hasliberg
Flüelen
Reichenau
Scuol-Tarasp
Vallorbe
Payerne
フリブール
Fribourg
トゥーン
Thun
Brienz
Engelberg
Linthal
Davos
Meiringen
Le Day
トゥーン湖
Thunersee
ブリエンツ湖
Brienzersee
Sagliains
Romont
Flims
Thusis
Mals / Mälles へ
Spiez
West
Ost
Innertkirchen
Zernez
Müstair
インターラーケン
Interlaken
グリンデルワルト
Grindelwald
Filisur
Tiefencastel
Le Brassus
Palézieux
Bulle
Broc
Boltigen
Göschenen
Lauterbrunnen
Gletsch
Furka
Disentis / Mustèr
Reneus VD
Andermatt
Bever
Kl. Scheidegg
Realp
Ilanz
Bière
L'Isle
Montbovon
Gstaad
Samedan
ローザンヌ
Lausanne
Vevey
Mürren
Oberwald
Airolo
Apples
Montana
ユングフラウヨッホ
Jungfraujoch
サンモリッツ
St. Moritz
Pontresina
La Cure
Morges
Rochers-de-Naye
Montreux
Bernina Diavolezza
Biasca
Leysin
Crans
Nyon
レマン湖
Lac Léman
Les Diablerets
Visp
Sierre/Siders
ブリーク
Brig
Genève Aéroport
Col-de-Bretaye
Evian-les-Bains
Aigle
Stalden-Sass
Cadenazzo
Paris へ
ジュネーヴ
Genève
Sion
ロカルノ
Locarno
ベリンツォーナ
Bellinzona
Chiavenna
Bex
Domodossola
Tirano
St-Maurice
Saas-Fee
Annemasse
Champéry
マッジョーレ湖
Lago Maggiore
Martigny
La Roche-sur-Foron
Verbier
ツェルマット
Zermatt
Ponte Tresa
ルガーノ
Lugano
Lyon へ
Gornergrat
Orsières
Le Châble
Luino
ルガーノ湖
Lago di Lugano
シャモニー
Chamonix-Mont-Blanc
コモ湖
Lago di Como
Annecy へ
Aosta へ
Capolago
Chiasso
Milano へ
Milano へ
Milano へ
Milano へ
幹線
その他の鉄道
バス
登山鉄道